古代歷史文化 研究輯刊

三 編

王明蓀 主編

第 27 冊

《漢書》歷史哲學（上）

劉國平 著

國家圖書館出版品預行編目資料

《漢書》歷史哲學（上）／劉國平 著 — 初版 — 台北縣永和市：
花木蘭文化出版社，2010〔民 99〕
目 4+190 面；19×26 公分
（古代歷史文化研究輯刊 三編：第 27 冊）
ISBN：978-986-254-111-1（精裝）
1. 漢書　2. 歷史哲學
622.101　　　　　　　　　　　　　　　　　　　99001360

ISBN - 978-986-2541-11-1

9 789862 541111

古代歷史文化研究輯刊
三　編　第二七冊　　　　　　ISBN：978-986-254-111-1

《漢書》歷史哲學（上）

作　　　者　劉國平
主　　編　王明蓀
總 編 輯　杜潔祥
出　　版　花木蘭文化出版社
發 行 所　花木蘭文化出版社
發 行 人　高小娟
聯絡地址　台北縣永和市中正路五九五號七樓之三
　　　　　電話：02-2923-1455 ／傳眞：02-2923-1452
網　　址　http://www.huamulan.tw 信箱 sut81518@ms59.hinet.net
印　　刷　普羅文化出版廣告事業
初　　版　2010 年 3 月
定　　價　三編 30 冊（精裝）新台幣 46,000 元

《漢書》歷史哲學（上）

劉國平　著

作者簡介

劉國平福建省連江縣（馬祖）人，1959 年生，馬祖高中畢業，曾就讀台北工專土木科。預官役畢，即從事北迴鐵路拓寬工程，後考取鐵路特考及電信特考（土木建築）。1984 年進中華電信，之後半工半讀，歷中興大學歷史系（夜間部）、中文系（主科二十學分）、逢甲大學中研所，最後畢業於臺灣師大國文所博士班。2001 年取得文學博士學位，次年離開服務十七年之中華電信，進入大葉大學通識教育中心。目前為該校空間設計系專任助理教授。著有《華人社會與文化》、《司馬遷的歷史哲學》及〈史傳文學的理論建構〉、〈孔門三英與聖人之淚〉、〈「有教無類」是「現象表述」而非孔子「教育理想」說〉、〈子路冉有公西華侍坐章新析〉、〈論襄公二十九年吳子使札來聘〉、〈老子無死地解〉及〈中國傳統醫家的醫德考察〉等論文十餘篇。

提　要

　　史著之思想意識，哲學思考，或隱或顯，或多或寡，但就歷史哲學言，終不可離「系統」二字。本論文之宗旨即在探討並重構《漢書》或班固之歷史哲學，而在《漢書》之基礎上，系統化論述其歷史思考。文分九章，都三十萬言。

　　首章緒論，先層遞的說明歷史哲學、歷史與歷史哲學、《漢書》歷史哲學三者之關聯意義，次及研究動機、態度、範圍與方法。

　　二章辨明《漢書》作者，以檢驗《漢書》歷史哲學，是否可視為班固一家之歷史哲學，間對前人之可能誤說作一辨析。

　　三章則先從前人之補續《太史公》、父祖之影響、宦途之挫折、帝王對歷史之重視與時代之需求，說明班固撰述《漢書》之史學背景；次從光武、明、章三朝之政治氛圍、儒學時代之來臨、士人政府之延續，以及讖緯之盛行等重要面向，析論時代之文化情境；再從史著之結構體例、內容範疇及撰述情感與心理三方面，闡述班《漢書》撰寫之限制與發展。

　　四章主要探求《漢書》之基本理念與撰述立場。分別從歷史之權勢人物、治國理念及典制考察撰者之中心思想；從「時代價值」析論班固之處世原則；從「價值判斷」探討其客觀的歷史意識，最後從歷史判斷，說明其撰述立場。

　　五章陳明《漢書》史料之來源、考證、選擇標準、解釋方法，並及《漢書》之歷史假設以及對歷史偶然之看法。

　　六章討論《漢書》之天人觀與通變觀。一則研究《漢書》天人思想之根源、理論依據、內函及其對天人思想之外在批判。二則分析其究觀歷史變遷之目的、方法、內函與其應「變」之道。

　　七章專論《漢書》經世思想。先從漢家政權之正當化、君權之起源、王道思想、封建制度與官僚體系等方面，對其政治思想作一系統性的論述，次從法理意識、刑法理念、犯罪原理及終極觀點四方面對其刑法思想做一哲學性之考察；最後對土地、糧食、貨幣、農商矛盾諸問題及其解決之道作一分析。

　　八章就廣義歷史哲學之視野，從《漢書》對文人地位之看法、對文章功用之主張、對美文條件之要求以及《漢書》之歷史想像與《漢書》之美等五方面說明其藝文思想。

　　九章結論，除將前述分章之研究作一綜合外，並對《漢書》在中國古代歷史哲學史上之意義作一定位。

上　冊

第一章　緒　論 ………………………………………………………… 1
　　第一節　論題淺說 …………………………………………………… 1
　　　一、歷史哲學之意義 ……………………………………………… 1
　　　二、歷史與歷史哲學 ……………………………………………… 3
　　　三、《漢書》歷史哲學或班固之歷史哲學 ………………………… 5
　　第二節　研究動機、態度、範圍與方法 ………………………… 6
　　　一、動機 ……………………………………………………………… 6
　　　二、態度 ……………………………………………………………… 6
　　　三、範圍 ……………………………………………………………… 7
　　　四、方法 ……………………………………………………………… 8
第二章　《漢書》撰者定位辯證 …………………………………… 11
　　第一節　《漢書》與司馬遷之關係 ……………………………… 12
　　第二節　《漢書》與諸好事者之關係 …………………………… 15
　　　一、諸好事者所集時事能否成書之問題 ……………………… 15
　　　二、諸好事者所集時事能否與固作相提並論
　　　　　之問題 …………………………………………………………… 17
　　　三、向歆父子是否有意續《太史公》之問題 … 18
　　第三節　《漢書》與班彪之關係 ………………………………… 20
　　　一、從著史之精神考察 ………………………………………… 20
　　　二、從史著之體制規模考察 …………………………………… 23
　　第四節　班固並時或稍前之人參撰《漢書》之問
　　　　　題 ……………………………………………………………… 25
　　　一、前人成說之疑點 …………………………………………… 25
　　　二、事實眞相之還原 …………………………………………… 28
　　第五節　班昭、馬續與《漢書》之關係 ……………………… 31
　　　一、《漢書》之完成及其流通之問題 ………………………… 33
　　　二、〈八表〉及〈天文志〉未及竟之問題 …………………… 36
　　　三、班昭、馬續與《漢書》補續之問題 ……………………… 37
第三章　班固撰述《漢書》之時代背景及其所受
　　　　　之限制與發展 ……………………………………………… 43
　　第一節　班固撰述《漢書》之史學背景 ……………………… 43
　　　一、前人之補續《太史公》 …………………………………… 43
　　　二、父祖之影響與本身宦途之挫折 ………………………… 49
　　　三、帝王對歷史之重視 ………………………………………… 54
　　　四、史學能量的久蓄待發 ……………………………………… 56

第二節　班固撰述《漢書》之時代文化情境……… 58
　一、光武明章三朝之時代氛圍……… 58
　二、儒學時代之來臨與士人政府之延續… 65
　三、讖緯之盛行……… 68
第三節　班固撰述《漢書》之限制與發展… 76
　一、結構體例……… 77
　二、內容範疇……… 79
　三、撰述情感與心理……… 86

第四章　《漢書》所展現之基本理念與立場… 91
第一節　從人物與典制看《漢書》之中心思想… 91
　一、從歷史之權勢人物考察……… 91
　二、從治國理念與典制考察……… 97
第二節　從「時代價值」看班固之處世原則… 101
　一、明哲保身終始可述之理想……… 102
　二、知所進退量力而為之彈性……… 104
　三、實際行為與處世原則之落差……… 109
第三節　從價值判斷看班固之客觀意識… 111
　一、誤解之澄清……… 112
　二、客觀之呈現……… 119
第四節　從歷史判斷看班固之撰述立場… 127
　一、從「全史」與「我朝」考察……… 127
　二、從「理想」與「現實」考察……… 133
　三、從「集體」與「個體」考察……… 135
　四、從體用關係考察……… 137

第五章　《漢書》之歷史選擇與歷史解釋… 141
第一節　《漢書》史料之來源與考證……… 141
　一、漢王朝之內外藏書與諸續《太史公》之
　　作……… 141
　二、漢王朝保存之檔案資料……… 144
　三、班固接聞或親見之當代史事……… 147
　四、班固對史料之考證……… 149
第二節　《漢書》之歷史選擇……… 156
　一、價值之取向……… 156
　二、美善之標準……… 158
　三、鑑戒之標準……… 159
　四、新異之標準……… 160

　　五、眞理之標準……………………………………162
　　六、《漢書》歷史選擇之缺失………………………165
　第三節　《漢書》之歷史解釋…………………………165
　　一、因果解釋與發生解釋……………………………167
　　二、融通解釋…………………………………………171
　　三、定性解釋與歸總解釋……………………………172
　　四、演繹解釋與歸納解釋……………………………176
　　五、其他解釋…………………………………………178
　第四節　《漢書》之歷史假設…………………………179
　　一、歷史假設之可能依據……………………………179
　　二、《漢書》歷史假設之三個層次…………………181
　第五節　《漢書》對歷史偶然之看法…………………184

下　冊

第六章　《漢書》之天人觀與通變觀…………………191
　第一節　《漢書》之天人觀……………………………191
　　一、《漢書》天人思想之根源及其理論依據…192
　　二、《漢書》天人思想之內函………………………195
　第二節　《漢書》之通變觀……………………………214
　　一、究觀歷史變遷之目的……………………………214
　　二、究觀歷史變遷之方法……………………………216
　　三、歷史變遷之內函、關鍵及其應對之道…………219
第七章　《漢書》經世思想之哲學考察………………231
　第一節　《漢書》政治思想之哲學考察………………231
　　一、漢家統治政權之正當化…………………………231
　　二、君權之起源與王道………………………………234
　　三、封建制度與官僚體系……………………………236
　第二節　《漢書》刑法思想之哲學考察………………244
　　一、法理意識…………………………………………244
　　二、刑法理念…………………………………………247
　　三、犯罪原理…………………………………………254
　　四、終極觀點…………………………………………257
　第三節　班固經濟思想之哲學考察……………………259
　　一、土地問題與解決之道……………………………261
　　二、糧食問題與解決之道……………………………263

三、貨幣問題與解決之道 265
四、農商矛盾與解決之道 269

第八章　《漢書》之藝文思想與美之展示 275
第一節　《漢書》對文士之看法 275
一、文士偉大之層次 275
二、文心史筆之判分 278
第二節　《漢書》對文學功用之主張 280
一、諷諫 281
二、歌頌 284
三、觀盛衰與風俗之厚薄 285
第三節　《漢書》對美文條件之要求 287
一、靡麗 287
二、古典與實錄 288
三、巨麗宏富 290
第四節　《漢書》之歷史想像 291
一、歷史想像之必要 291
二、《漢書》歷史想像舉隅 294
第五節　《漢書》之美 296
一、直敘其事的神靈活現 297
二、抽象具象之俱擅妙場 299
三、營情造境之美感天地 302
四、對話應用之恰當生動 303
五、稱官繁辭之古雅可親 304
六、音聲節奏之朗暢如流 305

第九章　結　論 309
第一節　《漢書》可否視為班固一家言之問題 309
第二節　《漢書》之成書及其所受限制與發展之
　　　　問題 310
第三節　《漢書》之基本理念與撰述立場之問題 311
第四節　《漢書》歷史選擇與歷史解釋之問題 312
第五節　《漢書》天人與通變思想之問題 313
第六節　《漢書》經世思想之問題 314
第七節　《漢書》文藝思想之問題 315
第八節　《漢書》歷史哲學定位之問題 316

參考資料 319

第一章　緒　論

第一節　論題淺說

一、歷史哲學之意義

　　人之所以自覺其為人，是因為他能「思考」，而思考必然含有「歷史性」，否則人就不具有思考的基礎。人生又永遠在決定著下一步要如何走。在一個行動開始之前，他一定有個判斷。所有的判斷造就了行動，所有的行動累成了歷史。從幾千幾百年生活的經驗中，有人學會了長遠的思考，這種思考不斷的擴大加深，而終至對人類全體歷史的過去、現在與未來的可能發展加以綜觀。在歷史的長河中，一些人「想像出一種連續的決定論」〔註1〕，去解釋人類歷史的進化與規律。他們「排除偶然事件，壓縮多元性並描繪出一幕演化過程或者一種宿命的辯證法」〔註2〕。然後從歷史進化與規律之中，說明了歷史到底有何意義？最後將何去何從？並且連帶的決定了歷史的性質。凡是探究以上這些問題的學問，就叫歷史哲學。這是西方傳統上對歷史哲學一詞的定義。這種意義的歷史哲學，是專指整個歷史過程之純思辯處理，而處理之目的，則是企圖一勞永逸地揭發歷史的秘密〔註3〕。然而在他們提出歷史解

〔註 1〕法國的批判歷史哲學家雷蒙・阿隆（Raymond Aron, 1905～？）認為科學制訂出一種不連續的決定論，而哲學則想像出一種連續的決定論。見張文傑編譯之《現代西方歷史哲學譯文集・科學與歷史哲學》（臺北：谷風出版社，1987年），頁85。

〔註 2〕見同註1。

〔註 3〕W. H. Walsh 著，王任光譯，《歷史哲學》（臺北：幼獅文化事業公司，1988年），頁4。

釋與因果關係等理論的同時，某些人也考慮到是什麼力量促使歷史奔向目標。也就是說「歷史的動力是什麼」這個問題，也納入探討的範圍。

隨著人類知識的進步，尤其是科學的發展，引發某些人去重新檢視歷史思考的方向，使得歷史哲學的意義，有了重大的轉變，而注意的焦點，也移轉到下列的四類問題之上：（一）是關於歷史知識性質之問題，即歷史與其他類型的知識有何不同？又有何關係？（二）什麼是歷史的「真實」？它與「歷史事實」有何關連？（三）歷史的客觀性如何？或者說能否建立如科學般之客觀性？（四）歷史解釋的性質是什麼？歷史解釋有無特殊性？是否歷史解釋只有一種，就是科學演繹的普遍解釋〔註4〕。換言之，探究類似以上有關歷史知識方法等問題的學問，也成了歷史哲學的新內容，但他們並未放棄歷史哲學的傳統意義，而稱新的這一部分為「批判歷史哲學」。

二十世紀前期，由於邏輯經驗論（logical empiricsm）的影響，導致一些學者開始以解析的觀點去探討「歷史知識」的理論基礎。他們所持的利器是分析哲學的工具，包括了符號邏輯、語言哲學、科學哲學等。由於前此批判歷史哲學已提供了研究的素材，因此，他們的重點也集中於三大部分，即：「歷史解釋」、「價值判斷」及「方法的個體論與整體論」等，這就是所謂的「分析歷史哲學」〔註5〕，也是批判歷史哲學的另一支派。

必須說明的是，批判歷史哲學後來在法國，又有馬魯（Henri-Irence Marrou, 1904～？）將之與歷史編纂學融合。之後存在義歷史哲學興起，代表人物為德國之雅士培（Karl Jaspers, 1883～1969 A. D.）及法國之沙特（Jean-Paul Sartre, 1905～1980 A. D.）。其後以李維斯特勞斯（Clande Levi-Strauss, 1908～？）及傅柯（Michel Foucault, 1926～1984 A. D.）為代表的結構主義興起，自此西方歷史哲學轉而強調歷史敘述之結構與意義。

近數十年來，人類在經濟學、社會學、自然科學、心理學、人類學與哲學等知識的整合上有長足之進步。新的思潮，如結構主義、後結構主義、解構理論及後現代主義等亦波瀾壯闊，加以資訊流通迅速，社會極速多元衍異，歷史哲學家或史家也從各個層面、角度、方向，甚至逆向來考察歷史，至此幾乎「一切與歷史有涉的哲學性思考」，皆可納入歷史哲學的範疇，甚至包括對歷史本身之懷疑乃至否定在內。

〔註4〕此四類問題之歸納，參見註3，頁8～17。

〔註5〕黃進興著，《歷史主義與歷史理論》（臺北：允晨文化實業股份有限公司，1982年），頁120～132。

　　至於國人對歷史哲學之定義，依有《歷史哲學》專書論著之學者，例如羅光與牟宗三先生之書看來，前者不出西方傳統意義與批判歷史哲學之範疇〔註6〕，後者則認爲：「所謂歷史哲學就是以事理與情理爲對象而予以哲學的解釋。」〔註7〕此大體是發展王船山《讀通鑑論》與《宋論》之史論之方式而來，王船山論史事，常依事理或情理，就一事或類集數事而論之。牟宗三則貫通數十百年，就一代或數代而言之。其書既名歷史哲學，故其所謂「事理、情理」亦以史著所載爲限。牟氏之定義，較爲新穎，範疇亦頗廣泛，但仍不出「一切與歷史有涉的哲學性思考」之最寬廣界域。故而本論文即以「一切與歷史有涉的哲學性思考」此一指涉，界定歷史哲學之意義與論述之範疇。

二、歷史與歷史哲學

　　無始以來的時空包納了所有的賢庸愚智、貴賤善惡、幸福災難、愛恨情仇以及風俗習性、朝代更迭、人事滄桑、割據分裂、創制建設、破壞毀滅等等，這一切的過往，就叫「歷史（眞實）」。當這一切被當成研究的對象之時，就成了「史料」或「史蹟」，所有被證立的史料或史蹟，則叫作「史實」或「歷史事實」，將史實加以揀選而予以特殊的聯繫編排所得之結果，就叫「史著」，也就是一般人所認爲之「歷史」。當「歷史著作」被視爲「歷史」時——尤其是像《史記》、《漢書》這樣的權威史著，被視爲「歷史」時——歷史著作就成了「歷史的墳場」。因爲他幾乎掩蓋甚至埋葬了其他所有的眞實，除了作者本身有限的精力與如豆的目光（相對於過往的歷史時空）所及的範圍之外。而就算這樣「狹窄淺薄」（相對於整個的歷史過往）的歷史著作，卻還不見得是一定之論，因爲每個人都有其不同的社會背景與學術情境所造成的意識形態。所以對同一歷史事件，就有不同的看法與想法。然而正因爲這樣的不同，突顯了史家歷史思考上的差異，而歷史哲學於焉萌立。蓋歷史思考不斷的累積與深化，如能建構一種有中心思想的思考體系，即成爲一種哲學。所以：「歷史著作」是「歷史」的「墳場」，也是「歷史哲學」的「搖籃」——尤其是「正史」這一類的史著。

　　「歷史著作」盡管是歷史過往的墳場，但「墳場」一詞，至少意味著它是有系統或有秩序的掩埋了一切的歷史過往；從另一觀點而言，「墳場」也終

〔註6〕見氏著，《歷史哲學》（臺北：臺灣商務印書館，1983年）。
〔註7〕見氏著，《歷史哲學》，〈自序〉（臺北：學生書局，1988年），頁2。

究留下有用的東西，成為人類歷史之瑰寶，如果沒有這些史家，則歷史過往的意義與「自然的散亂葬野」也就沒有什麼分別了。在此，歷史就是過去；就是消逝；就是死亡，成了唯一的解釋，甚至根本沒有解釋；人類不獨沒有史家，也沒有「歷史」這個觀念了。

史家是歷史過往的「淘金手」，他大體知道那些東西該予保留，那些西該予放棄，他也是歷史過往之「知音」，他大略地知道歷史之「主要過程」，也知道歷史的「變遷機轉」，更知道歷史之「峰谷起伏」——儘管在他有限的視野中。

搖籃用於培育生命，但生命亦有可能夭折於搖籃，搖籃亦不見得時時刻刻皆有生命在其中，同樣地，有些歷史著作有充沛外顯的哲學意識、系統思想，有些歷史著作之哲學意識、系統思想，則較為隱微，較為貧乏。但如雅克布·布克哈特（Jocob Burckhardt）所說：

> 歷史哲學像半馬半人的怪物，它的名稱就是一個矛盾，因為歷史是在同一層次協調（history coordinates），因此是非哲學的；而哲學則是在高一層次駕馭（philosophy subordinates），因此是非歷史的。先談哲學：如果它要盡力直接解決巨大的人生之謎，就要高高的超越於歷史之上，而歷史最多是不完全地，間接的追求這一目標。但是，這必須是一種真正的哲學。〔註8〕

就不免有些武斷。相對於歷史，人們一生所知道、經歷的一切既有限，則如何有解決巨大人生之謎的真正哲學？哲學不過是「能說出一種道理來的成見」而已〔註9〕，而歷史哲學就是基於歷史，對人生、人類所提出的一種有系統之

〔註8〕 見 Jocob Burckhardt 著，施忠連譯，《歷史的反思》（Reflections on History），第一章〈緒論〉（臺北：桂冠圖書股份有限公司，1993 年 7 月），頁 2。

〔註9〕 金岳霖說：「我以為哲學是說出一個道理來的成見。哲學一定要有『見』……哲學中的見，其理論上最根本的部分，或者是假設，或者是信仰，嚴格說起來，大都是永遠或暫時不能證明與反證的思想。」見馮友蘭，《中國哲學史》，附錄〈審查報告二〉（臺北：藍燈文化公司，1989 年），附錄頁 1。

的確，以人生哲學而言，面對人生，人們該完成德性我，抑是情意我，或絕對保護肉體的生命？人們是否需要守信（即便是對敵人）？或是守大節，而出入小德？什麼是大節，什麼是小信？自由、愛情、麵包，三者孰重？……許多問題，即使遍讀古今之書，也沒個標準答案，那麼人們是否該主張境遇倫理學？是否該對一切問題，持相對或懷疑的態度？如果人生可以有個終極的答案，那所有的人，只要讀那些書就可以了，這世間何來衝突，何來矛盾？但哲學絕對有其意義與價值，他讓人們對每一面向的思考與根底的問題，有

思考或「成見」。至於此思考或「成見」，是否能「切確地」對治歷史與人生的難題，則非所問。班固按照他自己的意見思考歷史乃至人生，這可能就是他藉以渡過一生的精神途徑或生活準則，即使有所變化或遺忘，至少他曾經這樣的想過、活過。

秦始皇帝之游會稽，渡浙江，項羽與其季父俱觀，脫口而出「彼可取而代也」；劉邦則於繇役咸陽時，恣意觀察秦始皇行跡，而欣羨的道出「大丈夫當如是也」。萬中選一的兩人，如同史家，面對同樣的一個場景，卻有不同的思考。自然同一撰述的對象，不同的史家亦可能會有不同的看法與描述。這種看法、描述、甚至選材上的差異，構成不同的歷史哲學。當史家落筆為文的當下，他對史事的想法、看法、解釋、判斷，以及一切哲學性、系統性的思考，早已如影隨形的貫注或附著於歷史的論述之中了。所以有歷史，就可能有歷史哲學，至於歷史哲學如何可能，牟宗三先生之《歷史哲學·自序》〔註10〕已有清楚之說明，這裡就不在重複了。

三、《漢書》歷史哲學或班固之歷史哲學

《漢書》有其作者，作者有其思考、思想。本論文名為「《漢書》歷史哲學」，自是考察《漢書》作者，對西漢歷史事理，所做之哲學性思考或解釋而言。《漢書》雖前有所承，但一經班固選用剪裁認同，即可視為班固之歷史哲學。然《漢書》仍有多人共述與補續之疑慮，其所呈現的歷史哲學或思想，能否統一，有否矛盾，即成問題，如果有矛盾存在，則顯見思想之不同，如此即須分判何種思想，屬於何人，並說明所以歧異之故，這樣才算克盡全功。而《漢書》如可視為班固一人之作，則亦可稱「班固的歷史哲學」。不過不論如何，此二者都必須先解決、澄清一個問題，是即《漢書》的作者有那些人，可否視為班固一家之作？

然而，不論是「《漢書》作者群」，或是「班固一個人」的「歷史哲學」，基本上都在檢驗《漢書》內容中，有著什麼樣的歷史哲學，或有那方面涉及歷史哲學的問題，值得去論述。而不是以某個學派或某種意義的的歷史哲學，反過來籠罩它。因為如果不是這樣，則本論文的題目應該是：「從某某流派的歷史哲學看（班固的）《漢書》」，而非「《漢書》歷史哲學」或「班固的歷史

深入的了解，並逐步的開發了人類思考所難以迄及之境地，充實人們的心靈，提升人類的境界。

〔註10〕見同註7。

哲學」。換言之，主題是「《漢書》」或是「班固的」，而不是其他「某一流派」的歷史哲學。

第二節　研究動機、態度、範圍與方法

一、動　機

在司馬遷寫了上自軒轅，下迄漢武的《史記》之後，有志踵武史遷，接續武帝後之漢事者，面對《史記》，除了驚訝與崇敬之外，多少也有些壓力，因為司馬遷已建立起一種「典範」。「典範」讓人依循，卻也限制了「方法」、「方式」與「方向」。不過，僅僅百餘年之後，班固就接續了武帝以後的歷史，並溯自劉邦，終於王莽，寫下一部堪與「典範」相提並論的《漢書》。讓人好奇的是《漢書》記載武帝以前的部分，年代上與《史記》有重疊之處，如何處理這重疊的部分，不但曾經是班固的問題〔註 11〕，也是吾人所極欲了解的一個重點。且《史、漢》向來並稱史書雙璧，對《史記》有了粗淺的研究與了解之後，自不免對《漢書》也有相同的期待。而且個人對兩漢學術頗有興趣，《史、漢》又是兩漢學術之根底，順理成章、依勢為便，自然繼《史記》之後，就以《漢書》為研究之對象了。

二、態　度

看完《漢書》，我驚訝的發現，馬、班的著史理念與精神，竟有這樣大的差異。我曾設想，如果我先讀的是《漢書》，而非《史記》，我將會有什麼樣的看法？我深切反省「先入為主」的影響，試圖排除這些干擾因素，冷靜的面對《漢書》，或是班固。這是研究這個論題的一個基本態度。而一篇研究史家思考及觀念的論文，客觀性與確實性尤為重要，以免理非「真理」、據非「切據」。因此本論文所抱持的研究原則有二：一為「清查終極觀念」，一為「檢視所有論據」〔註 12〕，而要達成此一目標或水準，則需全面檢視相關的資料。舉個例子，一般提及班固尊漢，莫不舉《漢書‧敘傳》的一段話為說：

〔註 11〕班固起初本非有意寫一代之史，其所為者，只不過整理綴集漢武以後之史事，以續遷書而已。說見第二章。

〔註 12〕此二原則來自懷海德（A. N. whitehead, 1861～1947 A. D.）著，傅佩榮譯，《科學與現代世界》（science and the morden world）一書之前言（臺北：黎明文化事業公司，1989 年），頁 1～3。

> 固以爲唐虞三代，《詩、書》所及，世有典籍，故雖堯舜之盛，必有
> 典謨之篇，然後揚名於後世，冠德於百王，故曰：「巍巍乎其有成功，
> 煥乎其有文章也！」漢紹堯運，以建帝業，至於六世，史臣乃追述
> 功德，私作本紀，編於百王之末，廁於秦、項之列。太初以後，闕
> 而不錄，故探纂前記，綴輯異聞，以述《漢書》

以爲此乃班固明言著書動機，甚至以爲班固因尊漢而著《漢書》〔註13〕。難
以否認班固此言有尊漢之意，但是，當渠等下此斷語之時，可曾考慮，班氏
此言爲一體面話，爲一與司馬較勁之言？可曾考慮此言之邏輯性，是一定要
先「巍巍乎其有成功」，而後才「煥乎其有文章」？還是雖如春秋之禮崩樂壞，
周室之衰微難支，照樣可以有孔子的《詩、書、禮、樂、春秋》，這樣的煥乎
文章？班固眞認爲漢家「其有成功」，還是也有藉漢家之事，顯表己身之意？
或許某些研究論著也曾提到〈答賓戲〉中，班固「婆娑虖術藝之場，休息虖
篇籍之囿……用納乎聖聽，列炳於後人」的著書用意，但是否也注意到《後
漢書‧梁統‧梁竦傳》的一段記載：

> 竦閉門自養，以經籍自娛，著書數篇，名曰《七序》。班固見而稱
> 曰：「孔子著《春秋》而亂臣賊子懼，梁竦作《七序》而竊位素餐者
> 慚」。

這句話意涵很清楚，班固《漢書》亦有意乎？如果這些層面都照顧到了。然
後再下結論，再做斷案，是否較爲正確，較爲周延？又如，《史記》有〈扁鵲
倉公列傳〉，《漢書》刪之。班固爲何刪除，容或見仁見智，但合理有據，應
是起碼的要求。你可以說《漢書》頃向上層，《史記》兼照下層，這是「論述
傾向」說，由歸納而來，自是不錯，但〈扁鵲倉公列傳〉所述，是否與班固
之時的當代醫學技術吻合，也該是考察的一個方向，如果與醫術事實相去過
遠，刪之亦不無道理。最後吾人再回頭反思，設使扁、倉果不足傳，則馬遷
爲何爲扁、倉立傳？這是否與馬遷受宮刑有關？也就須要考慮了。唯有如此
徹底反覆的思考，才能清楚的了解《漢書》或班固的眞正想法。

三、範　圍

　　本論文以《漢書》爲論述歷史哲學之範圍，《漢書》中所收班固之文章，
自當當作歷史之思考來處理，而以此二者作爲論述之主證。至於班固其他的

〔註13〕見徐復觀，《兩漢思想史》，卷三〈史漢比較研究之一例〉（臺北：學生書局，
　　　　1989 年），頁 477。

文章〔註14〕，因他自己未將之收入《漢書》，故這些篇章，於歷史哲學方面之論述，僅從文藝思想或美學的角度予以處理。

四、方　法

清查終極觀念的原則，其實也是處理材料之步驟，既然本論文以《漢書》之歷史哲學爲研究對象，則首需詳讀《漢書》（看到洪邁讀《漢書》至百遍以上，我不禁心生敬畏）〔註15〕，並及《史記》與《後漢書》。唯有徹底的熟讀《漢書》，方能發現問題所在，從而架構論述系統。當然，論述系統中，一些子系統的問題，也有人觸及過，其說法自可參考。而如有錯誤，亦順予辨明。至於本論文處理架構系統問題之方式則可析述如下：

（一）察背景探淵源

前已言之，不同的史家對同一論述的對象，同一歷史過往有不同的看法。然則，是什麼導致史家對「歷史過往」的看法與想法產生差異？這可分爲三點來說：首先，是「過去的」因素：他們的身體，他們的生活，他們的家庭，他們的所學，他們的師友，他們的遭遇，他們的情感強弱，一切他們所經歷、所擁有，以及他們所活過的時代背景等等的不同，所造成的理念差異。其次是撰述的「當下」或「現在」的因素：就班固而言，要他撰史的明帝，他的蘭臺同事，他的宮庭朋友，當時的朝政、當時的民生、當時的學術環境以及自己當時的道德、良心、責任感等等。其三，是未來的因素：包括他們考慮到史著面世後，世人之稱美、批評，甚或是前途的明暗與自身的安危等等。必須說明，這是可能的，孔子不也以爲，後世知渠者以《春秋》，罪渠者亦以《春秋》嗎〔註16〕？既然，這三方面的因素與力量決定史著之面向、內容與深度，也決定他的歷史哲學。故研究一個史家的歷史哲學，首須探察此一史家之學術淵源與時代背景。當然也包括了文化情境與篇作氛圍。

（二）明原則標特色

研究歷史哲學，一定要先抓住核心問題，也就是史家的基本理念，包括

〔註14〕這些文章王明通《漢書導讀》（臺北：康橋出版社，1987年）的前言已詳列，可參看。

〔註15〕見宋・洪邁，《容齋四筆》，卷十一〈漢高帝祖稱豐公〉條：「予自少時讀班史，今六七十年，何嘗百遍？」（上海：古籍出版社，1998年），頁743。

〔註16〕《史記・孔子世家》云：「弟子受《春秋》，孔子曰：『後世知丘者以《春秋》，而罪丘者亦以《春秋》』。」

中心思想、客觀意識、處世原則與論述立場等，到底有何特色？而後史家論述的意識形態，才可大致的掌握。蓋史家的其他思考，如歷史選擇、歷史解釋、歷史發展，天人關係、經世理念與文藝思想等莫不與此有關。

（三）剖事理去虛妄

有些事理之分析容易因所據不同，或引喻失義，而產生似是而非的結論。而歷史哲學所以可能之客觀依據即是事理，至於辯證直覺的具體解悟則是歷史哲學所以可能之主觀依據。因此必需對於事理與《漢書》之具體解悟加以分析明辨，並對舊說所誤之處加以剖論，才能突顯正確之一面。

（四）較得失判優劣

有時問題之探討，如就《漢書》或班固本身來探查，不見得能準確地突顯其「事理之判斷」或「歷史之思考」，但透過與他人，由其是與馬遷的比對，更能做深層的觀察，因此經由比較論述，即可從得失優劣中，深化對《漢書》歷史哲學的判讀與了解。

（五）知分合解矛盾

探討或解決問題，有時須加以分析，有時需加綜合。只有分析而無綜合，則恐氾濫無歸；只有綜合而無分析，亦懼籠統不明。例如分析《漢書》的天人思想，就須從天文星氣、陰陽五行、天、命、時、運、鬼、神、天道等詳加析論，如果只做綜合而未析述，恐怕不太容易說得明白，但如只做分析，不加綜論，則亦不知其思考或思想有何衝突？何以衝突？衝突性質如何？以及如何銷解衝突？故唯有透過分析後的綜合，消解矛盾，才能獲致切確的答案與圓融恰當的了解。

司馬遷的歷史哲學豐富而外顯，班固的歷史哲學則隱隱而稍乏主觀之顯露。且《漢書》約半數之內容與《史記》重疊。就「歷史哲學系統」之建構言，一方面要注意此重疊之部分，另一方面又須於稍乏主觀顯露的觀點中梳理內容，故研究《漢書》實較《史記》為難。也因此，本論文尤須秉持一貫之態度，堅持既定之原則，依循一定之步驟，靈活運用上述之方法，以期貼近原初的理想，達成預期的成果。

第二章　《漢書》撰者定位辯證

　　《漢書》撰者之名，該不該由班固一人獨擅，班固在撰《漢書》之前或之後，究竟有哪些人做了奠基鋪路與敷粉的工作，他們的成績如何？是否亦應名列《漢書》撰者之林？此關係者《漢書》是否可代表一家之言的問題（於本文而言，亦即它是否可代表班固一個人之歷史哲學？）當然這個問題不少人研究過，其中最爲詳盡的當推雷家驥先生的〈《漢書》撰者質疑與試釋〉〔註1〕，不過該文之釋疑對於「東漢初期是否另有他人參與撰述《漢書》」及「關於班昭、馬續的補續」等關鍵性問題，及牽涉之《漢書》完成後何時獻上，以及流布之情形等論證似有錯誤，因此本文試者依雷先生所列各點重加析論：

（一）自陳勝、吳廣之起，至武帝太初四年（前 101 年）間史事，《漢書》大抵點竄、潤補《史記》，間有幾乎全抄《史記》者，甚至某些贊語與《史記》太史公曰亦頗雷同，此應如何解說？

（二）太初（前 104～101 年）之後，下至哀、平，王莽之誅，褚少孫、劉向及諸好事者，曾綴輯時事以續《史記》，其作或爲班固所承襲，此應如何分判？

（三）班彪曾專心史籍之間，採前史遺事，旁貫異聞，作後傳數十篇，並斟酌前史而譏正得失。固述《漢書》必有資取，此應如何辨別？

（四）《後漢書》明指班固並時之人，有與之共述漢史者，此最關要緊，應如何理清？

（五）班固卒後，班昭、馬續曾加續作，此部分情況又是如何？

〔註 1〕雷家驥，〈漢書撰者質疑與試釋上、下〉，《華學月刊》第一二二期，民國 71 年 2 月 21 日，頁 12～24 及第一二三期，民國 71 年 3 月 21 日，頁 32～49。

以上各點乍略觀之，似班固之於《漢書》，本身述作部分極有可議，尤其班彪有後傳數十篇，而班固於〈敘傳〉中，無一言道及此事，故顏之推謂班固「盜竊父史」〔註2〕。鄭樵罵得更是厲害，他說：

> 班固者，浮華之士也，全無學術，專事剽竊……自高祖至武帝，凡六世之前，盡竊遷書，不以爲慚。自昭帝至平帝，凡六世，資於賈逵、劉歆，復不以爲恥。況又有曹大家終篇，則固之自爲書也，幾希。往往出固之胸中者，〈古今人表〉耳，他人無此謬也。後世眾手修書，道旁築室，掠人之文，竊鐘掩耳，皆固之作俑也。〔註3〕

他不僅在《通志·總序》，罵班固剽竊，在《通志·校讎略》也說：

> 史家本於孟堅，初無獨斷之學，惟依緣他人以成門戶，〈紀、志、傳〉則追司馬之蹤，〈律、歷、藝文〉則躡劉氏之跡，惟〈地理志〉及〈古今人表〉是其胸臆。〔註4〕

近人馬先醒先生〈諸好事者與《漢書》譔者〉一文，雖謂：「《漢書》之最大特色及其遙遠影響，既在於其斷代爲史，此則創定自孟堅，故題爲固譔，不亦義乎？」但總括內容時卻說：

> 竊意《漢書》之架構規模、理論宗旨、涵蘊精神，並皆建基於彪，而損益去取、穿插移換、潤色文采，則出於子固；而綜理散亂，補其未竟，則猶待妹昭，並王紹、馬續；而班氏之前，猶有「諸好事者」之補續《史記》，此尚僅係就太初之後部分言之；而班書於太初之前，更全同太史。準此，則孟堅自爲者，似乎甚鮮。〔註5〕

不過班固潛精積思二十餘年之著作，是否果如批評者所言，在事實與事理上，均有待分辨，茲分述如下。

第一節　《漢書》與司馬遷之關係

今本《漢書》自太初以前之事，大抵采自司馬遷之《史記》，加以點染、

〔註2〕顏之推云：「自古文人，多陷輕薄……傅毅黨附權門；班固盜竊父史……」見北齊·顏之推著，王利器注，《顏氏家訓集解》，卷第四〈文章第九〉（臺北：漢京文化事業有限公司，民國72年9月），頁221。

〔註3〕見宋·鄭樵，《通志·總序》（臺北：新興書局，民國48年7月），頁1。

〔註4〕見同註3，卷七十一〈校讎略〉，第三冊，頁835。

〔註5〕見馬先醒，〈諸好事者與漢書撰者〉，《華岡學報》八期，民國63年7月，頁66～93。

潤補、損益而成。對照《史》、《漢》或翻覽《班馬異同》〔註6〕、《史漢方駕》〔註7〕，就可明白。唯史家取材於前史，此前史之材料業經史家考證、刪要，大體已彬彬而有文質。於史實之部分采取前人之作，自屬無可非議，否則一個史家不知利用前人著作或研究成果，凡事躬親考證，探訪，則其有志於一代之史者，豈止皓首難成，恐怕累世也不能竟其所欲著了。故劉知幾云：

> 自古探穴藏山之士，懷鉛握槧之客，何嘗不徵求異說，採摭群言，然後能成一家，傳諸不朽。觀夫丘明受經立傳，廣包諸國，蓋當時有《周志》、《晉乘》、《鄭書》、《楚杌》等篇，遂乃聚而編之，混成一錄。向使專憑魯策，獨詢孔氏，何以能見殫洽聞，若斯之博也？馬遷《史記》，採《世本》、《國語》、《戰國策》〔註8〕、《楚漢春秋》。至班固《漢書》，則全同太史。自太初已後，又雜引劉氏《新序》、《說苑》、《七略》之辭。此並當代雅言，事無邪僻，故能取信一時，擅名千載。〔註9〕

清代史學大家章學誠亦言：

> 世之譏班固者，責其孝武以前之襲遷書，以謂盜襲而無恥，此則全不通乎文理之論也。遷史斷始五帝，沿及三代、周、秦，使舍《尚書》、《左》、《國》，豈將爲憑虛、亡是之作賦乎？必謂《左》、《國》而下，爲遷所自撰，則陸賈之《楚漢春秋》，高祖孝文之《傳》，皆遷之所採摭，其書後世不傳，而徒以所見之《尚書》、《左》、《國》，怪其割裂焉，可謂知一十而不知二五者矣。固書斷自西京一代，使孝武以前，不用遷史，豈將爲經生決科之同題而異文乎？必謂孝武以後，爲固之自撰，則馮商、揚雄之紀，劉歆、賈護之書，皆固之所原本，其書後人不見，而徒以所見之遷史，怪其襲盜焉，可謂知

〔註6〕宋・倪思撰，劉辰翁評點，《班馬異同》三十五卷，收入《四庫全書》正史類。是書將《史》、《漢》重複部分，分合爲三十五篇，其例以《史記》原文大書，凡《史》無而《漢》增者，則以細字書之，《史》有而《漢》刪者，則以墨筆勒其旁，顛倒先後者，則註明《漢書》上連某文，下連某文，移入別篇者，則註曰，《漢書》見某傳。

〔註7〕《史漢方駕》也分三十五篇，明朝許相卿撰。許氏有感於《班馬異同》的不便疾讀，於是改變標記體例：《史》、《漢》同者，從中大書，異者，左《史》右《漢》分行小書，頗能分辨《史》、《漢》歧異。

〔註8〕按《戰國策》一書爲劉向所輯錄，司馬遷著史之時，尚未有《戰國策》之名，班固之時，已有是書是名，故班固云爾。

〔註9〕見劉知幾，《史通・采撰》（臺北：里仁書局，民國69年9月），頁115。

白出而不知黑入者矣……作史貴知其意，非同於掌故，僅求事文之
末也。夫子曰：「我欲託之空言，不如見之行事之深切著明也。」此
則史氏之宗旨也。苟足取其義而明其志，而事次文篇，未嘗分居立
言之功也。〔註10〕

可見史著之采前人著作，原無可議。不但不可議，反而必須如此。如果班固
寫漢初以迄武帝這一段時期之歷史，不本《太史公》，則更本何人？設使司馬
遷當日不本《世本》、《國語》、《戰國策》、《楚漢春秋》，難道要他憑空架構，
自我築夢，或超越時空回到過去不成？故截取《史記》無礙班固撰著《漢書》
之名。何況班固更曾探纂前記，綴輯所聞，綜其行事，旁貫五經，上下洽通，
而後成一代之史。班固截取《史記》所載漢興以來部分，融以自家思想、貫
注自家精神、建立自家風格，並斟酌文字，而後接以太初之後，至哀平王莽
之誅的作法，正足以顯示他的一家之言。

即或班固的某些想法、看法、風格同於《史記》，亦不可謂班固無所用心，
不然范曄不會說班固「潛精積思」二十餘年，如果僅從事一般性的文字修飾
與外在的排列重整，當不至費神耗時如是。《後漢書・班彪傳》略載班彪之斟
酌前史而譏正得失，其批評司馬遷的學術觀點不少，但卻說：

夫百家之書，猶可法也。若《左氏》、《國語》、《世本》、《戰國策》、
《楚漢春秋》、《太史公書》，今之所以知古，後之所由觀前，聖人之
耳目也。

班彪明知司馬遷的《太史公書》係採《左氏》、《國語》，刪《世本》、《戰國策》
據《楚漢春秋》，接其後事，上自黃帝，下迄獲麟，但仍如此稱許其史作，而
絕不言其剽竊（《太史公》書之非剽竊，除蘇洵外，幾古今無異辭），可見班
彪已清楚的認知史遷之採摭群書不為剽竊。進而言之，即使班固的部分理念
同於前人，亦不得視其為剽竊、抄襲。如《漢書・司馬遷傳》贊云：

自劉向、揚雄博極群書，皆稱遷有良史之材，服其善序事理，辨而
不華，質而不俚，其文直，其事核，不虛美，不隱惡，故謂之實
錄。

而之前班彪亦稱：

遷善述事理，辯而不華，質而不野，文質相稱，蓋良史之才也。〔註11〕

〔註10〕 見章學誠，《文史通義・言公・上》（臺北：里仁書局，民國73年9月），頁
171～172。
〔註11〕 見《後漢書・班彪傳》。

可見劉向、揚雄、班彪、班固諸人對此無異辭，此四人看法之同，係就事實、事理而相同，班固自不必刻意的標新立異。

　　劉、章所言及諸家所論，大抵爲班固辯，而於班固自身之意鮮少論及。實則班固對一代之史之取材是否涉及抄襲，早有定見。《漢書・司馬遷傳》贊說：

> 自古書契之作而有史官，其載籍博矣。至孔氏纂之，上斷唐堯，下訖秦繆。唐虞以前雖有遺文，其語不經，故言黃帝、顓頊之事未可明也。及孔子因魯史記而作《春秋》，而左丘明論輯其本事以爲之傳，又纂異同爲《國語》。又有《世本》，錄黃帝以來至春秋時帝王公侯卿大夫祖世所出。春秋之後，七國並爭，秦兼諸侯，有《戰國策》。漢興伐秦定天下，有《楚漢春秋》。故司馬遷據《左氏》、《國語》，采《世本》、《戰國策》，述《楚漢春秋》，接其後事，訖於天漢。

此贊如果只論取材，則言「司馬遷據《左氏》、《國語》，采《世本》、《戰國策》，述《楚漢春秋》，接其後事，訖於天漢」就可以了。但班固一一詳論諸書內容，這除了說明《史記》之取材外，還有意挑明司馬遷之作是有所因襲的。因爲班固還特別舉出那本書記錄那一段歷史，然後曰據、曰采、曰述、曰接，以明司馬遷因襲、抄錄、述作之多寡等差。大抵吾人可以判定：班固曰「據」、曰「采」者，馬遷皆須從新組排，用力之度中等；曰「述」者，馬遷稍加點染去取即可，用力最少；曰「接」者，則需探訪故老，蒐集資料，扒梳舊檔，東鱗西爪，一切網羅，然後擇揀刪汰，最需用力。然不論如何，班固皆以爲可許，並以史遷之史爲「作」，自家之史爲「述」，述作之間用力判然。班固既明史著因襲之可許，又謙抑己著若此，後世顏之推、鄭樵諸君之嘶吼怒斥，似乎也就大可不必了。

第二節　《漢書》與諸好事者之關係

一、諸好事者所集時事能否成書之問題

　　《後漢書・班彪傳》說：

> 司馬遷著《史記》，自太初以後，闕而不錄，後好事者頗或綴集時事，然多鄙俗不足以踵繼其書。彪乃繼采前史遺事，旁貫異聞，作後傳

數十篇。

李賢注云：

> 好事者，謂揚雄、劉歆、陽城衡、褚少孫、史孝山之徒也。

劉知幾《史通·古今正史篇》云：

> 《史記》所書，年止漢武，太初已後，闕而不錄。其後劉向、向子
> 歆及諸好事者，若馮商、衛衡、揚雄、史岑、梁審、肆仁、晉馮、
> 段肅、金丹、馮衍、韋融、蕭奮、劉恂等相次撰續，迄於哀、平間，
> 猶名《史記》。〔註12〕

案范曄與劉知幾所稱之好事者，渠等所綴集之「時事」，未必皆能綴輯成
「書」。此可由今本《史記》中，褚少孫所綴集之〈外戚世家〉事、〈滑稽列
傳〉事等見其梗概。這些好事者綴集之史事，容或成為班彪所作後傳之材
料，而為彪所裁鎔，但皆不足以獨立成書，而名為《續太史公》。衛衡、史岑、
梁審、肆仁、晉馮、段肅、金丹、馮衍、韋融、蕭奮、劉恂之作〔註13〕，多
無可考，固無庸論，即如班固尊為「其言有補於世者」之揚雄，雖「錄宣帝
以至哀平」〔註14〕，並有〈自序〉，《漢書·趙尹韓張兩王傳》甚至有「馮商
傳王尊，楊雄亦如之」之言，然〈藝文志〉錄儒五十三家，其最末者二，一
曰：

> 劉向所序六十七篇。

班固注云：「《新序》、《說苑》、《世說》、《列女圖》也。」一曰：

> 楊雄所序三十八篇。

班固注云：「太玄十九，法言十三，樂四，箴二。」並未見有傳王尊之專作。
且該傳贊，顏師古注引張晏曰：「劉向作《新序》，不道王尊；馮商序《史記》，
為作傳；雄作《法言》，亦論其美也。」

案劉向《新序》、《說苑》等「記事」之篇列於儒者之載籍，而揚雄所傳
王尊之篇，卻不見包於「三十八篇」之內。其原因不外以下兩點，一則內容

〔註12〕據陳直〈太史公書名考〉稱，《太史公書》遲至東漢桓、靈之時始稱《史記》，
而劉知幾以為《史記》本司馬遷所著通史原名，以後始稱《太史公書》，此其
失考之處。見黃沛榮編，《史記論文選集》（臺北：長安出版社，民國 78 年 9
月），頁 199～206。

〔註13〕有關這些人的著作大概，可參考馬先醒的〈諸好事者與漢書譔者〉（見註 5）
及王利器的〈漢書材料來源考〉，《曉傳書齋文史論集》（香港：中文大學出版
社，1989 年），頁 113～146。

〔註14〕見《論衡·須頌篇》（臺北：世界書局，民國 51 年 4 月），頁 405。

簡略，篇章寡少，二則鄙陋粗俗，文采莫睹。事實上，諸好事者，只有馮商所續者獨可名篇。《漢書・藝文志・六藝略・春秋家》列有〈馮商所續太史公七篇〉，注引韋昭曰：「馮商受詔續《太史公》十餘篇在班彪《別錄》。」案班彪《別錄》既已收錄馮商之續《太史公》而未見他人之續作被收錄，足證他人之舉，只不過是綴集時事而已，其未能成書自屬必然。進而言之，《別錄》所載，下逮班固之時尚有增刪。如《藝文志》云：「凡書九家，四百一十二篇，入劉向〈稽疑〉一篇。」師古曰：「此凡言入者，謂《七略》之外班氏新入者也。其云出者與此同。」然則〈藝文志〉除馮商外，不見他家續《太史公》之作，可見班彪、班固之前，除馮商之外，確多僅綴集史事而未能成書以續《太史公》之徒。顏師古於《馮商所續太史公七篇》下注云：

> 《七略》云：（馮）商，陽陵人，治《易》，事五鹿充宗，後事劉向，
> 能屬文，後與孟柳俱待詔，頗序列傳，未卒，病死。

是馮商本有意作史，但未完成就死了，故僅傳十餘篇。而此十餘篇，師古已云「頗序列傳」，則可知他人綴集之史事不多。退而言之，就算揚雄及諸好事者有紀、傳之作，然依范曄所言，亦屬鄙俗狗尾，何可續貂，故視之爲《漢書》之材料則可，謂《漢書》之篇移取自彼則不可。

二、諸好事者所集時事能否與固作相提並論之問題

諸好事者所綴集之時事，今已難考，然既云綴集時事，則於紀傳之分合當無所事，因此對班固言，仍只是一堆待理的史料而已。而紀傳之分合，絕非如此簡單。試以谷永一人言之。《容齋五筆》，卷六〈漢書多敘谷永條〉云：

> 薛宣爲少府，御史大夫缺，永言宣簡在兩府。諫大夫劉輔繫獄，永同中朝臣上書救之。光祿大夫鄭寬中卒，永乞以師傅恩加其禮諡。陳湯下獄，永上疏訟其功。鴻嘉河決，永言當觀水勢，然後順天心而圖之。成帝好鬼神方術，永言皆妄人惑眾，挾左道以欺罔世主，宜距絕此類。梁王爲有司奏禽獸行，永上疏諫止勿治。淳于長初封，下朝臣議，永言長當封。段會宗復爲西域都護，永憐其老復遠出，手書戒之。建昭雨雪，燕多死，永請皇后就宮，令眾妾人人更進。建始星孛營室，永言爲後宮懷妊之象，彗星加之，將有絕繼嗣者。永始日食，永以易占對，言酒亡節之所致。次年又食，永言民愁怨之所致。星隕如雨，永言王者失道，下將叛去，故星叛天而隕，以

見其象。〈樓護傳〉云:「谷子云筆札。」〈敘傳〉述其論許、班事。
〈許皇后傳〉云:「上採永所言以答書。」其載於史者詳複如此。本
傳云:「永善言災異,前後所上四十餘事。」蓋謂是云。

如果把所有有關谷永之事,蒐羅集中於〈谷永傳〉,則猥雜而難卒睹。必也隨
事之輕重鋪排關節,安置情事,始有可觀。又就文章筆法言,《容齋隨筆》,
卷一〈文煩簡有當〉條云:

《史記·衛青傳》:「校尉李朔、校尉趙不虞、校尉公孫戎奴,各三
從大將軍獲王,以千三百戶封朔爲涉軹侯,以千三百戶封不虞爲隨
成侯,以千三百戶封戎奴爲從平侯。」《前漢書》但云:「校尉李朔、
趙不虞、公孫戎奴,各三從大將軍,封朔爲軹侯、不虞爲隨成侯、
戎奴爲從平侯。」比於《史記》五十八字中省二十三字。

以司馬遷之能,猶有樸質之言若此〔註15〕,則鄙俗之作,當不可能有如此簡
潔之表現。是以綴集之時事,仍需依事理之歸屬而爲聚散離合,然後補以異
聞,核以常道。像王充《論衡·死僞》所云:

亡新改葬元帝傅后,發其棺,取玉柙印璽,送定陶以民禮葬之。發
棺時,臭憧于天,洛陽丞臨棺,聞臭而死。又改葬定陶恭王丁后,
火從藏中出,燒殺吏士數百人。

如此鄙陋無稽之事,就難怪班固要有所刪改了。〔註16〕

三、向歆父子是否有意續《太史公》之問題

范曄與劉知幾二人稱諸多補續《太史公》的人爲「好事者」,而「好事者」
一詞意謂多事或沒事找事,說明這些人的補續行爲非其本業。且這些人所續
的時事,其內容恐怕也多鄙俗,而爲班彪所譏評。范曄所說:「好事者頗或綴
集時事」中,頗或一詞,意謂其少。范曄何以不提這些好事者的姓名?最主
要的原因,應該是他們的狗尾之作,「不足數也」。李賢所注,好事者只錄五
人,而劉知幾《史通·古今正史》所錄補續太史公者多達十五人。此十五人
之中,劉知幾不以劉向、劉歆父子爲好事,其餘皆入好事者之林,這點與李
賢不同。劉向有《說苑》、《新序》、《五行志》、《別錄》等書,不少爲班書采

〔註15〕就《史記》之〈衛將軍驃騎列傳〉須與〈李將軍列傳〉合觀言,司馬遷特別
列舉戶數,或有其深意,但似乎也只須說「各以千三百戶封朔爲涉軹侯、不
虞爲隨成侯、戎奴爲從平侯⋯⋯」即可。

〔註16〕班固刪洛陽丞臭死一事,又改燒殺吏士數百人爲崩壓殺數百人。

爲史料。而劉歆本其父《別錄》作《七略》，班固刪其要以爲〈藝文志〉。〈藝文志〉云：

> 成帝時，以書頗散亡，使謁者陳農求遺書於天下。詔光祿大夫劉向校經傳諸子詩賦，……每一書已，向輒條其篇目，撮其指意，錄而奏之。會向卒，哀帝復使向子侍中奉車都尉歆卒父業。歆於是總群書而奏其《七略》。故有〈輯略〉，有〈六藝略〉……有〈方技略〉。今刪其要，以備篇籍。

又班書〈律歷志〉亦本於劉歆，〈律歷志〉云：

> 漢興，北平侯張蒼首律歷事，孝武帝時樂官考正。至元始中王莽秉政，欲燿名譽，徵天下通知鐘律者百餘人，使羲和劉歆等典領條奏，言之最詳。故刪其僞辭，取正義，著於篇。

表面上看，向、歆父子的作品，有可序續《太史公》者。實則劉向、劉歆父子之著作，有其自身之完整架構與價值，其志本不在續《太史公》。對班固而言，最多只是史料的一部分罷了。楊樹達、王利器諸君，雖謂班書有採自《說苑》、《新序》者〔註17〕，然《說苑》載丙吉之事不過百一十七字，《漢書》增至二千餘字。而袁盎侍兒事又明顯取於《史記》而非《說苑》；枚乘〈諫吳王書〉、吾丘壽王〈諫寶鼎書〉、茂陵徐生〈上書〉等亦或取自王朝檔案；獨〈楊王孫傳〉雖有蛻化之跡，但班書較詳，或其從伯班嗣以貴老莊之術而傳此文，亦未可知。而《新序》所載，見存者如蘇武事、沛公從項籍俱受令懷王事、酈食其事、封張良事、劉敬說都關中事、齊悼惠王事、王恢論馬邑事、主父偃事等《史記》皆有，班氏何肯棄馬取劉？何況《說苑》、《新序》等書在東漢已有不實之名，《史通‧雜說下》云：

> 觀劉向對成帝，稱武、宣行事，世傳失實，事具《風俗通》，其言可謂明鑑者矣。及自造《洪範》、《五行》，及《新序》、《說苑》、《列女》、《神仙》諸傳，而皆廣陳虛事，多構僞辭。非其識不周而才不足，蓋以世人多可欺故也。

故劉知幾出二人於好事者之外可謂卓識（但把他二人亦歸爲相次撰續則又顯然矛盾），李賢識不及此，也就遜色多了。

〔註17〕楊樹達之說，見《漢書管窺》，附錄〈漢書所據史料考〉（臺北：世界書局，民國63年10月），頁11～12；王利器之說見同註13。

第三節　《漢書》與班彪之關係

一、從著史之精神考察

司馬談臨終對司馬遷說：「余死，汝必爲太史，爲太史，無忘余所欲論著矣。」此所謂「論著」自也包括史家之學術思想、歷史理念與精神、宗旨等。曾「採前史遺事、傍貫異聞」，作後傳數十篇的班彪，由於其後傳今日已無法得見，故欲知其對史事的觀點、理念；著史的精神、宗旨，已頗難尋。惟《後漢書》本傳尚遺有他「斟酌前史而譏正得失」的大略：

> 唐虞三代，《詩》、《書》所及，世有史官，以司典籍，暨於諸侯，國自有史……遷之所記，自漢元至武以絕，則其功也。至於採經摭傳，分散百家之事，甚多疏略，不如其本，務欲以多聞廣載爲功，論議淺而不篤。其論術學，則崇黃老而薄五經；序貨殖，則輕仁義而羞貧窮；道游俠，則賤守節而貴俗功：此其大敝傷道，所以遇極刑之咎也。……誠令遷依五經之法言，同聖人之是非，意亦庶幾。

班彪借批評司馬遷寄寓了自己的思想、觀念、精神、宗旨。班固作史之精神、宗旨、思想、觀念，是否「完全」襲取乃父？如果是，則班固最好能在〈敘傳〉中說明，否則難免掠父之美（可取是一回事，可以提而不提又是一會事）。如果其父的思想，只是被班固所吸收、裁鎔，而非全同的搬移，則此正「史家大法」，亦是「父子世業」（所謂一家之言，乃家學世業，而集大成於一人），即不可說是班固剽竊、掠美了。

按照班彪對史作之了解，止於「世有史官，以司典籍」，乃至各國諸侯，亦自有史，說明的只是歷史現況之實然，而班固於〈敘傳〉中類似的一段話〔註18〕，則不僅說明了「世有典籍」之實然，更進而說明這些典籍之作用、功能與存在之價值。也就是明了其所以然。思考深度上，班固顯然較勝一籌，因爲他除了繼承，更有所發展。

〔註18〕《漢書‧敘傳》云：「唐虞三代，《詩》、《書》所及，世有典籍，故雖堯舜之盛，必有典謨之篇，然後揚名於後世，冠德於百王。故曰：「巍巍乎其有成功，煥乎其有文章也！」漢紹堯運，以建帝業，至於六世，史臣乃追述功德，私作本紀，編於百王之末，廁於秦、項之列。太初以後，闕而不錄，故探纂前記，綴輯所聞，以述《漢書》，起元高祖終於孝平王莽之誅，十有二世，二百三十年，綜其行事，旁貫五經，上下洽通，爲春秋考紀、表、志、傳，凡百篇。

　　班彪對太初以後闕而不錄之史事，只是以接續的心態繼承之；班固則隱然認為乃父之作不足以牢籠一代之盛事，予漢家應有之歷史地位。班固的說法，不僅確認一代之史，顯示一代之史的主體性，字裡行間更透有一種獨力承擔之勇氣。他拔西京於百代之末流，卓然並肩百王之列。此種精神，此種氣魄，皆非乃父所能及，謂之「攘美竊父」，未免小看了他。從學術觀點言，班彪、班固譏評史遷論學術、序貨殖及道游俠三事，多少有誤。然從撰述的觀點言，此誤既非「無心的」將司馬談的思想當作是司馬遷的思想；亦非「故意的」將司馬談的思想當作是司馬遷的思想。而是把史談、史遷之說「理所當然的視為一體」。因為史談、史遷父子繼業，而成書者史遷，故唯史遷是評，而這正是班固所以不提父作之真正原因所在。不然以班氏父子之明，焉有如是之誤，焉有如此不入流之手段（因焦慮而故意誤讀）。

　　不慮前言，退而言之：即使班固評論馬遷的觀點，大多立基乃父，但亦有所不同。司馬遷錄乃父之〈論六家要旨〉，當亦肯定乃父之見，但他也批判道家。《史記‧貨殖列傳序》說：

> 老子曰：「至治之極，鄰國相望，雞狗之聲相聞，民各甘其食，美其服，安其俗，樂其業，至老死不相往來。」必用此為務，輓近世塗民耳目，則幾無行矣。

老子的最高理想願景，所謂的「至治之極」，司馬遷以為如用此為務以牽引挽救近世，無異塗塞遮掩百姓的耳目，那是幾乎不可行了。是司馬遷於老子思想之不合時宜者，也給予適切的批評，反倒是五經所蘊藏的仁義、謙讓精神，史遷極其推崇，而在《史記》中隨處展現。尤其〈五帝本紀〉、〈吳太伯世家〉、〈伯夷列傳〉三篇，各居本紀、世家、列傳之首，自有著開宗明義的意思。史遷更將孔子列入世家；為其弟子作傳，雖亦於〈孔子世家〉、〈老子列傳〉載孔子問禮於老子事，但無損其崇仁義、重禮讓之思想觀念。班彪對史遷「論術學，則崇黃老而薄五經」的評議幾無著落，而班固潤改乃父言辭，謂馬遷「論大道則先黃老而後六經」雖亦不達史遷之深旨，但卻指出部分事實：如司馬遷將黃帝列為中國歷史之第一人；詳載孔子問禮於老子事；司馬談〈論六家要旨〉甚稱美道家，司馬遷載錄無異辭。故班固之言亦非無據。此見班固之見識，較乃父為通透。

　　班彪所譏評史遷論學術者三事，其一已如前述，其二則謂史遷「序貨殖，則輕仁義而羞貧窮」，不過此說亦誤。因為司馬遷並未一味的羞貧窮，他在〈貨

殖列傳〉所云：

> 家貧親老，妻子軟弱，歲時無以祭祀進醵，飲食被服不足以自通，
> 如此不慚恥，則無所比矣。是以無財作力，稍有鬥智，既饒爭時……
> 無巖處奇士之行，而長貧賤，好語仁義，亦足羞也。

只是認爲做爲一個編戶齊民，而非巖處之奇士，一天到晚把仁義掛在嘴邊，
卻無法奉父母、養妻子，四時也無以祭祀其祖先，連基本的生活必需品皆無
以自足，是該感到慚愧的。至於如果有巖處奇士之行則雖貧賤亦無妨。他也
很推崇季次、原憲的守節；顏淵的安貧。他沒有要求所有的人，都去做巖處
之奇士，都去做聖人；同樣的，他也沒有要所有的人，都奔富厚。他只認爲
編戶齊民，應該本於勞力，滿足基本的生活需求而已。班彪之譏評史遷既太
過，故班固有以改之。他改口批評史遷「述貨殖，則崇勢利而羞賤貧。」就
貨殖而言，在道德齊一或暫不考慮道德之情況下，富貴總比貧窮好。子貢尤
能「布揚夫子之名於天下」，這是事實、「千金之子不死於市」，當時已成俗諺。
而在史遷眼中，顏回的安貧，猶逾子貢之貨殖，道義絕遠勢利〔註 19〕。故班
固不言史遷輕仁義，只說他崇勢利。就有錢之功效性而言，班固此語亦非無
憑。而班固改「羞貧窮」爲「羞賤貧」，可謂神來之筆，因爲史遷所引以爲羞
的，正是既無巖處奇士之行，又連基本生活都不能滿足，以至老邁父母、稚
弱妻子，饑寒交迫，祖先祭祀斷絕的人。

其三，班彪批評史遷「道游俠，則賤守節而貴俗功」，班固以爲史遷乃「退
處士而進姦雄。」有關這一點，王叔岷先生辨之絕精〔註 20〕。案司馬遷筆下
之游俠多具有仁愛、信義、廉潔、退讓之美德，而其處士，則謂讀書懷君子
之德，義不苟合當世之人，亦即守節安貧的獨行奇士。是史遷既重閭巷之俠，

〔註 19〕如果將勢利與仁義相比較，史遷絕對是崇仁義的。司馬遷於〈孟嘗君列傳〉
載孟嘗君太息嘆曰：「文常好客，客見文一日廢，皆背文而去，莫顧文者。」
於〈廉頗藺相如列傳〉載「（頗）失勢之時，故客盡去，及復用爲將，客又復
至。」〈汲鄭列傳〉載太史公曰：「夫以汲、鄭之賢，有勢則賓客十倍，無勢
則否，況眾人乎。」〈平津侯主父列傳〉載太史公曰：「偓當路，諸公皆譽之，
及身敗身誅，士爭言其惡，悲夫！」這是一般賓客的嘴臉，司馬遷於此，已
感慨萬分。〈張耳陳餘列傳〉太史公曰：「然張耳、陳餘始居約時，相然信以
死，豈顧問哉？及據國爭權，卒相滅亡。何鄉者相慕用之誠，後相背倍之戾
也？豈非以利哉？」此傳所說，特貧賤時以一顆素心相往的刎頸之友，終
至以市道交惡。相形益下，史遷的感慨亦愈深。史遷豈是崇勢利之徒？
〔註 20〕說見〈論司馬遷是非頗謬於聖人辯〉，收於黃沛榮所編，《史記論文選集》（臺
北：長安出版社，民國 78 年 9 月），頁 65～94。

也未嘗看輕嚴處之士。但游俠能扶人於厄，振人不贍，而處士則絕未能此。史遷於處士，則重其清節操守，於游俠，則重其救厄濟乏。僅就功效言，則處士未能與游俠比權量力。故班彪評馬遷「賤守節」則絕非；謂其「貴俗功」則或有。惟班固一改爲「退處士而進姦雄」，則大謬不然了。蓋班固所謂之姦雄，實即史遷筆下的「暴豪之徒」，此乃史遷之所不取而不比於游俠的人。〈游俠列傳〉說：

> 至如朋黨宗強比周，設財役貧，豪暴侵凌孤弱，恣欲自快，游俠亦醜之。余悲世俗不察其意，而猥以朱家、郭解等，令與豪暴之徒同類，而共笑之也。

又云：

> 至若北道姚氏、西道諸杜、南道仇景、東道趙他、羽公子、南陽趙調之徒，此盜蹠居民間者耳，曷足道哉！此乃鄉者朱家之所羞也。

足見史公絕無進姦雄，亦未退處士。班固於這一點上，所見不僅不及史遷遠甚，甚至連乃父亦所不及。這是因爲班固一味著眼於平民身分的游俠，卻藏甲專殺、作威作惠，故而未能如史遷之通透。蓋史遷以立名爲人生之著力點〔註21〕，故在價值判斷上，他不屑曲學之士「抱咫尺之義，久孤於世」。認爲這些人，不如「卑論齊俗，與世浮沉，而取榮名之士」。班固立論之不同於乃父與史遷，顯示出他有自己的想法與見解，而有所發展與轉化。即便這種轉化或因受到時代及特殊背景的影響，而顯得既不達情也不通理。〔註22〕

二、從史著之體制規模考察

從《漢書》規模、架構來看，馬先醒先生以爲王充提到班彪續太史公百

〔註21〕見拙著《司馬遷的歷史哲學》，第六章第四節，頁 202～207。

〔註22〕《後漢書‧馬援傳》載：「援兄子嚴、敦並善譏議，而通輕俠客。援……在交阯，還書戒之曰：『龍伯高敦厚周愼，口無擇言，謙約節儉，廉公有威，吾愛之重之，願汝曹效之。杜季良豪俠好義，憂人之憂，樂人之樂，清濁無所失，父喪致客，數郡畢至，吾愛之重之，不願汝曹效也。效伯高不得，猶爲謹敕之士，所謂刻鵠不成尚類鶩者也。效季良不得，陷爲天下輕薄子，所謂畫虎不成反類犬者也。訖今季良尚未可知，郡將下車則切齒，州郡以爲言，吾常爲寒心，是以不願子孫效也。』季良名保，……保仇人上書，訟保「爲行浮薄，亂群惑眾，伏波將軍萬里還書以戒兄子，而梁松、竇固以之交結，將扇其輕僞，敗亂諸夏。」書奏帝，帝召責松、固，以訟書及援戒書示之，松、固叩頭流血，而得不罪。」足見當時朝庭與州郡之厭惡游俠，固站在社會秩序之立場，對游俠之威惠專殺當然不滿。

篇以上〔註23〕，莫非彪所續百篇之中，六十五篇爲紀、傳，其餘爲表、志。馬先生之言若果成立，則是《漢書》架構已成於班彪，那麼班固之力，益見其少。若其言非是，則表示《漢書》格局、架構皆班固所立。雷家驥先生指出，《後漢書》所載班彪〈略論〉應是班彪數十篇「後傳」之自序〔註24〕，其言頗是。此〈自序〉（或略論）所載班彪批評司馬遷史作之體例，僅著眼於紀、傳、世家三部分，是彪所留心者，也是這三部分。〈略論〉云：

> 司馬遷序帝王則曰本紀，公侯傳國則曰世家，卿士特起則曰列傳。又進項羽、陳涉而黜淮南、衡山，細意委曲，條例不經……今此後篇……不爲世家，唯紀、傳而已。傳曰：「殺史見極，平易正直，《春秋》之義也。」

班彪說「今此後篇，不爲世家，唯紀傳而已」，這個「唯」字，已然明確指出班彪未續表、志。他所引的傳言「殺史見極，平易正直，《春秋》之義也。」其中的「極」是中正之義，此言代表班彪處理歷人物材料與記述歷史人物之心態與自我要求。《春秋》之義，褒貶人物，使「王道備、人事浹」〔註25〕，班彪既取《春秋》之義，其後篇不爲表、志，而爲紀、傳顯然可知。又今本《漢書》元、成二紀贊，或云：「臣外祖兄弟爲元帝侍中」，或說：「臣之姑充後宮爲婕妤。」應劭以爲「元、成帝紀皆班固父彪所作，臣則彪自說也，外祖，金敞也。」〔註26〕晉灼說：「班彪之姑也。」〔註27〕是此二紀，恐多班彪手筆〔註28〕。〈韋賢〉、〈翟方進〉、〈元后〉，此三傳之贊，並題「司徒掾班彪曰」，顯係班固援引乃父成說爲之，而《漢書》所明見班彪遺作之跡的，也只有紀、傳而已。再說，如果班彪認爲表、書當刪，或該改弦易轍，必當會提出批評，並說明改作之原因，而〈略論〉中，班彪言不及此，如果說，班彪尙未能留心於此，故而無所補續更作，應不致有誤。

〔註23〕見同註5，又見《論衡・超奇》篇（臺北：世界書局，民國51年4月），頁280～286。

〔註24〕見同註1，雷家冀，〈漢書撰者質疑與試釋上〉，《莘學月刊》第一二二期，民國71年2月21日，頁12～24。

〔註25〕司馬遷語，見《史記・十二諸侯年表序》。

〔註26〕〈元帝紀〉師古註引。

〔註27〕〈成帝紀〉師古註引。

〔註28〕〈成帝紀〉有河平二年「春正月，沛郡鐵官冶鐵飛，語在〈五行志〉」及「（永始三年）冬十月，庚辰，皇太后詔有司復甘泉泰畤……陳倉陳寶祠。語在〈郊祀志〉」之語，見不純爲班彪之作也。

前引《漢書・藝文志・六藝略・春秋家》，著錄「馮商所續《太史公》七篇」，師古注引韋昭曰：「馮商續《太史公》十餘篇，在班彪《別錄》。」是班彪有效法劉向編寫《別錄》，而自為一書的意思。此錄內容，既不在太史公〈八書〉之內，自無所謂續《太史公》可言。換言之，班彪並未有作〈藝文志〉之意。何況班彪不滿的是，諸好事者所綴集的時事過於鄙俗。以致班彪後來仍須「繼採前史遺事，傍貫異聞。」而從班彪之所從事及所採用的方法看來，其後傳內容亦應屬紀、傳之範圍，而確未涉及表與志。

最可論者，厥為「世家」這一體例之廢除。班彪之「不為世家，唯紀傳而已」，確立了中國正史以紀、傳為主之規模，其功勞自不可抹煞，但廢除是一回事，何以廢除又是一回事。依班彪所了解司馬遷之意，是「序帝王」，則號「本紀」；「公侯傳國」，則曰「世家」；「卿士特起」，則名「列傳」。但陳涉，卿士也，卻進於世家；淮南、衡山，公侯也，卻黜之列傳。他批評司馬遷這樣做是「細意委曲，條例不經」。因而「今此後篇，不為世家。」然班彪之言，實不成其為理由。蓋「世家」如因此而可廢，則項羽之進於「本紀」、呂后亦進於「本紀」，是否「本紀」當因此而須廢？故班彪之廢「世家」，未必即是班固廢「世家」之意。其實「世家」之當廢，乃勢不得不廢。古時諸侯開國承家，傳世久遠，雖尊崇周室，但也專制一國，至如孔子、陳涉；外戚、三王、蕭、曹、陳之為世家，人數尚寡，勉可並列。及漢武行推恩之策，而「藩國悉分，支庶畢侯」。但侯者雖眾，綿綿瓜瓞、世代相續，功名著世者卻很少。又不能如古諸侯專制一國，所以世家當廢，乃時移事異的一種趨勢。不可用條例之不經而刪除。果而條例不經而世家可廢，則本紀、列傳亦無不可廢。果而世家之不為，乃條例之不經，則正體例即可，又何待於廢。故班彪之廢世家，未必即班固廢世家之意。何況彪之不言表、書，而固不獨有表，抑且有志，甚至擴而充之，創為〈藝文〉、〈五行〉、〈地理〉諸志與〈古今人表〉，則其於體例架構之有深思，固無待言。其廢世家，當不會直線思考如是。總之，言《漢書》之精神義蘊、架構規模，雖稍有因緣前人處，然思深發凡，宏綱鉅構，卻絕對是班固的歷史識見與眼光。

第四節　班固並時或稍前之人參撰《漢書》之問題

一、前人成說之疑點

前述司馬遷之《史記》，諸好事者綴集之時事、班彪之《後傳》、劉向、

劉歆父子之書及揚雄之〈自序〉等，皆為班固所裁鎔，而為材料之性質。此節專就班固並時之人，是否有與之共撰《漢書》者討論，至於班昭、馬續二人與《漢書》的關係，容後再論。

　　據馬先醒先生研究指出，與班固共著《漢書》者，猶有賈逵、楊終、劉復、傅毅四人。此四人亦宜名列《漢書》撰者之列。馬先生之主要論據有二。一是《後漢書北海興王傳》所載：

> 初，臨邑侯復好學，能文章。永平中，每有講學事，輒令復典掌焉。與班固、賈逵共述漢史，傅毅等皆宗事之。復子駒驗及從兄平望侯毅，並有才學。永寧中，鄧太后召毅及駒驗入東觀，與謁者僕射劉珍著中興以下名臣列士傳。

二是《華陽國志》，卷十上云：

> 楊終字子山，成都人也……明帝時，與班固、賈逵並為校書郎，刪《太史公書》為十餘萬言。

馬先生論證略以班、賈、劉、傅諸人所述《漢史》，與劉珍等所撰，日後稱《東觀漢記》者不同。史未見劉復，賈逵、傅毅之徒參與初期修《東觀漢記》之記錄，可知固等所述《漢史》，當是中興之前事。又班固如已獨撰《漢書》，斷無再與人共述西漢之事的道理。於是推出諸人所共述之漢史，就是今存之《漢書》。又楊終為校書郎，而從事刪史的工作，其所致力者為前漢史事，則與班固同處蘭台之賈逵與傅毅之徒，其所從事可知。由上述之論據加以論證，於是得出前述賈逵、楊終、劉復、傅毅之徒亦宜名隸《漢書》作者之林的結論。不過馬先醒先生也於總結此事時說：

> 綜之，班彪出，始彙合諸好事者之續《史記》以成其後篇，班固繼之，益以賈逵、劉復、傅毅輩所撰之《漢史》，予以整齊損益，飾以文采，遂成其《漢書》，絢為一代名著，取《東觀漢記》與之相較，宵壤雲泥，何其不類。孟堅成其千古美名，良有以也。

雷家驥先生除指出馬文之互相矛盾之外，更層層推論，指出其非。雷文以為傅毅為一文學家，在永平（明帝年號，共十八年，58～75 年）中尚在平陵習章句，直至建初（章帝年號，共八年，76～83 年）中，才得「為蘭台令史，拜郎，與班固、賈逵共典校祕書」〔註29〕，是永平中傅毅始宗事劉復，學其文章，建初中始任蘭臺令史，而固之《漢書》於建初中已成，不待傅毅參與

撰著。其論大抵正確。又指楊終刪《太史公書》爲十餘萬言，即使是事實，亦未見得他所致力者，是係前漢之事，亦「無確證證明他奉詔刪《史記》，是爲了配合班、賈諸人之的共述《漢史》的工作。」此說亦有其眞實性。但雷文對劉復與賈逵二人共述「漢史」的論證辨說則不很恰當。

雷家驥先生以爲，班固、劉復、賈逵三人的共述漢史，既僅得一條證據，劉、賈二人更無旁證，則只得求解於班固，而涉於班固之主要論據有二：

一是《後漢書‧班固傳》稱：

> （固）除蘭臺令史，與睢陽令陳宗、長陵令尹敏、司隸從事孟異共
> 成〈世祖本紀〉。遷爲郎，典校秘書。固又撰功臣、平林、新市、公
> 孫述事，作列傳、載記二十八篇，奏之。帝乃復使終成前所著書。

二是《後漢書‧馬援傳》附〈馬嚴傳〉云：

> 永平十五年，皇后敕使（馬嚴）移居洛陽。顯宗召見，嚴進對閑雅，
> 意甚異之，有詔留仁壽闥，與校書郎杜撫、班固等雜定〈建武注記〉。
> 常與宗室近親臨邑侯復等論議政事，甚見寵幸。

雷文依第一條論據，遂稱四人（既）共成〈世祖本紀〉，則此本紀應無劉復、賈逵參與之可能。又依第二條論據指出，〈建武注記〉似是書名，不類單篇之紀、傳。如此則三人之外，另有他人參與，應有可能。雷氏之意，即劉復、賈逵既不可能參與〈世祖本紀〉之撰作，則有參與雜定〈建武注記〉之可能。

然而所謂「注記」，主要在記錄君王的出生成長〔註30〕、言行德性、政績作爲、詔書敕令、祥瑞災異等〔註31〕。《後漢書‧皇后紀上》載：

> 元初五年，平望侯劉毅以太后多德政，欲令早有注記，上書安帝曰：
> 「……古之帝王，左右置史，漢之舊典，世有注記……宜令史官著
> 長樂宮注……」，帝從之。

是東漢時，連太后也有注記了。

至於光武皇帝爭戰四方，統一宇內，居位三十餘年，又是中興之主，興作尤多，其注記分量必重，故明帝才會要馬嚴與杜撫、班固等雜定《建武注

〔註30〕如《史記‧楚世家》《集解》引干寶曰：「若夫前志所傳，修己背坼而生禹，簡狄胸剖而生契，歷代久遠」久，莫足相證。近魏黃初五年，汝南屈雍妻王氏生男兒從右胳下水腹上出，而平和自若，數月創合，母子無恙，斯蓋近事之信也。以今況古，固知注記者之不妄也。」

〔註31〕《後漢書‧律曆志中》載：誠兄整前後上書言「去年三月不食，當以四月……』詔書下太常：『其詳案注記，平議術之要，效驗虛實。」可見注記有載日食等災異。

記》，此是一點。其次，《史記》、《漢書》記載一些重大案子或議題交大臣雜議的屢見不鮮，此雜定也可能僅是商議去取之性質而已。須知范曄用語，〈世祖本紀〉則曰「共成」，〈光武注記〉則云「雜定」。此二者一為編撰，一為刪取，用力不同，判然可知，豈可因而推想〈世祖本紀〉是單篇，已須多人完成，而《建武注記》似是一書，尤須多人參與，進而又猜測劉復、賈逵有參與之可能。

雷氏又引班固本傳，以為班固完成〈世祖本紀〉遷為郎後，又撰功臣、平林、新市、公孫述事，作列傳、載記二十八篇奏上，而〈世祖本紀〉「猶且詔令多人參與，是則修此二十八篇，豈會令班固一人自始至終執筆獨撰？是則此二十八篇恐有他人參與其事（其意亦指向劉、賈二人）。」案雷先生此論尤為無據，蓋班固本傳從無片言支語論及此二十八篇與人共傳，豈得以其多寡，而猜測渠與人共撰。何況班固之遷為郎，對他是個大大的鼓勵，故盡心盡力以圖更上層樓，也是有可能的。而尋《後漢書·班固傳》文意，明帝似乎就是因為班固能獨力完成此二十八篇，又能合乎其口味，才會令他終成前所著書。

最後雷氏總結的說：

> 班固在東觀奉詔所撰的，可知者僅為〈世祖本紀〉、〈建武注記〉及此二十八篇。前者既不可能有劉復、賈逵參與，注記及此二十八篇則有可能矣。若注記的可能較少，則此二十八篇之可能遂大。

又說：

> 《後漢書班彪傳》之意，認為班固奏上此二十八篇之後，「帝乃復使終成前所著書」。是則班固繼續進行修撰《漢書》的工作，所謂「自永平中始受詔，潛精積思二十餘年至建初中乃成」之說，確實無可疑者，至於〈北海興王傳〉所謂永平中，劉、賈、班三人共述漢史，則當是在班固永平中受詔復撰《漢書》之前或同時進行了。

案雷先生於此事之立論，完全建立在假設的基礎上，如果假設成立，結論也就正確，但如果假設錯誤，結論也就變得虛妄。然其假設並無旁證支持，一切終是未知的多過已知的，故所有他的推論還是疑點重重，有待理清。

二、事實真相之還原

雷先生之考證，既有可疑。茲從賈逵之事蹟著手說之。《後漢書·賈逵傳》載逵：

尤明《左氏傳》、《國語》，爲之《解詁》五十一篇〔註32〕，永平中，
上疏獻之。顯宗重其書，寫藏祕館。時有神雀集宮殿官府，冠羽有
五采色，帝異之，以問臨邑侯劉復，復不能對，薦逵博物多識，帝
乃召見逵，問之。對曰：「……此胡降之徵也。」帝敕蘭臺給筆札，
使作〈神雀頌〉，拜爲郎，與班固並校祕書，應對左右。

可見賈逵之拜爲郎與班固並校祕書，應對左右，是在作〈神雀頌〉之後。而
尋明帝一朝有神雀集於宮殿官府者，唯永平十七年（74年）。《後漢書‧明帝
紀》載：

十七年……三月……甘露仍降，樹枝內附，芝草生殿前，神雀五色
翔集京師……夏五月戊子，公卿百官以帝威德懷遠，祥物顯應，乃
並集朝堂，奉觴上壽。

《東觀漢記》，卷十八〈賈逵本傳〉亦載：

永平十七年，公卿以神雀五采，翔集京師，奉觴上壽。上召逵，敕
蘭臺給筆札，使作〈神雀頌〉。

是知賈逵之拜爲郎與班固並校祕書，應對左右，應在永平十七年五月之後，
此事確無可疑者。而考史可知班固於永平六年（63年），明帝復使之終成前所
著書〔註33〕，然之前班固已與他人共成〈世祖本紀〉，又獨力完成功臣、平林、
新市、公孫述等列傳、載記二十八篇，則賈逵不得參預〈世祖本紀〉與此二
十八篇可知。而且，尋臨邑侯劉復傳文之意，賈逵與劉、班二人共述漢史之
事，亦當在明帝永平之世。合前所述觀之，賈逵之述漢史，當在永平十七年
（74年）五月戊子之後。

抑又言之，當神雀集宮殿官府之時，如果班、劉、賈三人，已在共述漢
史，則賈之博物多識，明帝當無不知之理。必此三人尚未共述漢史，帝乃問
劉復，劉復遂「薦逵博物多識」，「帝乃召見逵，問之」。明帝或許感到這些人

〔註32〕〈賈逵本傳〉載，建初元年詔逵入講……帝善逵說，使發出左氏大義長於二
傳者。逵於是具條奏之曰：「臣以永平中上言左氏與圖讖合者，先帝不遺芻蕘，
省納臣言，寫其傳詁，藏之祕書。」

〔註33〕班固撰寫《漢書》的工作，是「自永平中始受詔，潛精積思二十餘年，至建
初中乃。」前人考證，明帝復使班固終成前所著書，是在永平六年。蓋永平
六年到建初七年，正好是二十。建初僅八年，班固成書如在建初八年，則
不得稱爲建初「中」，所以班固之撰《漢書》應早於永平六年才更合理。然永
平共十八年，過於提前，又不便稱永平中，而應稱永平「初」，故班固著書之
起迄年仍以永平六年至建初七年爲近是。

博物多識，於是才要他們典校祕書，並且「應對左右」，其中亦包括共同爲明帝講述漢史在內。考臨邑侯劉復傳文：「臨邑侯復好學，能文章，永平中，每有講學事，輒令復典掌焉，與班固賈逵共述漢史，傅毅等皆宗事之。」則共述漢史，亦講學之一事可知。再看范曄用語，亦有以「述」字爲「講說」之意者。如《後漢書·皇后紀·明德馬皇后紀》云：

> （后）常與帝旦夕言道政事，及教授諸小王，講論經書，述敘平生，雍和終日。

此「述」字，爲談論、講說之意。又如〈馬援傳〉載：

> 援……閑於進對，尤善述前世行事，每言及三輔長者，下至閭里少年，皆可觀聽。

此「述」字，亦爲談論、講說之意。又如〈朱暉傳〉載：

> 是時穀貴，縣官經用不足，朝庭憂之。尚書張林上言：「（略言宜行均輸之策）。」於是詔諸尚書通議。暉奏據林言不可施行，事遂寢。後陳事者復重述林前議，以爲於國誠便，帝然之，有詔施行。

此「述」字，爲陳說之意。又如〈文苑·禰衡傳〉載：

> （孔）融既愛衡才，數稱述於曹操。

此「述」字，亦爲陳說之意。是「述」字爲講說之意，於尉宗用語，亦非孤證。然而最切確的證據乃是《文選》所載班固的〈典引〉。〈典引〉序云：

> 臣固言：永平十七年，臣與賈逵、傅毅、杜矩、展隆、郗明等召詣雲龍門。小黃門趙宣持〈秦始皇帝本紀〉問臣等曰：「太史遷下贊語中，寧有非耶？」臣對：「此贊賈誼〈過秦篇〉云：『向使子嬰有庸主之才，僅得中佐，秦之社稷，未宜絕也。』此言非是。」即召臣入問，「本聞此論非耶？將見問意開悟耶？」臣具對素聞知狀。詔因曰：司馬遷著書，成一家之言，揚名後世，至以身陷刑之故，反微文刺譏，貶損當世，非誼士也。」

這就是當日班固與賈逵等應對左右，共述漢史的實情，而其事即在永平十七年（74 年）。

不過，班、劉、賈三人，雖共述漢史，然劉復似乎僅是領銜性質。蓋〈馬嚴傳〉載，永平十五年（72 年），明帝詔馬嚴與杜撫、班固雜定〈漢武注記〉時，劉復並未參與，只與馬嚴談論政事〔註34〕。永平十七年（74 年），明帝問

〔註34〕前引《後漢書·馬援傳》，附〈馬嚴傳〉云：「（馬嚴）常與宗室近親臨邑侯劉復等論議政事，甚見寵幸。」

神雀事時，劉復又不知而薦賈逵，故共述漢史恐多賈、班爲之。而劉復則典掌此事。賈逵與班固共述漢史之時日甚短，〈明帝紀〉記載，永平十八年（75年）春天以來，「時雨不降，宿麥傷旱，秋種未下，政失厥中」，帝「憂懼不已」。四月，帝下詔「理冤獄，錄輕繫。」並令二千石分禱五嶽四瀆，郡長吏也要「絜齋禱請，冀蒙嘉澍。」六月，「焉耆、龜茲攻西域都護陳睦，悉沒其衆。北匈奴及車師後王圍戊己校尉耿恭。秋八月，帝崩於東宮前殿。」是永平十八年春以來，國難方殷，四月以後，明帝恐不再聽班、賈等共述漢史了。而賈逵之應對左右，乃永平十七年（74年）五月以後之事。是二人之共述漢史，前後恐不及一年即告結束。退一萬步言之，即便此三人之共述漢史，必強作撰述解，所撰恐亦不夥，史亦難載其成果、篇名。又此事范氏一筆帶過，班固、賈逵本傳亦未提及此事。而撰史方法上，某人最重要之事必繫於其本傳，次要之事始繫於他傳。史家范曄前有馬、班可法，豈會不明白這個道理。劉、賈二人既是僅講述漢史，且時間又短，故將此事繫於典領講學之〈劉復傳〉，而於他傳不復贅言。劉、賈或及傅毅共述漢史之實情，既也如是，自不得說他參與《漢書》之撰作，而名隸撰者之林了。

第五節　班昭、馬續與《漢書》之關係

有關《漢書》的完成，《後漢書・班固傳》說：

> 固自永平中始受詔，潛精積思二十餘年，至建初中乃成。當世甚重
> 其書，學者莫不諷誦。

此事列於班固本傳，本無可疑。然司馬彪《續漢書》、袁宏《後漢紀》、劉昭〈後漢書注補志序〉、劉知幾《史通・古今正史》及《隋書・經籍志》均曾言及《漢書》補續之事。甚至連范曄本書〈列女・曹世叔妻傳〉也說：

> 兄固著《漢書》，其〈八表〉及〈天文志〉未及竟而卒，和帝詔昭就
> 東觀藏書閣踵而成之。……及鄧太后臨朝，與聞政事。……時《漢
> 書》始出，多未能通者，同郡馬融伏於閣下，從昭受讀，後又詔融
> 兄續繼昭成之。

不過由於《東觀漢記》已亡佚，各家對於《漢書》未竟與補續的不同說法，不知何所本。今輯本《東觀漢記》零拾殘篇，不但未見有關班書未竟之說、連〈列女傳〉也不見曹大家的芳蹤。班昭是否有補續《漢書》，於此已不可考。今所見最早有關《漢書》補續的記載，見於司馬彪的〈天文志〉。司馬彪《續

漢書》紀、傳多亡，今僅八志完存，係經梁人劉昭爲之注並分爲三十卷，與范曄的後漢書合刊，盛行於世。其〈天文志上〉云：

> 遷著《史記》，作〈天官書〉。成帝時，中壘校尉劉向，廣〈洪範〉災條作五紀皇極之論、以參往行之事。孝明帝使班固敘《漢書》，而馬續述〈天文志〉。今紹《漢書》作〈天文志〉，起王莽居攝元年，迄孝獻帝建安二十五年二百一十五載。

司馬彪僅就〈天文志〉立論，故未提及〈八表〉之事。其說明自己作〈天文志〉的緣由與前代〈天文志〉源流，皆十分明確，其語應該可信。但後出的袁宏《後漢紀》與范曄《後漢書》對於《漢書》補續之說已不盡相同，袁宏於《後漢紀·孝順帝紀下》說：

> 融字季長，援兄子嚴之子也。兄續博覽古今，同郡班固著《漢書》，缺其七表及〈天文志〉，有錄無書，續盡踵而成之。〔註35〕

案袁書成於東晉康帝之世，在他之前成書的相關東漢史著，除司馬彪的《志》附於范曄的《後漢書》而共傳之外，其餘多已亡佚，今日所見僅一鱗半爪，難能遍觀。但有一點可以確定，是即袁宏與范曄二人，都見過《東觀漢記》、司馬彪的《續漢書》與華嶠的《漢後書》。《史通·古今正史》說：

> 董卓作亂，大駕西遷，史臣廢棄，舊文散佚。及在許都，楊、彪頗存注記。至於名賢君子自永初已下闕續。魏黃初中，唯著〈先賢表〉，故「漢記」殘闕，至晉無成。泰始中，秘書丞司馬彪始討論眾書，綴其所聞……凡八十篇，號曰《續漢書》。又散騎長侍華嶠，刪定《東觀記》，爲《漢後書》……自斯已往，作者相繼，爲編年者四族，創紀傳者五家。推其所長，華氏居最。而遭晉室東徙，三唯存一。

所謂「編年者四族」及「紀傳者五家」，皆是指袁宏與范曄之前的著作而言〔註36〕。袁宏《後漢紀》今日猶存，其自序云：

〔註35〕見晉·袁宏撰，周天游校注，《後漢紀校注》（天津：古籍出版社，1989 年 12 月），頁 527～528。

〔註36〕楊家駱，《漢書識語》誤以袁宏爲「編年者四族」之一；范曄爲「紀傳者五家」之一。實則劉知幾接者說：「至宋宣城太守范曄，乃廣集學徒，窮覽舊籍，刪煩補略，作《後漢書》……晉東陽太守袁宏抄撮《漢氏後書》，依荀悅體，著《後漢紀》三十篇。世言漢中興史者，唯范、袁二家而已。」是知所指乃袁、范二人之前的著做而言，如含袁、范二人，則劉知幾不當謂「而遭晉室東徙……」蓋袁、范之作，皆在東徙之後也。

予嘗讀《後漢書》，煩穢雜亂，睡而不能盡也。聊以暇日，撰集爲《後漢紀》，其所掇會《謝承書、司馬彪書、華嶠書、謝忱（即謝沉）書、漢山陽公記、漢靈獻起居注、漢名臣奏》，旁及諸郡《耆舊先賢傳》，凡數百卷。

是袁宏見過前述司馬彪書、華嶠書之明證。而《宋書・文苑傳》范曄本傳稱，范曄少好學，博涉經史，因忤義康，不得志，乃窮覽舊籍，刪眾家「後漢書」，成一家之作。華嶠之書尤爲其取材所資〔註37〕。《隋書・經籍志》云：「《東觀漢記》一百四十三卷。起光武記注至靈帝。」據陶涷所考，「此書唐時猶存，殆經五季之亂而佚。」〔註38〕是范曄亦曾見過前述之三書。袁、范二人雖皆曾察閱三書，而取說有異。今《東觀漢記》，既不可概見；華嶠之說，亦難遍聞，則袁、范之異說，只好暫予擱置，從別處著手。

　　案范尉宗於班昭本傳，確言和帝詔昭踵成八表一志之事，應該是可信的。但班固本傳也明言，固潛精積思二十餘年，至建初中乃成，當世甚重其書，學者莫不諷誦。二者之間，存有矛盾，這又該如何解釋，當有所交待。茲分析如下：

一、《漢書》之完成及其流通之問題

　　雷先生以爲班固歷時二十餘年應該已完成《漢書》，而且《漢書》已有〈敘傳〉，班固並「明言全書有紀表志傳四部分共一百篇，且詳述每篇撰作的要旨，顯示全書確已完成」，這種說法還算可以成立。但他引劉知幾《史通・古今正史》所云：

固後坐竇氏事，卒於洛陽獄，書頗散亂，莫能綜理。其妹曹大家博學能屬文，奉詔校敘。又選高才郎馬融等十人，從大家受讀。其八表及〈天文志〉等，猶未克成，多是待詔東觀馬續所作。

以說明班固之《漢書》在建初中「已成，但未奏上，其後班固坐事下獄死，其家可能受到搜查，《漢書》此時可能收入宮中，但已頗散亂莫能綜理」，則大有問題。首先班固潛精竭思二十餘年之《漢書》，既已完成，爲何不上奏朝廷，沒有說明；其次爲解決劉知幾所云「大家……奉詔校敘《漢書》」，及「其

〔註37〕楊家駱，《後漢書》識語引章宗源考證曰：「……范尉宗撰史，實本華嶠，故亦易外戚爲后紀，而肅宗紀論二十八將，論桓譚、馮衍傳，論袁安傳，論劉、趙、淳于、江、劉、周、趙傳序，班彪傳論，章懷並注爲華嶠之辭。」
〔註38〕見陶涷輯，《東觀漢記》，〈序〉。

八表及〈天文志〉等，猶未克成，多是待詔東觀馬續所作」之矛盾，故把「作」字解釋爲「爲」。問題是劉知幾《史通》中有這樣的語法嗎？雷氏之釋既有問題，當重爲釋疑。茲從王充之《論衡》一書著手。

《論衡・宣漢篇》痛批漢儒不宣漢德之後，列舉許多漢家瑞應，而後說：

> 漢亦一代也……周之聖王，何以當多於漢，漢之高祖、光武，周之文武也。文帝、武帝、宣帝、孝明、今上，過周之成、康、宣王……俗好襃遠稱古，講瑞上世爲美，論治則古王爲賢，睹奇於今，終不信然。……是故……唐、虞、夏、殷同載在二尺四寸；儒者推讀朝夕講習，不見漢書，謂漢劣不若……使漢有弘文之人，經傳漢事，則《尚書、春秋》也。

文中言及今上（章帝），且謂漢無弘文之人，經傳漢事。是至少在章帝建初初年，王充尚未看到班固的《漢書》。緊接〈宣漢篇〉後的〈恢國篇〉說：

> 宣漢之篇，高漢於周，擬漢過周，論者未極也。恢而極之，彌見漢奇……孝明天崩，今上嗣位，元二之間，嘉德流布，三年陵零生芝草五本，四年甘露降五縣，五年芝復生六本，黃龍見，大小凡八。……前世龍不雙見，芝生無二，甘露一降，而今八龍並出，十一芝累生……。

而《後漢書・肅宗校章帝紀》也載：

> 是歲（建初五年），零陵獻芝草，有八黃龍，見於泉陵。

是章帝建初五年（80 年），王充猶在大聲疾呼要宣漢恢國。〈恢國篇〉之後的〈驗符篇〉亦云：

> 建初三年，零陵泉陵女子傅寧宅土中，忽生芝草五本，……四年，甘露下泉陵……五年，芝草復生泉陵……併前凡十一本。

接著，〈須頌篇〉云：

> 漢德不休，亂在百代之間，彊筆之儒不著載也。高祖以來著書非不講論，漢司馬長卿爲〈封禪書〉，文約不見。司馬子長紀黃帝以至孝武，揚子雲錄宣帝以至哀平，陳平仲紀光武，班孟堅頌孝明，漢家功德，頗可觀見。今上即命，未有襃載……漢德著明，莫立邦表之言，故浩廣之德未光於世也。

王充之爲此篇，自宣元以下，不提班固《漢書》，反道揚雄繼武之錄，則其時

《漢書》未成可知。而由以上連續四篇之論，可以確定，《漢書》到建初五年（80 年）尚未面世。范曄謂建初中始成，建初共八年而已，則漢書必成於建初六、七年（81、82 年）之間，據鄭鶴聲所考，則為七年，其說是也。〔註39〕

再來看看《漢書》完成後流布之情形。《後漢書・儒林・孔僖傳》載，孔僖與崔駰同遊太學，因涉及暗指漢武帝為狗，被梁郁上告朝廷，事下有司，孔僖恐誅，乃上書肅宗自訟說：

> 臣之愚意，以為凡言誹謗者，謂實無此事而虛加誣之也。至如孝武皇帝，政之美惡，顯在漢史，坦如日月。是為直說書傳實事，非虛謗也。

肅宗本也無意加罪孔僖，故孔僖上書之後，「立詔無問，拜僖蘭臺令史」。

《史記》曾被目為謗書，非宣揚漢德之作，武帝之事，決無可能如孔僖所言「顯在漢史，坦如日月」。且《史記》也非專記漢事之書，不得目為漢史。又此漢史既載武帝之事，自然也非指東觀之《漢記》。故此漢史必指《漢書》而言。《漢書・高帝紀》顏師古引孟康曰：「娠音身，漢史身多作娠，古今字也」。顏師古說：「孟說是也，《漢書》皆以娠為任身字。」是漢史即《漢書》之明證。而班固著《漢書》時之進度與內容可能皆十分保密，甚至連明帝亦不太敢明目張膽的干涉，所以才有永平十七年（74 年）之問（見前節），而父親的門生王充，亦無從得知《漢書》之內容。所以在建初五年（80 年），《漢書》將成之際，王充猶在大喊宣漢、恢國。此亦可見《漢書》非一篇一篇的發表，但整部《漢書》一出，可能是朝廷刻意的宣傳，立刻便造成轟動，所以「學者莫不諷誦」，而年少遊於太學之孔僖及崔駰皆曾閱讀，故有「政之美惡，顯在漢史」之說。

〈孔僖傳〉又載，肅宗於元和二年（85 年）春，東巡回來時，經過魯之闕里，以太牢祠孔子及七十二弟子。當時大會孔氏子男，命儒者講論《論語》，孔僖趁機陳謝，肅宗遂「拜僖郎中……詔僖從還京師，使校書東觀」。由此觀之，肅宗釋孔僖的謗武疑罪而除孔僖為百石的蘭台令史後，孔僖必曾辭職東歸，數年之後肅宗東巡，升他為三百石郎中。《漢書》完成於肅宗（章帝）建初七年（82 年），而肅宗之東巡在元和二年（85 年）二月，孔僖的謗武疑案，必發生於此三年之中。換言之，《漢書》必在此三年之中已開始流布，是《漢書》一完成便已上獻，不久便公諸於世，並且確實到了「當世甚重其書，學

〔註39〕見氏著，《漢班孟堅先生固年譜》（臺北：臺灣商務印書館，民國 69 年 6 月）。

者莫不諷誦」的地步。接下來即是「其〈八表〉及〈天文志〉未及竟而卒」的問題了。

二、〈八表〉及〈天文志〉未及竟之問題

　　《漢書》之撰作，歷明、章二帝始成。此二位君主性格不同，所重有異，班固是否能始終如一的嚴謹《漢書》紀、傳、表、志的各個部分，可以對之持懷疑之態度。班固於建初七年（82 年）完成《漢書》，當不會做立即之修訂與整理。一則立即修訂，未免顯示是書的不夠周密，二則成書的最後幾年，班固已離開研究著述之所，並開始忙於政治應酬的生活，其後又有種種事情羈絆牽引。本傳稱：

> 及肅宗雅好文章，固愈得幸，數入讀書禁中，或連日繼夜。每行巡
> 狩輒獻上賦頌，朝廷有大議，使難問公卿，辯論於前，賞賜恩寵甚
> 渥。固自以二世才術，位不過郎，感東方朔、揚雄自論，以不遭蘇、
> 張、范、蔡之時，作〈賓戲〉以自通焉。後遷玄武司馬。天子會諸
> 儒講論五經，作《白虎通德論》，令固撰集其事。

依〈肅宗章帝紀〉的記載，章帝詔諸儒會白虎觀講五經異同，是在建初四年（79 年）十一月。而這之前，班固以已數入讀書禁中，有時甚至連日繼夜。只是班固對章帝的幸遇，卻未提升他的職位，感到遺憾。郎，這種三百石的官，比一百石的蘭臺令史雖稍爲好些，但班固卻做得太久了。於是他作了〈答賓戲〉以自通，最後終於升爲秩千石的玄武門司馬。升上了玄武門司馬，班固應該離開了蘭臺，離開了蘭臺，沒有了祕中之書，自然無法對《漢書》有所補益修正了。白虎觀會議後，他又要撰集其事，同時他的《漢書》也在進行，其忙碌的情形與工作的吃重可想而知；章帝又降意儒術，對《漢書》之撰作，史未見其關注。凡此，是否影響班固《漢書》之〈八表〉與〈天文志〉的品質難知。班固又以文章得幸，章帝每巡狩，班固恐也追隨左右，才能「輒」獻上賦頌，所獻之賦的內容也才能夠合拍。朝廷大議，明帝更命令他假設各種可能的難題以問公卿大臣，而獲得甚豐的賞賜。之後班固又以母喪去官。和帝初，隨竇憲北征匈奴，其後又典憲幕府，脫離修補歷史之路益加遙遠。及憲被誅，班固亦遇害，就無緣再施斧鑿重加訂正了。《漢書》表、志之編撰，是尤須詳考復校，比對資料才能臻於完善的工作。班固著《漢書》之後幾年，撰述之生活似已走樣，並且離開了蘭臺。表、志撰寫得不很完善，不無可能。而〈八表〉及〈天文志〉未竟，應是指未臻於完善地步或有待修訂而言，絕

非指一切蕩然未有，否則「未竟」一詞即無著落。又《漢書》始出，雖「學者莫不諷誦」，但就諷誦而論，應是紀、傳爲多，表、志部分亦當以篇首序言或贊曰爲主，至於「多未能通者」，恐怕是深入《漢書》內容之後，政府或儒者認爲《漢書》多古字，不太容易正確的了解，或是有不夠精密完善的部分。《漢書》既爲一代之史，原作者又已不在世間，所以一方面和帝詔班昭就東觀藏書閣「踵而成之」，一方面又有馬融之伏於閣下，從昭受讀。而從昭受讀，絕非續撰，但可能對文義理解，文字校正，提供意見。

三、班昭、馬續與《漢書》補續之問題

和帝既詔昭就東觀藏書閣「踵而成之」，表示：一則班昭乃繼武其兄之跡，此見《漢書》之規模義蘊早已燦然大備於班固，甚至只需小幅的補充修正而已；二則顯示班昭之工作，還需借重藏書幫助，此即與班固之離開蘭臺相應。班昭可能一邊修訂補充〈八表〉及〈天文志〉，一邊向人授讀整部的《漢書》。而授讀之同時，亦兼有發表、正確理解與反饋印證之關聯。後來班昭去逝，其事由馬續繼而成之。此時班昭應已完成了表的部分，但〈天文志〉尚未完成。梁人劉昭取司馬彪〈八志〉以補范書，其序曰：

> 范曄《後漢》，良誠跨眾氏，序或未周，志遂全闕……遷有承考之言，固深資父之力，太初以前，班用馬史，十志所因，實多往制，升入校部，出二十載，續志昭表，以助其閒，成父述者，夫何易哉！

劉昭之時代去范曄不遠，又曾爲范書作注，其於范書，必詳加考校，而劉知幾《史通・補注篇》亦指劉昭多取范曄之所捐以爲補注〔註40〕。且不論其注之方法與水準，就其資料之收集比對言，有關班昭補續《漢書》如有不同於范書之異說，劉昭即使不舉而出之，亦必不曲從范說。「續志昭表，以助其間」一語，原非注〈曹大家傳〉，卻正好說明了曹大家與馬續的工作。亦即〈八表〉乃班昭所踵成，〈天文志〉乃馬續所續就。而此正與《後漢書・列女・曹世叔妻傳》及司馬彪〈天文志序〉所言合拍。

至於袁宏有關馬續補續《漢書》七表之說，如果屬實，則不僅顯示劉昭、范曄之說有誤，而且說明班昭窮二十年之功，僅完成一表〔註41〕。此不但透

〔註40〕《史通・補注篇》云：「竊惟范曄之刪《後漢》也，簡而且周，疏而不漏，蓋云備矣。而劉昭採其所捐，以爲補注，言盡非要，事皆不急。」

〔註41〕〈列女傳〉稱：「和帝詔（班）昭就東觀藏書閣踵而成之。帝數召入宮，令皇后諸貴人師事焉」，又〈皇后紀〉稱：「（鄧）太后自入宮掖，從曹大家受經書，

露「博學高才」之班昭能力極差，亦說明班昭置和帝之詔書「踵成八表及天文志」若罔聞。但班昭之能力若果極差，則鄧太后不可能令皇后及諸貴人師事之，馬融亦不可能伏於閣下受讀。若〈七表〉、〈八志〉有錄無書，盡馬續之補作，則劉昭絕不致言「續志昭表，以助其間。」〔註42〕是知袁宏之言顯然有誤。不過范曄於班固本傳已明言《漢書》之成，但〈大家傳〉卻說：「兄固著《漢書》，其〈八表〉及〈天文志〉未及竟而卒」。可見〈大家傳〉之說法有語病。蓋班固上獻《漢書》之時，如果〈八表〉及〈天文志〉只有目錄小序或本文前之序言，而無內容，依范曄筆法，必定於班固本傳言之。〈桓譚傳〉云：

> 初，譚著書言當世行事二十九篇，號曰《新論》，上書獻之，世祖善焉。〈琴道〉一篇未成，肅宗使班固續成之。

《東觀漢紀》，卷十六〈桓譚傳〉亦云：

> 譚著書言當世行事，號曰《新論》，光武善之，敕言卷大，令皆別為上下，凡二十九篇，惟〈琴道〉未畢，但有〈發首〉一章。

由上可知，范曄之意應是〈八表〉及〈天文志〉相當有值得重新整理修訂補充之處，而班固未及為而卒。至於須修訂補充之原因，則為此部分撰寫得不夠完密或太過簡略，或此部分有誤待考之故。此又有二點可說：第一，如果班固於《漢書》完成即已奏上，則須重新修訂整理之原因，當為班固於此部分撰寫得不夠嚴密，而有闕漏，或有錯誤。第二，如果班固於《漢書》完成，暫未呈上，則固被捕，其家有被搜查之可能，此部分可能散亂或遺失。然而，一則班固受明帝之詔，繼續完成《漢書》，二則班固潛精積思二十餘年，好不容易完成《漢書》，焉有不上奏之理？三則班固《漢書》之〈敘傳〉云：

> 凡《漢書》，敘帝皇，列官司，建侯王。準天地，統陰陽，闡元極，步三光。分州域，物土疆，窮人理，該萬方。緯《六經》，綴道綱，總百氏，贊篇章。函雅故，通古今，正文字，惟學林。

兼天文、籌數。」而鄧太后於永元七年（西元95年）入宮，八年冬為貴人。是班昭最遲已於此時開始七表一志校敘整理之工作。又班昭卒年七十餘歲，卒時當在馬融拜為校書郎中（永初四年，西元110年）之後至鄧太后崩（永寧二年，西元121年）之間。是班昭校續整理七表一志之時間，最少亦有十四年，最多竟長達二十五年以上。

〔註42〕須知劉昭此言是特筆，而袁宏之言是帶筆。

此乃對自己述作之期望、理想、抱負之最大肯定，如已成書，焉有不上呈自現之理？四則班固爲郎已久，求升意顯，如不呈書以自效，亦屬不近人情。五則班固既以喪去官，則奉詔而著之《漢書》亦當歸還朝庭。六則母喪期中，固不論加以修訂與否，母喪既畢，亦當呈書奏上，揚名顯親，以慰父母之靈。故知雷氏以爲固因「被搜家」以致書頗喪亂，言雖可設，於理難推，論實（見前論《漢書》之流布）更難能得而徵之。至其引劉知幾所云（請容我再次徵引）：

> 固後坐竇氏事，卒於洛陽獄，書頗散亂，莫能綜理。其妹曹大家博學能屬文，奉詔校敘。又選高才郎馬融等十人，從大家受讀。其八表及天文志等，猶未克成，多是待詔東觀馬續所作，而〈古今人表〉尤不類本書。

以爲證，則有三大缺失。一則劉知幾之言不知所本。二則劉知幾此言頗爲籠統，劉文上段文字之前段文字爲：

> 固以父所撰未盡一家，乃起元高皇，終乎王莽，十有二世，二百三十年，綜其行事，上下通洽，爲《漢書》紀、表、志、傳百篇。其事未畢，會有上書云固私改作《史記》者，有詔京兆收繫，悉錄家書封上。固弟超詣闕自陳，明帝引見，言固續父所作，不敢改易舊書，帝意乃解。即出固，微詣校書，受詔卒業。經二十餘載，至章帝建初中乃成。

即與事實不符。蓋果如劉知幾所稱，固弟超詣闕自陳，明帝引見，言固「續父書所作，不敢改易舊書」，則如何又說「乃起元高皇，終乎王莽，十有二世，二百三十年，綜其行事，上下通洽，爲《漢書》紀、表、志、傳百篇」，一似其規模架構大抵已成者。如果此時規模已成，又豈可言「續父所作，不敢移易舊書」？至如本段文字，既稱固卒於獄「書頗散亂，莫能綜理」，妹曹大家是奉詔「校敘」，又說其〈八表〉及〈天文志〉未成，多是待詔東觀馬續所「作」？從校敘變成創作，已令人狐疑，又說「而〈古今人表〉尤不類本書」，似乎亦疑〈古今人表〉非出馬續之手。自家說法都無自信，如何能取信於人。三則若果固「坐竇氏事，卒於洛陽獄，書頗散亂，莫能綜理」，和帝當詔班昭全面校敘《漢書》，不應范曄於曹大家之「本傳」，專挑〈八表〉與〈天文志〉而言。劉昭亦不當言「昭表續志，以助其間。」況且如屬整理全書的散亂而授讀，亦當照順序而行，如之何〈八表〉之後忽跳至〈天文志〉，尤未

克成？又多是馬續所「作」？故知劉氏之說，亦不可信。至於《隋書‧經籍志》所云：

> （固）潛心積思，二十餘年，建初中，始奏表及紀、傳，其十志竟
> 不能就。固卒後，始命曹大家續成之。〔註43〕

則是更添異說，尤不足採。

史稱「《漢書》始出，多未能通者」，故馬融伏閣受讀。而馬融本傳載融「年八十八，延熹九年（166 年）卒於家。」逆推生年，則為建初四年（79 年）。融於安帝永初四年（110 年）始「拜為校書郎中，詣東觀典校祕書」，是時鄧太后已臨朝五年，班昭也與聞朝政，安帝元初二年（115 年），馬融因上〈廣成頌〉諷諫，忤鄧氏，其後因兄子之喪而自劾歸，於是鄧太后大怒，遂免融官〔註44〕。故馬融受讀《漢書》前後僅六年而已。之後朝廷詔馬續續之。而馬續於安帝元初六年（119 年）已為中郎將率南單于出塞追擊匈奴，其後二十餘年都過者戎馬生涯。故馬續之繼馬融受讀《漢書》，當在元初二年（115 年）至元初六年（119 年）之間。頭尾不計，最多三年而已。當是時班昭為太后師，又與聞朝政，宮中受其教化，女史皆頗通經傳〔註45〕。《漢書》經其踵成，遂名譟於世（馬融當代鴻儒而受讀《漢書》，自亦有抑揚之功）。然漢安帝永寧元年（120 年）鄧太后駕崩，而班昭已前死，故太后嘗為之發喪，而元初四年（117 年）鄧騭以母憂，上書乞身，太后欲不許，問班昭，班昭說以推讓之義，於是鄧騭等始各還里邑〔註46〕。此時之班昭可能已太老，故〈天文志〉才會由馬續所校訂補充完成。至於雷文所云：

> 范曄並未明指馬續續成八表一志。八表一志，在和帝朝應已為班昭
> 「踵而成之」矣。班昭此時工作中心是導讀，則馬續「繼昭成之」
> 的工作也應是導讀而已。

及其最後之結論：

〔註43〕見《隋書‧經籍志二》正史部後序（臺北：鼎文書局，民國 79 年 7 月），第二冊，頁 956～957。

〔註44〕見〈馬融傳〉顏師古注。

〔註45〕《後漢書‧鄧后紀》載：「太后自入宮掖，從曹大家受經書，兼天文、算數。」「又詔中官近臣於東觀受讀經傳，以教授宮人，左右習誦，朝夕濟濟。」又載「（鄧）康以太后久臨朝政，心懷畏懼，託病不朝。太后使內人問之。時宮婢出入，多能有所毀譽，其耆宿者皆稱中大人。所使者乃康家先婢，亦自通中大人。」

〔註46〕見〈列女傳〉及〈安帝紀〉（載鄧騭就國之年）。

　　班昭校敘若長達十九年，理應接近或已經校敘完畢……細案范曄之
　　文，馬續的工作與馬融應有關係，是則可能在班昭死後，他奉鄧太
　　后詔令，繼續完成班昭的導讀或校讀工作。並可能班昭所未讀完的
　　部分，就是八表及天文志部分。

如能成立，亦即八表一志如已爲班昭「踵而成之」、馬續的工作如僅校讀而已，
則何以班昭僅八表與〈天文志〉未曾導讀或校讀？若或有人謂此八表一志校
補之分量極重，故最後成功。則表、志甚不相干，如何班昭不校補完表後，
先導讀表，或先校補完天文志後先導讀之？況且尋劉知幾文意，反而是馬續
之工作，正是接續班昭「校敘」與導讀的工作。不過劉文此段文字之籠統不
可細詰，前已言之，可置不論。

　　要之班書早已完成，爲一絕對之事實，不然范曄絕不致言「至建初中乃
成」。但某些篇章恐有疏漏，或錯誤。而其中最須修訂校補者，則爲〈八表〉
與〈天文志〉，班昭因一方面校補，一方面導讀，又須教人其他典籍，故進度
緩慢，以致〈天文志〉的校補及導讀尚未完成，最後由馬續繼成其事。以上
應是最近事理之推斷，且依理而言，如某書之內容屬考證之類，則後出者之
說係總前人之舊說加以考證而斷言之，其說可信度應較高。如非屬考證性質，
或絕不重考證之書，則愈是晚出之異說，愈不可信。劉知幾之《史通》與《隋
書》，就陳述班書之校補言，並屬後出之作，《史通》留意於史學之理論；〈隋
志〉致力於群書之目錄，於大家校補、馬續繼成並非留心之所在，袁宏《後
漢紀》於此事之記載尤屬附筆，唯司馬彪〈天文志〉、范蔚宗〈曹大家傳〉係
屬特筆記載，此二人之言既不矛盾，又有劉昭「續志昭表」之說輔證，其言
最爲可靠。不過，《漢書》之八表與〈天文志〉雖經班昭、馬續的校補、整理，
乃至補作，但有關之規模架構、義蘊精神早經班固完成、定型，此由班固之
〈敘傳〉內容可知。再比觀《漢書》諸表序與〈天文志〉前之序文，筆法觀
點又絕類班固，且表、志前序文所論事理，尤能發明〈敘傳〉相應各篇之小
序。至於表、志之內文、內容部分，則多爲史料之蒐集整理，與該書之歷史
哲學，並無十分密切之關聯。故就歷史哲學言，將《漢書》視爲班固的一家
之言，或一家之歷史哲學，應無大誤。

第三章　班固撰述《漢書》之時代背景及其所受之限制與發展

　　史家敘事恆受兩方面的影響，一方面史家受本身所屬的時代的影響；一方面則是深入歷史之後，受他所了解的歷史之影響。此二者在不斷的反饋過程中，無終止的影響者史家之論述。故凡史學研究，認識史家背景與當代文化情境，是十分重要的一件事。蓋了解史家著史的背景與當代文化情境，才能找到文本（text）對應之社會位置，才不會陷溺於歷史情境之內，或孤立於歷史情境之外。

第一節　班固撰述《漢書》之史學背景

　　吾人一出生，便受到周遭環境的影響，隨著年歲的成長，受影響之層面也日益擴大，直到有自己的想法，而後才與社會互動，受人影響，也影響他人。英國史家卡耳所說：「一個歷史家，在他開始寫歷史之前，已早是歷史的一個產物了」〔註1〕，就是這個意思。《漢書》之成書自與班固的史學背景脫離不了干係。

一、前人之補續《太史公》

　　司馬遷完成了《太史公》，從此豐富燦爛了西漢的學術界，閃耀著自此不滅的光芒，有者無可撼動的地位。但對於西京政權之式微破滅，乃至一個王

〔註1〕卡爾著，王任光譯，《歷史論集》（臺北：幼獅文化事業公司，民國79年），頁32。

朝的復興而言，不論其記事下迄獲麟也好，太初（前104～101年）也好，甚至征和二年（前92年）也罷，都是一部未完的鉅著。《史記‧龜策列傳》《正義》說：

> 《史記》至元成閒十篇有錄無書，而褚少孫補〈景〉、〈武紀〉，〈將相年表〉，〈禮書〉、〈樂書〉、〈律書〉，〈三王世家〉，〈蒯成侯〉、〈日者〉、〈龜策列傳〉。

褚少孫以司馬遷外孫的身份，首先補續了一些內容，以填充《太史公》亡佚的部份。不僅如此，〈建元以來侯者年表〉、〈陳涉世家〉、〈梁孝王世家〉、〈外戚世家〉、〈滑稽列傳〉、〈匈奴列傳〉等多處〔註2〕，亦見褚少孫之補作。足見褚少孫非僅以補作《太史公》亡佚之部份爲滿足。對於因時代年限的關係，史公不可能完成的部份，他也是有興趣的。何以見得褚少孫爲今見最早補續《太史公》者？這得由其所補之〈三代世表〉說起。〈三代世表〉上起黃帝，下止厲王奔彘、周召共和，自爲起迄，本無可言，而褚少孫在表後補入二段張夫子問而褚少孫答的對話。第一段張夫子問褚先生曰：

> 《詩》言契、后稷皆無父而生。今案諸傳記咸言有父，父皆黃帝子也，得無與《詩》謬乎？

褚先生答以：

> 不然……一言有父，一言無父，信以傳信，疑以傳疑，故兩言之……天命難言，非聖人莫能見。舜、禹、契、后稷皆黃帝子孫也。黃帝策天命而治天下，德澤深後世，故其子孫皆復立爲天子，是天之報有德也。人不知，以爲汜從布衣匹夫起耳。夫布衣匹夫安能無故而起王天下乎？其有天命然。

案本段意涵有二，一是解釋司馬遷與《詩經》說法不同之原因，二是說明王天下須有德，要有天命。第二段張夫子問褚先生曰：

> 黃帝後世何以王天下之久遠也？

褚先生的回答是：

> 傳云天下之君王爲萬夫之黔首請贖民之命者帝，有福萬世，黃帝是也……蜀王，黃帝後世也，在漢西南五千里，常來朝降，輸獻於漢，非以其先之有德，澤流後世邪？

〔註2〕 《索隱》：《漢書（匈奴列傳）》云：「明年，且鞮死，長子狐鹿姑單于立」。張晏曰：「自狐鹿姑單于以下，皆劉向、褚先生所錄，班彪又撰而次之，所以《漢書‧匈奴列傳》有上、下兩卷。」

在上述的引文下，褚先生接著說明霍光亦出自黃帝之後，只是看不出自周武王時受封之霍氏，其後代有何德業，反倒是晉獻公滅霍之後，霍之後世成為廢民。答話的最後，褚先生說：

> 《黃帝終始傳》曰：「漢興百有餘年，有人不短不長，出白燕之鄉，持天下之政，時有嬰兒主，卻行車。」霍將軍者，本居平陽白燕。臣為郎時，與方士考功會旗亭下，為臣言。豈不偉哉！

褚先生全段答話之主要意涵，除延續前面的「有德」與「天命」說之外，更提出行道者絕對不可忽視「其先有德」才能「澤及後世」的道理。進而點出霍叔封後沒有德業表現，並暗指霍氏既不像蜀王之「朝降」、「輸獻」，且持政擅權逼使昭帝，使他如倒行車子，不讓前進，無從發揮帝王之功能。〈三代世表〉終止於因厲王出奔，宣王年幼而有之周、召共和行政（〈十二諸侯年表〉即始於共和元年〔前 841 年〕。表云：「厲王子居召公宮，是為宣王。王少，大臣共和行政）。而周、召二公同心輔政，絕無異心。褚少孫於此補續上述二段對話，如說是針對霍光而來，應無問題。但霍氏當時輔政持權，於是褚先生只好加一些「亦黃帝後世」、「豈不偉哉」的話來遮蓋一番，趙紹祖說：

> 《太史公》〈三代世表〉後，褚先生忽綴一篇，設為張夫子問而褚答之……此篇必作於孝昭之時。疑霍光時有異志，故為此語以自結，即王莽時甄豐等援引讖緯之心耳。〔註3〕

不過，趙氏所指昭帝之時是錯誤的，應是宣帝初才正確。《索隱》雖云：「褚先生名少孫，元成間為博士。張夫子，未詳也。」然考《漢書·儒林傳》云：

> 山陽張長安幼君，先事式，後東平唐長賓、沛褚少孫亦來事式，問經數篇，式謝曰：「聞之於師具是矣，自潤色之。」不肯復授。唐生、褚生應博士弟子選，詣博士，摳衣登堂，頌禮甚嚴，試誦說，有法，疑者丘蓋不言。諸博士驚問何師，對曰事式……。

唐、褚二人並稱，而「疑者丘蓋不言（孔子於其所不知蓋闕如也）」，正是前引張夫子之問話。可見唐、褚二人，正是唐長賓、褚少孫。

王式是昌邑王的老師，昭帝崩，昌邑王嗣位，不久又以淫亂廢。當時「昌邑群臣皆下獄誅」，使者詰問，式為王者師，何以無諫書，王式答以「臣以三百五篇諫，是以亡諫書」，才得以減死，歸家。唐、褚二人學於王式後，才應博

〔註3〕見清·趙紹祖著，《讀書偶記·四》褚先生條（北京：中華書局，1997 年 1 月），頁 59。

士弟子選。此時唐褚二人年約十八左右〔註4〕，並值宣帝初年。〈儒林傳〉稱：

> 張生、唐生、褚生皆爲博士。張生論石渠，至淮陽中尉。唐生楚太
> 傅。由是《魯詩》有張、唐、褚氏之學。

論石渠是甘露三年（宣帝居位之二十三年，前 51 年）事，時唐、褚已爲博士〔註5〕。今褚少孫答張夫子曰：「臣爲郎時，與方士考功會旗下，爲臣言」，褚少孫爲郎必在爲博士弟子後爲博士前。〔註6〕

依〈霍光傳〉，光薨，上始躬親朝政。而光薨於地節二年（前 68 年），宣帝在位之第六年。褚少孫補續〈三代世表〉之茲篇，應作於宣帝地節二年之前。亦即宣帝居位的最初六年之間。而爲今見補續《太史公》的第一人。

宣帝以後，元、成、哀、平四代，如綿綿的原荒古道，在歷史的長河中，少有掀天揭地的大變動。於是自褚少孫之後以迄中興以前，有志於漢史者，也只能在《太史公》既有的光環之下，聞風振筆，狗尾續貂，作者補續的工作。其中雖不乏如劉向、劉歆、揚雄等通家大儒，但由於歷史背景與特殊環境的限制，亦無能突破窠臼，不過這些人，包括褚少孫在內，皆在其他方面，尤其是儒學方面有其專業之背景：

褚少孫：沛人，約生於武帝末太始（前96～93 年）之後，主當昭、宣、元、成之間。曾學詩於王式，宣帝末爲《魯詩》博士。〔註7〕

馮商：陽陵人，曾師事五鹿充宗，治梁丘《易》，後事劉向，能屬文。〔註8〕

史岑：西漢末人。明帝時，東平王劉蒼上〈世祖受命中興頌〉，上甚善之。以問校書郎，「此與誰等？」皆言「類揚雄、相如，前世史岑之比。」〔註9〕將揚雄、相如、史岑三人並稱，可見史岑之才學不差。

揚雄：西漢蜀郡成都人，生於宣帝甘露元年（前 53 年），卒於王莽天鳳五年（18 年），身歷五朝。少而好學，博覽多見。擅長《周易》、《論語》及語

〔註4〕 《漢書·儒林傳》載公孫弘爲學官，悼道之鬱滯，乃請太常擇民年十八以上儀狀端正者，補博士弟子。制曰可。是二人當時並在十八歲左右也。

〔註5〕 《史記·孝武本紀》《索隱》引韋冷稜云：「褚顗家傳褚少孫，梁相褚大弟之孫。宣帝代爲博士，寓居於沛，號爲『先生』，續《太史公》。」

〔註6〕 見同註4，博士弟子與受業如弟子者，一歲皆輒課，能通一藝以上，補文學掌故缺；其高第可以爲郎中，太常奏籍。

〔註7〕 見《漢書·儒林列傳》。

〔註8〕 見《漢書·藝文志》并注。

〔註9〕 見姚輯，《東觀漢記》，卷七〈東平憲王蒼傳〉。

言文字訓詁之學，尤擅辭賦並及諸子、史篇。曾仿《易經》作《太玄》；仿《論語》作《法言》；仿《倉頡》作《訓纂》；仿〈虞箴〉作〈州箴〉；仿〈離騷〉反而廣之。並模仿相如辭賦斟酌其本。他的史學觀念，或見於《法言》。所綴集史事，以續《太史公》者，今不可考，但班書〈揚雄傳〉明言采自雄之〈自序〉。

劉向：豐人，約生於昭帝元鳳二年（前 79 年），卒於哀帝綏和二年（前 7年），以通達能屬文辭，與王褒、張子僑等並進對，獻賦頌共數十篇。宣帝時，初立《穀梁春秋》，劉向被徵召受《穀梁》，曾講論五經於石渠閣。弘恭、石顯等誣陷蕭望之、周堪、張猛。張猛自殺於公車之事，劉向十分難過，乃著〈疾讒〉、〈剔要〉、〈救世〉及〈世頌〉共八篇，依古興事，悼傷自己並及同類。成帝即位，元舅王鳳為大將軍秉政，倚太后專國權，兄弟七人皆封列侯，當時劉向領校中五經祕書。看到《尚書洪範》，箕子為武王陳五行陰陽休咎之徵應，於是類集上古以來至秦漢符瑞災異的記錄，共十一篇，號曰《洪範五行傳》。成帝原本營造昌陵，歷經數年不成，又還歸延陵，因制度泰奢，劉向就上書極諫。他目睹當時風俗奢淫，而趙飛燕等踰越禮制，故採取《詩書》所載賢妃貞婦，及孽嬖亂亡之事，序次為《列女傳》，以戒天子。並采傳記行事，著《新序、說苑》共五十篇奏上。又「數上疏言得失，陳法戒。書數十上，以助觀覽，補遺闕。」《漢書》本傳稱：

> 向為人簡易無威儀，廉靖樂道，不交接世俗，專積思於經術，晝誦書傳，夜觀星宿，或不寐達旦。

又云：

> 向自見得信於上，故常顯訟宗室，譏刺王室及在位大臣，其言多切，發於至誠。上數欲用向為九卿，輒不為王氏居位者及丞相御史所持，故終不遷。居列代夫官前後三十餘年，年七十二卒，卒後十三歲而王氏代漢。

班固以「劉向之卒」與「王氏之代漢」相聯繫，頗有「漢聽向言，劉氏政權未易速亡也」之意。

劉歆：豐人，約生於宣帝甘露二年？（前 52 年？）卒於新莽地皇四年（23年）〔註10〕，少年時即以通詩書能屬文蒙成帝召見，為黃門郎。成帝河平年

〔註10〕見姜亮夫，《歷代名人年里碑傳總表》（臺北：臺灣商務印書館，民國 64 年 11月），頁 10。

間（前 28～25 年），他受詔與父領校祕書，講論六藝傳記，諸子、詩賦、數術、方技，無所不究。劉向死後，劉歆又做中壘校尉官，哀帝時王莽舉劉歆宗室有材行，累次升遷，貴幸，領《五經》，完成父親之前的事業，於是集《六藝》群書，類別為《七略》。劉歆又因校訂祕書，得見古文《春秋左氏傳》，乃引傳文解經，轉相發明，於是章句義理始備。劉歆湛精有謀，父子都好古，過絕於人。劉歆數持左氏義向父親問難，劉向有時也不能圓滿回答，但仍持其《穀梁》義。劉歆欲讓《左氏春秋》及《毛詩》、逸《禮》，《古文尚書》皆列學官，哀帝令劉歆與五經博士講論其義，諸博士或相應不理，劉歆遂移書太常博士，痛罵他們抱殘守缺，「挾恐見破之私意，而無從善服義之公心，不考實情，隨聲是非，黨同門，妒道真」。由於言辭激烈，諸儒恨之。王莽秉政，劉歆遷中壘校尉、羲和、京兆尹，封紅休侯。又負責考定律歷，著《三統曆譜》。後以謀反，發覺，自殺。

　　王莽所建立的新室，雖僅短短的十四年（9～22 年），但歷史的變動卻頗劇烈，這十四年當中歷史的焦點，幾乎都在他一人身上。當時的歷史十分的混沌，學者摸不清歷史的走向，補續者的工作，在此受到頓挫，應是可以理解的。至於東漢初期，班固之前，補續《太史公》者，尚不止班彪一人。劉知幾《史通・古今正史》所列之金丹、晉馮、段肅，實際上亦東漢人。《後漢書・隗囂傳》載：

> 更始敗，三輔耆老士大夫皆奔歸囂。囂素謙恭愛士，傾身引接為布
> 衣交……杜陵、金丹之屬為賓客。由此名震西州，聞於山東。

是金丹曾為隗囂之賓客，唯其人之事跡，僅此一見，再無片言支語，其詳不可得聞。晉馮與段肅則是班固最推重崇的人，晉馮年輩遠較班固為高，段肅亦當長於班固。《後漢書・班固傳》云：

> 永平初，東平王蒼以至戚為驃騎將軍輔政，開東閣，延英雄。時固
> 始弱冠，奏記說蒼曰：「……竊見……京兆祭酒晉馮，結髮修身，白
> 首無違，好古樂道，玄默自守，古人之美行，時俗所莫及……弘農
> 功曹史殷肅，達學洽聞，才能絕倫，誦《詩》三百，奉使專對。」

李賢注說，《班固集》「殷」作「段」，是殷肅就是段肅，《隋書・經籍志》著錄其《春秋穀梁傳注》十四卷。這些人或為向來「謙恭愛士」之隗囂的賓客（須知班彪避地西河時，即是投於隗囂門下），或為班固素所仰慕佩服極力推薦之人。這幾個人當時都在做著續《太史公》的事，而班固當時是一個二十

出頭的年輕人〔註11〕，心中充滿理想抱負，父親此時辟於司徒玉況府，已開始著手續《太史公》而為後傳。這些自然對他日後撰述《漢書》有極大之影響。而由前所述，更可見所有這些補續《太史公》之人，大抵都是儒者之流。這些人續《太史公》如何續法，不得而知。但其敘事之基調，恐脫離不了儒學之色彩。而班彪更是「唯聖人之道然後盡心焉」〔註12〕，則其《後傳》立場儒家，固無庸論。班固除承父作之外，亦博采前述眾家，故前人之補續《太史公》，不論在撰述意願與與內容上，皆可能予班固以一定程度之影響。

二、父祖之影響與本身宦途之挫折

司馬遷著《太史公》百三十篇，在最後的一篇〈自序〉中，寫到自己的高曾遠祖，追源溯流，提到了與顓頊帝並時的重、黎二氏。班氏述《漢書》百篇，亦上溯先祖及於西周，找到了楚國的令尹子文。〈敘傳〉云：

> 班氏之先，與楚同姓，令尹子文之後也。子文初生，棄於瞢中，而虎乳之。楚人謂乳「穀」，謂虎「於檡」，故名穀於檡，字子文。楚人謂虎「班」，其子以為號。秦之滅楚，遷晉、代之間，因氏焉。

這個說法本於《左傳》。宣公四年（前605年）《傳》曰：

> 初，若敖娶於䢵，生鬥伯比。若敖卒，從其母畜於䢵，淫於䢵子之女，生子文焉。䢵夫人使棄諸夢中。虎乳之。䢵子田，見之，懼而歸。夫人以告，遂使收之。楚人謂乳「穀」，謂虎「於菟」，故命之曰鬥穀於菟。以其女妻伯比，實為令尹子文。

若敖為楚武王之祖〔註13〕，依《史記》〈楚世家〉：「楚之先祖出自帝顓頊高陽」，是班氏之先亦顓頊帝之後。但班固既以漢帝劉氏出於堯後，則班固於〈敘

〔註11〕 案〈固傳〉云：「永平初……時固年始弱冠」有誤。因本傳亦稱：「及竇氏賓客皆逮考，兢因此捕繫固。遂死獄中，時年六十一。」而竇憲敗於永元四年，逆推生年，固當生於建武八年，至永平初，至少已二十七年，不得謂為始弱冠。有關班固之生卒年，一般依鄭鶴聲之說。見氏著，《漢班孟堅先生年譜》（臺北：臺灣商務印書館，民國69年6月）。但尹章義先生考之尤詳。見氏著，〈班固之生卒年〉，《食貨月刊》九卷十二期，民國69年3月，頁476～482。

〔註12〕 見《漢書·敘傳》。

〔註13〕 楊伯峻先生云：「若敖為楚武王之祖，楚君之無謚者，皆以敖稱，而冠以所葬之地……若敖者，為楚君之葬於若者，實亦子玉之祖也。敖即豪，猶今之酋長矣。」見氏著，《春秋左傳注》（臺北：復文圖書出版社，民國80年），上冊，頁457。

傳〉中不便直接遠溯高陽當是可理解之事。而令尹子文在當世亦有頗為不凡之表現。《論語・公冶長》篇載：

> 子張問曰：「令尹子文三仕為令尹，無喜色；三已之，無慍色。舊令
> 尹之政，必以告新令尹：何如？」子曰：「忠矣！」

《國語・楚語下》亦載：

> 楚成王每出子文之祿，必逃，王止而後復。人謂子文曰：「人生求富
> 而子逃之，何也？」子文曰：「夫從政者，以庇人也。人多曠者，而
> 我取富，是勤人以自封也，死無日矣。我逃死不逃富。」

班固以令尹子文為遠祖，也可算是不辱其先而善述了。他之不言鬥伯比淫於䢵女事，只說「子文初生，棄之薵中」，因為這並非一件光彩的事情。因此避免去說他，所謂「為親者諱」，就是這個意思。

自鬥班之後，不知經過多少代，因秦之滅楚，而遷於晉、代之間，並「以班為氏」。始皇末年，班壹避地樓煩，以畜牧發跡，為邊地雄豪。〈敘傳〉描述他：

> 出入弋獵，旌旗鼓吹，年百餘歲，以壽終，故北方多以『壹』為字
> 者。

班壹之後四傳到了他的玄孫班況，這是班固的曾祖父，曾做到左曹越騎校尉。成帝初年，班況的女兒，入宮為倢伃，班況退休，落籍長安。班況有三子，長子班伯，少時曾受《詩》於當代大儒師丹，受《尚書》、《論語》於鄭寬中、張禹，並且在政治上於北州有一番作為，在朝庭亦有讜論正言。更曾接觸匈奴事物。這些記述不只說明班固對其祖先之事有所認知，有所緬懷，更對班固作〈地理志〉、〈藝文志〉、〈儒林傳〉、〈師丹傳〉、〈張禹傳〉、〈朱雲傳〉、〈匈奴列傳〉等多少提供了材料而有助於班固之撰述《漢書》。前述之班倢伃，是班彪之姑。曾極得成帝的寵愛，〈外戚列傳〉載谷永云：

> 建始、河平之際，許、班之貴，傾動前朝，薰灼四方，賞賜無量，
> 空虛內臧，女寵至極，不可上矣。

倢伃雖得寵，但不僅動靜依禮，而且思慮敏捷，頭腦清楚，應對得體。〈外戚列傳〉載：

> 鴻嘉三年，趙飛燕譖告許皇后、班倢伃挾媚道，祝詛後宮，詈及主
> 上。許皇后坐廢。考問班倢伃，倢伃對曰：「妾聞『死生有命，富貴
> 在天。』修正尚未蒙福，為邪欲以何望？使鬼神有知，不受不臣之

恕；如其無知，恕之何益？故不為也。」

這樣一個顯赫聰明的女子，史家不免記上一筆，何況又是自己的姑姑、姑婆，當日褚少孫尚且迫不及待的補續了〈外戚世家〉，班彪、班固雖不為世家，為得不續為〈外戚列傳〉？為能不在〈敘傳〉中附帶一筆，以流名千秋，宣聲百代？何況由姑姑、姑婆處，可能得到不少宮庭之見聞，這些都有助於催化班固欲就其父業之心念。

班況的次子班斿，博學多才，師丹薦舉賢良方正，曾做到右曹中郎將，與劉向典校秘書。〈敘傳〉記載：

每奏事，斿以選受詔進讀群書。上器其能，賜以祕書之副。

可見他校書成績卓越，見解獨到。所以每次進奏有關校書之事，都令皇上十分滿意。除了在皇上面前讀書，更有受賜祕書之副的榮耀。班彪曾效劉向而作《別錄》或與家有中秘之書有關。班固雖依緣劉歆《七略》而為《藝文志》，但《藝文志》於《七略》仍有損益。這固然因為班固曾典校祕書，但班斿的典校祕書、受賜中祕副本，對他亦有影響。〈敘傳〉說：

彪字叔皮，幼與從兄嗣共遊學，家有賜書，內足於財，好古之士自
遠方至，父黨揚子雲以下莫不造門。

班家有秘書，又有錢，不少人從遠方慕名而來，這些人恐對班固之使命感亦造成推波助瀾之效。

班況的三子班稚，也就是班固的祖父；班彪的父親。他少為黃門郎中常侍，方正自守，成帝末年，立定陶王為太子，曾多次派遣詹事屬官詢問近臣意見，獨班稚不敢有所主張。這是他謹慎的表現。王莽秉政，收攬人心，平帝元始五年（五年）吏民以王莽不受新野田而上書者前後四十八萬七千五百七十二人；公卿大夫、博士、議郎、列侯張純等九百二人聯名上奏，請加九錫安漢公，聲勢如日中天的王莽又欲文致太平，使使者分行風俗，采頌聲，當時「風俗使者八人還，言天下風俗齊同，詐為郡國造歌謠，頌功德，凡三萬言。」劉歆、陳崇等十二人皆以治明堂，宣教化，封為列侯。但與王莽小時同輩友好，身為廣平相的班稚卓然獨見，不和稀泥。他既不提符瑞，也沒進獻歌頌，不過他也不出言反對，最後班氏是「不顯莽朝，亦不罹咎」。這是他中道風格之一端，這種處事風格對班故固「明哲保身」的思想亦可能有所啟發。更重要的是，祖父的功勳行事，尤值大書特書。

班稚生班彪，班彪是班固的父親。班彪有一個堂兄名叫班嗣，他修習儒

學，但卻尊崇道家思想。班彪的思想與乃兄異趣，班固以爲他父親是「唯聖人之道然後盡心焉。」范曄則以爲班彪是沉重好古。司馬談有著述之意，班彪亦有著述之意。司馬談對兒子著意栽培，班彪亦不例外。依《史記‧太史公自序》之記載，司馬遷少年時代是：

> 耕牧河山之陽，年十歲則誦古文。二十而南游江淮，上會稽，探禹穴，窺九疑，浮於沅湘。北涉汶、泗，講業齊、魯之都，觀孔子之遺風，鄉射鄒、嶧，阨困鄱、薛、彭城，過梁、楚以歸。

他的父親司馬談是個極崇尙道家思想、生活的人物，但他教導兒子與爲子延師，皆以儒學爲宗。儒學在衛綰、王臧、公孫弘、董仲舒及漢武帝等人之提倡下，已成當代的學術主流。司馬談要兒子學習儒家經典，基本上沒有背離時代潮流，但他的眼光尤其深遠，他要求兒子讀先秦古文寫成的文章，如《古文尚書》、《國語》等，這使得司馬遷對先秦典籍在文字的處理上，能得心應手，而當代以隸書寫成的典籍，自然沒什麼困難。而且司馬遷是從古文經書入手，當時經學卻幾乎全是今文的天下，這說明司馬談不以史遷的出路與利祿做打算，日後司馬遷廢書三嘆，說明儒林學官爲利祿而奔競，也突顯司馬遷之不爲利祿而迷失其生命的方向。司馬談要使史遷成爲一個博學的通儒，一個能繼孔子，紹明世，正《易傳》，繼《春秋》，本乎《詩、書、禮、樂》之際的人。而司馬遷二十歲出發的全國性遊歷，更是對他日後撰寫《太史公》提供了豐富的見聞，與寬廣的視界。而班彪對於班固的培養則不然，《後漢書‧班固》傳稱固「年九歲，能屬文誦詩賦，及長，遂博貫載籍，九流百家之言，無不窮究。所學無常師，不爲章句，舉大義而已。」這是從文學與儒學入手，走的正是班彪自己的道路。班彪死時，除數十篇的後傳之外，所著賦、論、書、記、奏事共九篇，亦多是應用文學的作品。《後漢書‧班彪傳》注引《謝承書》曰：

> 固年十三，王充見之，拊其背謂彪曰：「此兒必記漢事。」

這句話透露出一些訊息：一是班固文章頗爲拿手。二是班固恐已開始「博貫載記」，並表現出一定的水準。三是班彪可能已開始撰作後傳。案范曄將班固「才高而好述作，遂專心史籍之間」的這一段話，置於「竇融徵還京師」之後及「班彪復辟司徒玉況府」之前。而竇融的徵還京師，是在隴、蜀既平之後，此次還京，他因功升爲大司空〔註14〕。〈光武本紀〉云：

〔註14〕見《後漢書‧竇融傳》。

（建武）十三年……夏四月……甲寅，冀州牧竇融爲大司空。

時班固年六歲。又〈光武本紀下〉記載：「建武二十三年（47 年）九月辛未，陳留太守玉況爲大司徒。」時班固年十六。班彪約在班固六歲至十六歲，此十年之中，開始其後傳之撰述。王充爲班彪的學生〔註 15〕，出生於建武三年（27 年）〔註 16〕。班固十三歲時，他十八歲。這時班彪的後傳，應已寫了不少，但尚未完成，故王充有此一言。

班彪死後，留下了《後傳》數十篇。此時二十三歲的班固，也離開太學，返鄉居喪。丁憂期間，班固作〈幽通賦〉以明志，提到「盍孟晉以迨群兮，辰倏忽其不再。」意謂何不勉身及群，以早得進用，日月倏忽，一去不返。在此同時，他當然也讀過父作——後傳數十篇。明帝即位，東平憲王劉蒼「以至戚爲驃騎將軍輔政，開東閣，延英雄」時，他在幕府奏記薦舉桓梁、晉馮、郭基、王雍、殷肅等六人。東平憲王劉蒼當時最爲紅人，《後漢書·光武十王列傳》說：

蒼少好經書，雅有智思，爲人美須髯，要帶八圍，顯宗甚愛重之。

及即位，拜爲驃騎將軍，置長史掾史員四十人，位在三公上。

當時四府掾史都是三十人，只有他的掾史達四十人，可見明帝對他特別優遇。明帝對他也十分信任，「每巡狩，蒼常留鎮，侍衛皇太后。」所以班固此舉頗有投機意味，蓋其言如爲劉蒼所採納，則劉蒼「可能」會連帶的注意到班固，至於被推薦之人，則不論成敗與否，都將對班氏存感激之心。班固奏記的結果是，劉蒼採納了他的建議。劉蒼雖採納他的建議，但似乎沒有重用他〔註 17〕，這或許是劉蒼輔政，須要一些有行政經驗的人，觀班固所推薦的六人，大都類此可知。班固既未能出仕，只好另外找尋人生的出路。

由於班家到班彪時，遭逢王莽、更始之際，三輔大亂，家道中落，班彪又爲人方正，守道恬淡，處賤薄而無悶容。班彪死後，家無餘財，所以當班固被召爲校書郎時，弟超與母隨至洛陽，「家貧，常爲官庸書以供養」，因「久

〔註 15〕《後漢書·王充傳》云：「充少孤，鄉里稱孝。後到京師，受業太學，師事扶風班彪。」

〔註 16〕見《論衡·自紀》（臺北：世界書局，民國 51 年），下冊，頁 579。

〔註 17〕東平王劉蒼以永平五年春二月罷歸藩國，班固可能亦隨之去職，如固前此曾被重用，當不至如班超傳所載：「永平五年，兄固被召詣校書郎，超與母隨至洛陽，家貧，嘗爲官傭書，以供養。」何況班固對「二世才術，位不過郎（〈班固本傳〉）」耿耿於懷。如他曾任要職，豈有不大書特書之理。

勞苦」,故有輟業投筆之嘆﹝註18﹞。仕途既不得志,又無土無財,農、商不得,故只好走上立言一途。〈答賓戲〉錄賓之問云:「敢問上古之士,處身行道,輔世成名,可述於後者,默而已乎?」班固假主人之言回答說:

> 何爲其然也!昔咎繇謨虞,箕子訪周,言通帝王,謀合聖神……近
> 者陸子優繇,《新語》以興;董生下帷,發藻儒林;劉向司籍,辯章
> 舊聞;揚雄覃思,《法言、大玄》:皆及時君之門闈,究先聖之壺奧,
> 婆娑摩術藝之場,休息摩篇籍之囿,以全其質而發其文,用納聽摩
> 聖聽,列炳於後人,斯非其亞與!

「納聽摩聖聽,列炳於後人」,無疑是班固所希冀之目標,這是想透過著作,以求「含英吐耀」,「流光千載」。而他心目中的終極理想也是更大的聲名,〈答賓戲〉云:

> 若乃夷抗行於首陽,惠降志於辱仕,顏耽樂於簞瓢,孔終篇於西狩,
> 聲盈塞於天淵,眞吾徒之師表也。

伯夷、叔齊、柳下惠、顏回這些人之行跡,都曾得孔子之評題,也都曾直接、間接的記載於史公之筆下。前數子之行難效,更須有一定之機緣,只有「孔終篇於西狩」可法,而班彪所撰之數十篇後傳,一則所續前史未詳,二則班固不盡同意乃父對史事的觀點,遂因此「潛精研思,欲就其業。」如果班固受東平憲王重用,自爾飛黃騰達,或有「雒陽負郭田二頃」,則《漢書》恐怕不會這麼早就面世了。

三、帝王對歷史之重視

自從司馬遷完成《太史公》,藏之名山,副在京師之後,漢家王朝即對此書相當重視。不是有相當關係或典校祕書之人,是不可能有機會看到的。《漢書·宣元六王傳》載:成帝時,漢宣帝的兒子——漢成帝的叔叔劉宇來朝,上疏求諸《子》及《太史公》,成帝以問大將軍王鳳,王鳳對以:

> 《太史公》書有戰國縱橫權譎之謀,漢興之初謀臣奇策,天官災異,
> 地形阨塞,皆不宜在諸侯王。不可予。

王鳳還教導成帝不許之辭宜曰如何如何。尋這一段對話之意可知,劉宇已聞《太史公》之名,但民間不傳是書,是以須求之朝庭。成帝甚重諸子與《太史公》書,至使叔父求書,亦須問於大將軍王鳳。王鳳是少數得觀《太史公》

﹝註18﹞ 見《後漢書·班超傳》。

書及諸《子》書的人。他之所以拒絕，如果不是因爲書的珍貴難得，就是恐怕書的內容有不良之影響。不論如何，此事所涉及的三個人，劉宇、成帝、王鳳對此書的重視是不容置疑的。褚少孫之補續部份，每自稱臣如何如何，與史公之作大不相類，其係奉詔補續甚明。這顯示王朝的矛盾，一則承認該書的價值，於是令人補續，一則又恐該書有不良的影響產生，而不令之廣布。但這一切皆正好說明了《太史公》書的地位、價值與影響力。

西漢歷史至王莽爲一頓挫，亦爲一轉折。此頓挫，此轉折，可以爲史家稽其成敗興壞之分野。而爲撰史橫截之一段落。但《太史公》的光環太強，東漢光武中興之後，帝室仍對《太史公》懷有極大的敬意。〈竇融傳〉記載，當班彪避地西河爲竇融畫策事漢，總西河以拒隗囂之時，帝「深嘉美之。」但光武賞賜慰藉竇融的，卻不是什麼金玉珠寶或爵位，而是「外屬圖」及《太史公》之〈五宗世家〉、〈外戚世家〉、〈魏其侯列傳〉等三篇。可見《太史公》在當時仍被當成寶物一般的看待。能獲贈《太史公》的人是一份難得的殊榮與殊遇。而且《太史公》不是一整部的送，而是百分之幾的一篇、兩篇的送。所以班固在〈敘傳〉中，提及班斿「以選受詔進讀群書。上器其能，賜以祕書之副」時，特別說：

> 時書不布，自東平思王以叔父求《太史公》、諸子書，大將軍白不許，
> 語在〈東平王傳〉。

這或許就是班彪何以「既才高而好述作，遂專心史籍之間」的緣故吧！

明帝一朝，對漢家歷史尤爲重視。史載班固被告私改國史，「有詔下郡，收固繫京兆獄，盡取其家書。」〔註19〕所謂「有詔下郡」，可見此案由明帝親自交代處理，逮捕令也以詔書的方式頒下。班超上書後，他還召見了班超。郡上班固所著書，顯宗「甚奇之」，則顯然明帝親自審閱了他的書。召詣校書部，除蘭臺令史，令他與陳宗、尹敏、孟異共成〈世祖本紀〉後，又遷班固爲郎，典校祕書，班固又撰功臣、平林、新市、公孫述等列傳、載記二十八篇，明帝滿意了，才使班固復成前所著書。他對班固撰著西漢史事，可謂層層審核，步步求證。永平末，明帝又詔杜撫、班固、馬嚴等雜定《漢武注記》〔註20〕。這些說明了明帝對漢史的重視與高度興趣。除了敕令他人著史，明帝還親自動手寫史，〈光武十王傳・劉蒼傳〉載：

〔註19〕見《後漢書・班固傳》。
〔註20〕見《後漢書・馬嚴傳》。

> 十五年春，行幸東平，賜蒼錢千五百萬，布四萬匹。帝以所作〈光
> 武本紀〉示蒼，蒼因上〈光武受命中興頌〉。

一直到晚年，明帝都對史書的興趣與重視不減。前已言之，班固的〈典引〉，
就明確的記載，永平十七年（74 年）（明帝駕崩前一年），他與賈逵、傅毅等受
詔詣雲龍門，小黃門趙宣持〈秦始皇本紀〉問班固等說，司馬遷所下贊語中，
有沒有不對的地方？班固回答之後，明帝還親自評論了一番。不獨明帝自撰
〈光武本紀〉，明德馬皇后也一樣親自操刀，撰寫了〈顯宗起居注〉〔註21〕，
雖然馬后之撰〈顯宗起居注〉是在章帝之初，但其重視歷史之心意則是一致
的。由於光武、明帝二朝，正值班固撰史期間，故帝室之重視與關注，不僅
對《漢書》之產生有催化之作用，對《漢書》之內容，恐亦有一定程度之影
響。

四、史學能量的久蓄待發

每個時代都有其主要的課題，劉、項以摧枯拉朽之勢，夷滅了秦王朝之
後，不久轉為二人相爭之局面，最後劉邦斬除了項羽的勢力，天下歸一。在
此八年之中，「號令三嬗」，變動不可謂不劇。因而如何才能鞏固好不容易打
來的江山，使天下不再「事繁變眾」，使「黎民得離戰國之苦」就成了時代之
主要課題，而有識之士總是比一般人早一步見到問題的存在。《史記·陸賈列
傳》載：

> 及高祖時，中國初定……陸生時時前說稱《詩·書》，高帝罵之曰：
> 「迺公居馬上得之，安事《詩》、《書》！」陸生曰：「居馬上得之，
> 寧可以馬上治之乎？且湯武逆取而以順守之，文武並用，長久之術
> 也。昔者吳王夫差、智伯極武而亡；秦任刑法不變，卒滅趙氏。鄉
> 使秦已并天下，行仁義，法先聖，陛下安得而有之？」

這就點出了國家長治久安之道。於是高祖雖然開始時「不懌而有慚色」，但終
究還是請陸賈為他著「秦所以失天下，吾所以得之者何，及古成敗之國。」「陸
生迺粗述存亡之徵，凡著十二篇。」且每奏一篇，高帝「未嘗不稱善」，左右
更是高呼萬歲。

陸賈兩卷《新語》，所述的存亡之徵，不外兩個重點：一是亡秦之敝，在
於施政苛暴而用刑太極，一是對治之方，在於仁政德治與民休息乎無為。「過

〔註21〕見《後漢書·皇后紀》。

秦」對漢家來說是一種快樂，也是一種鑑戒。而仁政、德治與無爲尤能符合時代需要。陸賈既能切中時代主流價值，又有迎合百姓生活之遠見，故其論遂爲漢初數十年之主流話題與施政圭臬。稍後之賈誼亦嘗以「過秦」爲題，綜論秦「一夫作難而七廟隳，身死人手，爲天下笑」之敗，認爲是仁義不施，而攻守異勢之故。只是當時浮現另一個問題，是即諸侯王之逐漸坐大，故其論題與陸賈稍異。其後景帝時，果有七國之亂，然迅即弭平，此期間國家仍未偏離無爲而不擾民之政策方針。及至漢武帝建元（前 140～135 年）年間，國家經濟力與社會力之累積達於頂峰。〈太史公自序〉說：「漢興五世，隆在建元」，又說：「自孔子卒，京師莫崇庠序，唯建元、元狩之間，文辭燦如也」。連文化力量也達到頂峰，故必有一釋放，必有一橫決。於是武帝行征伐，「宗室有土公卿大夫以下爭於奢侈」，兼并豪黨之徒，「以武斷於鄉曲」，百姓「役財驕溢」〔註22〕，而司馬遷則以天才之姿資亦欲著究天人、通古今而成一家，這就是時代之需要，也是中國史學量能的第一次暴發。

　　東漢初年班固的著史時代，正值光武、明帝二朝盛世，國家由王莽滅後的谷底深淵，急拉至「吏稱其官、民安其業，遠近肅服，戶口滋殖」；「後之言事者，末不先建武（光武帝）、永平（明帝）之政」的地步。漢室帝家又恢復往日之風光。這期間劇動的歷史更提供了豐富的歷史材料。漢帝國曾從秦帝國處奪取了政權，出入十代雖未瓜剖而豆分，但整個政權卻又落入異姓的手中。落入異姓手中，本也無所謂，偏偏王莽又胡作非爲、倒行逆施。歷史在此頓挫，時代在此低迴，生命在此掙扎，人心在此試煉。這給史家提供一個判然的歷史分水嶺。更巧的，後繼一個新掘起的政權，正是前朝劉氏之後，此新興政權又與王莽政權形成一強列之對比。這又予史家一個總結前朝歷史的一個機會。時代亦累積不少補續《太史公》的篇什。中國史學在此又蓄積了不少的能源，只等一個契機的出現。班家的祖先既與漢室帝家有者深厚的淵源；父親又有志史籍，留有著作；時代之思想家與批評家王充又曾撫班固之背而預測他會紀「漢事」。這是一種讚美，一種鼓勵，也是一種壓力。失官無產而欲成名的時代驕子，也就因此風雲際會而焦慮地承擔了時代的需要，完成了一部「敍帝皇，列官司，建侯王。準天地，統陰陽，闡元極，步三光。窮人理，該萬方。緯《六經》，綴道綱，總百氏，贊篇章。函雅故，通古今」的偉大史著了。

〔註22〕見《史記‧平準書》。

第二節　班固撰述《漢書》之時代文化情境

　　一個時代的文化情境，對於史家有兩方面之影響：一個是史家撰述歷史之意願與投入深度，此涉及歷史著作「產生」之問題；另一個則是史料取捨與解釋之偏向，此涉及歷史著作「內容」之問題。前者決定有無與深度，後者決定內容與方向。就本文而言，前者因與班固撰述《漢書》之原因有關，固已論及，本節僅就文化學術情境影響於史學內容之偏向者言之。

一、光武明章三朝之時代氛圍〔註23〕

　　王莽被殺之後，歷史的走向與世局的變化，又漸漸有了清楚的輪廓。〈光武帝紀上〉云：

> （更始元年）九月庚戌，三輔豪傑共誅王莽，傳首詣宛。更始將北都洛陽，以光武行司隸校尉，使前整修宮府。於是置僚屬、作文移，從事司察，一如舊章。時三輔吏士東迎更始，見諸將過，皆冠幘，而服婦人衣，諸于繡镼，莫不笑之，或有畏而走者。及見司隸僚屬，皆歡喜不自勝。老吏或垂涕曰：「不圖今日復見漢官威儀！」由是識者屬心焉。

征伐之事，可以以少勝多，可以出奇制勝，可以以威服人。但天下將定，眾歸一，管理、治理的問題必將浮現。當時的更始，軍事大權在握，但光武於制度文章的表現，一出手就顯出其不凡，天下將一於誰，在此已見端倪。不過典制雖亦一事，王者居位，安民尤為重要，光武以破虜將軍行大司馬事，持節北度黃河之時的作為，似已可窺知日後光武理民之方了。〈光武帝紀上〉載：

> 更始至洛陽，乃遣光武以破虜將軍行大司馬事。十月，持節北度河，鎮慰州郡。所到部縣，輒見二千石，長吏、三老、官屬，下至佐史，考察黜陟，如州牧行部事。輒平遣囚徒，除王莽苛政，復漢官名。吏人喜悅，爭持牛酒迎勞。

及其即位，隨即展開連串措施。王夫之云：

> （光武）即位未久，修郊廟，享宗祖，定制度，行爵賞，舉伏湛，徵卓茂，勉寇恂以綏河內，命馮異使撫關中，一以從容鎮靜結已服之人心，而不迫於爭戰。然而桀驁強梁之徒，皆自困而瓦解。是則

〔註23〕本節觀念，主要來自牟宗三先生之《歷史哲學》第五部。

使高帝當之，未必其能奢定如此也。而光武之規模弘遠矣。〔註24〕

〈光武本紀上〉載，更始皇帝曾殺害光武之兄伯升，其後赤眉入長安，更始敗奔高陵。建武元年（25年）九月辛未，光武下詔云：

> 更始破敗，棄城逃走，妻子裸袒，流冗道路。朕甚愍之。今封更始
> 爲淮陽王。吏人敢有賊害者，罪同大逆。

又載王郎曾移檄購光武頭十萬戶，及光武「拔其城，誅王郎。收文書，得吏人與郎交關謗毀者數千章。光武不省，會諸將燒之」，曰：「令反側子自安。」《後漢書・岑彭傳》亦載朱鮪曾經參預更始殺伯升之謀，及光武攻洛陽，派岑彭前往說降，朱鮪自知罪深，恐怕被誅，光武聞之，曰「夫建大事者，不忌小怨。鮪今若降，官爵可保，況誅罰乎？」及朱鮪投降，拜爲平狄將軍，封扶溝侯。凡此皆見光武之大肚，更見其理性。對曾經加害於他或他家人的人，都能如此，何況他人，故光武之遣將掃平天下，所降者多，而破滅者少。王夫之曾謂：

> 光武之始徇河北，銅馬諸賊幾數百萬；及破之也，潰散者有矣，而
> 受其降者數十萬人。斯時也，光武之眾未集，猶資之以爲用也。已
> 而劉茂集眾十餘萬而降之于京、密；朱鮪之眾且三十萬而降之於洛
> 陽；吳漢、王梁擊檀鄉於漳水，降其眾十餘萬於鄴東；五校之眾五
> 萬人，降之于薊陽；餘賊之擁立孫登者五萬人，降之於河北；赤眉
> 先後降者無算，其東歸之餘尚十餘萬人，降之于宜陽；吳漢降青犢，
> 馮益降延岑、張邯之眾，蓋延降劉永之餘，王常降青犢四萬餘人，
> 耿弇降張步之卒十餘萬；蓋先後受所降者，指窮於數。〔註25〕

光武治兵、受降、典制、安民，皆有所能，加以他生長在民間，知道百姓疾苦所在，故於大亂之後，如何理國更有一番深沉體認。〈光武本紀下〉云：

> 初，帝在兵閒久，厭武事，且知天下疲耗，思樂息肩。自隴、蜀平
> 後，非儆急，未嘗復言軍旅。皇太子嘗問攻戰之事，帝曰：「昔衛靈
> 公問陣，孔子不對，此非爾所及。」每旦視朝，日仄乃罷。數引公
> 卿、郎、將講論經理，夜分乃寐……雖身濟大業，兢兢如不及，故
> 能明愼政體，總攬權綱，量時度力，舉無過事。退功臣而進文吏，
> 戢弓矢而散牛馬，雖道未方古，斯亦止戈之武焉。

〔註24〕見王夫之，《讀通鑑論》上冊卷六，光武八（臺北：里仁書局，民國74年2月），頁155。

〔註25〕見同註24，頁157。

《後漢書・循吏列傳》亦云：

> 初，光武長於民間，頗達情偽，見稼穡艱難，百姓病害，至天下已
> 定，務用安靜，解王莽之繁密，還漢世之輕法。身衣大練，身無重
> 綵，耳不聽鄭衛之音，手不持珠玉之玩，宮房無私愛，左右無偏恩。
> 建武十三年，異國有獻名馬者，日行千里，又進寶劍，賈兼百金，
> 詔以馬駕鼓車，劍賜騎士。損上林池籞之官，廢騁望弋獵之事。其
> 以手跡賜方國者，皆一札十行，細書成文。勤約之風，行於上下。
> 數引公卿郎將，列于禁坐。廣求民瘼，觀納風謠。故能內外匪懈，
> 百姓寬息。

光武其人其政如此，顯示出一種極其鮮明之理性性格。此性格表現於政治上
而顯見其條理。然光言理性、條理，實不足以盡光武。蓋理性之表面，固有
條理，固亦臨事不亂，然其所以服人者，尤在一份雍容——一種從容鎮靜之
特質。唯此雍容、唯此從容鎮靜，遂展現其翩翩風度（其對話亦自有一種決
決之機鋒）。〈光武帝紀〉載：

> 大司徒王尋、大司空王邑將兵百萬，其甲士四十二萬人……到潁……
> 旌旗輜重，千里不絕……又驅諸猛獸虎豹犀象之屬，以助威武，自
> 秦、漢出師之盛，未嘗有也。

莽將軍容陣勢如此，而光武之情形則是：

> 光武將兵數千，徼之於陽關。諸將見尋、邑兵盛，反走，馳入昆陽，
> 皆惶怖，憂念妻孥，欲散歸諸城。光武議曰：「今兵穀既少，而外寇
> 彊大，并力禦之，功庶可立；如欲分散，勢無俱全。且宛城未拔，
> 不能相救，昆陽即破，一日之間，諸部亦滅矣。今不同心膽共舉功
> 名，反欲守妻子財物邪？」諸將怒曰：「劉將軍何敢如是！」光武笑
> 而起。

在敵我勢力相去絕遠，死生興廢幾乎較然可知的情況下，他不憂、不懼、不
惑，當諸將生氣的質問他的時候，他居然「笑而起」，而不與懼者致其辯。當
斥侯騎回報，「大軍且至城北，軍陣數百里，不見其後」時，諸將憂迫。而光
武部置停當，親率十三騎出城南收兵。此見其氣定神閒，而能轉軸一切。此
與劉邦絕不相類。劉邦見勢不勝則逃，驚危處，不惜犧牲骨肉，至其晚年疾
患，見醫言之無救，猶託天命，不欲聞將死之言。而光武在崩危之夕，敵勢
沖天，幾乎主控壓倒一切之時，仍能從容遊刃外城，說諸將而自迎敵。這就

是他的雍容；就是他的從容鎮靜。王船山說：

> 勇者，非氣矜也，泊然於生死存亡而不失其度者也。〔註26〕

這就是光武所以翩翩的緣故吧！

猶難能者，其「雍容之理性」，並非純粹來自利害關係的思考（如下令保護殺兄仇人更始；不殺朱鮪，反而侯之等舉措，多少帶有籠絡人心之意味），更有一些，是來自其內心深沉之反思。〈酷吏列傳〉載：

> 董宣……爲洛陽令。時陽湖公主蒼頭白日殺人，因匿主家，吏不能得。及主出行，而以奴驂乘，宣於夏門亭候之，乃駐車叩馬，以刀畫地，大言數主之失，叱奴下車，因格殺之。主即還宮述帝，帝大怒，召宣，欲箠殺之。宣叩頭曰：「願乞一言而死。」帝曰：「欲何言？」宣曰：「陛下聖德中興，而縱奴殺良人，將何以理天下乎？臣不須箠，請得自殺。」即以頭擊楹，流血被面。帝令小黃門持之，使宣叩頭謝主，宣不從，彊使頓之，宣兩手據地，終不肯俯。主曰：「文叔爲白衣時，臧亡匿死，吏不敢至門。今爲天子，威不能行一令乎？」帝笑曰：「天子不與白衣同。」

在董宣一切反抗，公主話語刺譏下，一句「天子不與白衣同」，化解了一切，亦消融了一切。這就是理性雍容所展現的泱泱機鋒。

不過光武其人遇大事或才略精神與其匹敵者固能才略勇明，開心見誠，顯其闊達雍容，但亦政事文辯，動如節度，顯其內斂嚴察。《後漢書‧馬援傳》曰：

> 隗囂與援共臥起，問以東方流言及京師得失。援說囂曰：「前到朝庭，上引見數十，每接讌語，自夕至旦，才明勇略，非人敵也。且開心見誠，無所隱伏，闊達多大節，略與高帝同。經學博覽，政事文辯，前世無比。」囂曰：「卿謂何如高帝？」援曰：「不如也。高帝無可無不可；今上好吏事，動如節度，又不喜飲酒。」

馬援此語相當精確，然亦頗保守。說他動如節度，乃係就其平常的言行舉止而言，實則光武有時舉止亦有過分處。《後漢書‧申徒剛傳》載：

> 時內外群官，多帝自選舉，加以法理嚴察，職事過苦。尚書近臣，至乃捶撲牽曳於前。

《後漢書‧鐘離意傳》載：

〔註26〕見同註24，頁148。

> 帝性褊察，好以耳目隱發爲明，故公卿大臣數被詆毀，近臣尚書以
> 下至見提拽。嘗以事怒郎藥崧，以杖撞之。崧走入床下，帝怒甚，
> 疾言曰：「郎出！郎出！」……帝赦之。朝廷莫不悚慄。

這就失去一個做君王之格局，亦可謂之「不識大體」了。〈朱浮傳〉載：

> 帝以二千石長吏，多不勝任，時有纖微之過者，必見斥罷，交易紛
> 擾，百姓不寧……舊制，州牧奏二千石不任位者，事皆先下三公。
> 三公遣掾史案驗，然後黜退。帝時用明察，不復委任三府，而權歸
> 刺舉之吏。浮復上疏曰：「……竊見陛下……即位以來，不用舊典，
> 信刺舉之官，黜鼎輔之任。至於有所劾奏，便加退免。覆案不關三
> 府，罪譴不蒙澄察。陛下以使者爲腹心，而使者以從事爲耳目。是
> 爲尚書之平，決於百石之吏。故群下苛刻，各自爲能。

光武避開三府，直接面對二千石長吏，固有其歷史背景，但自降身分，操作
起三府的業務，而且顯其剛愎專斷，難怪范曄於傳後要說：

> 吳起與田文論功，文不及者三。朱買臣難公孫弘十策，弘不得其一，
> 終之田文相魏，公孫宰漢。誠知宰相自有體也。故曾子曰：「君子所
> 貴乎道者三，籩豆之事則有司存。」而光武、明帝躬好吏事。亦以
> 課覈三公。其人或失而其禮稍薄，至有誅斥詰辱之累。任職責過，
> 一至於此，追感賈生之論，不亦篤乎？朱浮譏諷苛察欲速之弊，然
> 矣，焉得長者之言哉！

而判言「中興之美，蓋未盡焉。」

其實光武之嚴察猶不僅此。在面臨帝室王位能否長固久安的思考時，尤
見其內斂嚴察之一面。〈光武十王傳〉載，建武之初，「禁網尚疏，諸王皆在
京師，競修名譽，爭禮四方賓客。」這種情形在當時極爲普遍，不僅諸侯王
養客，地方豪傑亦多養客，班彪之於竇融，杜陵、金丹之於隗囂，即是明例；
何況西漢末年，尤其是王莽亂時，地方豪傑多依憑賓客舉事 [註27]，東京之

〔註27〕〈光武帝紀載〉：「莽末，天下連歲災蝗，寇盜鋒起，地皇三年，南陽荒饑，
諸家賓客多爲小盜。」又載：「十一月……光武遂降將賓客還舂陵。」〈宗室
四王三侯傳〉載：「莽末……伯升自發舂陵子第，合七八千人，部署賓客。」
是光武兄弟皆嘗結賓客。〈李王鄧來列傳〉載：「鄧晨字偉卿，南陽新野人也……
及漢兵起，晨將賓客會棘陽。」又載：「來歙……南陽新野人也……漢兵起，
王莽……收繫之，賓客共篡奪，得免。」〈馮岑賈列傳〉載：「岑彭……南陽
棘陽人也，王莽時，甄阜……拘彭母妻，令效功自補，彭將賓客甚力。」其
他例子尚多，不遍舉。

初，天下歸一而此風不替，故諸侯王多養賓客以自炫耀。但光武對此十分不滿。《後漢書‧馬援傳》記載，馬援兄子婿王磐以廢姓之後「用氣自行，多所陵折」，坐死洛陽獄後的情形說：

> 及郭后薨，有上書者，以爲肅（王磐之子）等受誅之家，客因事生亂，慮致貫高、任彰之變。帝怒，乃下郡縣搜補諸王賓客，更相牽引，死者以千數。

僅僅是「慮變」而已，便「死者以千數」，此事雖是示警之意，亦不免令人不寒而慄。當然光武並非不惜民命之君。不過，一旦面臨帝位動搖的可能危機時，他便不顧情面的展開一切誅除的工作了。

光武闊達雍容與內斂嚴察之性格兩趨如此，但到了明帝，卻有了明顯的轉變。明帝十分聰明，小小年紀，即對政事有深沉之觀察。〈明帝本紀〉載光武初年，天下墾田多不實，戶口年齡，也多互有增減。光武詔州郡檢核其事。而陳留所使吏有書信，信上有一句話說：「潁川、弘農可問，河南、南陽不可問。」光武詰問原委不可得，十分生氣。明帝當時爲東海公，年僅十二歲，卻能指出「吏受郡敕，當欲以墾田相方耳。」並說明其中原由在於「河南帝城，多近臣、南陽帝鄉，多近親，田宅踰制，不可爲準。」可見明帝之穎悟。不過，明帝無光武之雍容，亦無光武之翩翩，他只有比光武更甚之苛察。《後漢書‧朱浮列傳》載：

> （明帝）永平中，有人單辭告浮事者，顯宗大怒，賜浮死。長水校尉樊鯈言於帝曰：「唐堯大聖，兆人獲所，尚優遊四凶之獄，厭服海內之心，使天下咸知，然後殛罰。浮事雖昭明，而未達人聽，宜下廷尉，章著其事。」帝亦悔之。

樊鯈的話說得很漂亮，其實他是在點出朱浮罪不至死，他的惡「未達人聽」，也就是人未聞其惡，他的被告只是片面之詞。「宜下廷尉，章著其事」，是要廷尉還其不該死之生。明帝聰明，故也後悔自己之不該如此。《後漢書‧宋均傳》亦載宋均拜爲尚書令，「嘗刪翦疑事，帝以爲有姦，大怒，收郎縛格之，諸尚書惶恐，皆叩頭謝罪。」明帝一如光武，在朝廷發怒，造成一種恐怖氛圍，足以令人感到不適而引以爲戒。也與光武一樣，對後宮之家壓抑，以免呂后之事又生。范曄即指出，明帝「尊奉建武制度，無敢違者，後宮之家不得封侯與政」。章帝即位，以明德馬皇后之故，尊崇舅氏馬廖，第五倫舉「近代光烈皇后，雖友愛天至，而卒使陰就歸國，徙廢陰興賓客；其後梁、竇之

家，互有非法，明帝即位，竟多誅之」之事例以鑑，可見明帝之內斂苛察。明帝對宗室英俊之王更是疑、察，《後漢書・北海靖王劉睦傳》載劉睦於歲終遣太中大夫奉璧朝賀時，交代太中大夫，朝庭如果問起自己近況，大夫其對以：「孤襲爵以來，志意衰惰，聲色是娛，犬馬是好。」劉睦的交代，說明了明帝的猜忌寡恩。明帝對於宗室之圖謀不軌，更是峻文深抵，深惡痛絕。〈明帝本紀〉載：

> （永平）十六年……夏五月，淮陽王延謀反，發覺。癸丑，司徒邢穆、駙馬都尉韓光坐下獄死，所連及誅死者甚眾。

〈寒郎傳〉亦載：

> （楚王英獄）辭連及隧鄉侯耿建、郎陵侯臧信、護澤侯鄧鯉、曲成侯劉建……是時顯宗怒甚，吏皆惶恐，諸所連及，率一切陷入，無敢以情恕者。

傳更載寒郎之言曰：

> 公卿朝會，陛下問以得失，皆長跪言，舊制大罪禍及九族，陛下大恩，裁止於身，天下幸甚。及其歸舍，口雖不言，而仰屋竊嘆，莫不知其多冤，無敢悟陛下者。

由此可知明帝之嚴酷與臣民之寒心。而班固〈刑法志〉苦心積慮，大聲疾呼的為政在仁、刑錯於仁，也就其來有自了。然明帝之苛察理性，亦有其可貴處。〈孝明帝紀〉載館陶公主為子求郎，不許，而賜錢千萬，明帝所持之理由是：「郎官上應列宿，出宰百里，有非其人，則民受其殃，是以難之。」而明帝之誅梁、竇之家，更是「自是洛中無復威權，書記請託一皆斷絕。」范曄以為明帝以此故「吏稱其官，民安其業，遠近肅服，戶口滋殖焉。」這似乎與光武處理陽湖公主與董宣瓜葛事，有異曲同工之妙。

光武雍容、嚴察兩趨之理性，愈往後愈趨向嚴察一途，到了明帝，苛察達於頂峰。但至章帝，卻又有了重大之轉變。實則明帝亦自知己身之苛察，而有一種補償之心理。〈孝章帝紀〉記載，章帝劉炟乃顯宗之第五子，永平三年（60年）立為皇太子，他「少寬容，好儒術」，顯宗器重之。好儒術，這一點自然與明帝同，但「寬容」卻與明帝異，然而明帝卻欣賞他這一點。而這正是明帝所欠缺的。章帝性格如此，而朝廷大臣對於明帝之過於苛察，亦有所反彈，二者相激相盪，故章帝逐趨向一種寬容長者（實則章帝死時年紀才四十八歲）之風格。此長者之寬容使理性建立之苛察堤防崩潰。茲舉一事以

明之:〈竇憲傳〉載竇憲以女弟立爲皇后,寵貴日盛,自侯王、公主、陰、馬之家,莫不畏憚,後遂以賤值「請奪(軟硬兼施)」明帝女兒沁水公主之園田。公主逼畏不敢計較。章帝發覺,召憲切責說:

> 深思前過,奪主田園時,何用愈趙高指鹿爲馬?久念使人驚怖。昔永平中,常令陰黨、陰博、鄧疊三人更相糾察,故諸豪戚莫敢犯法者,而詔書切切,猶以舅氏田宅爲言。今貴主尚見枉奪,何況小人哉!國家棄憲如孤雛腐鼠耳。

章帝的話語,透露出明帝時代對外戚之家糾舉察察的祕幸,雖亦承認豪戚莫敢犯法的效果,但亦隱有自己不願如此作爲之意。此不願爲有兩層意含:一是不願用如此不入流之手段,一是不願如此之薄待貴戚。但如此之結果卻造成竇憲之過分妄爲。是以使章帝有了長者之怒。但發端便言「深思前過」,已無處罰之意,所以在竇憲大震懼,皇后代爲謝罪之後,此事便就此作罷,不加罪憲了。故而一旦章帝過世,和帝年幼,憲便「內幹機密,出宣詔命」,聲名如日中天,班固之漸與同流,豈非欺章帝之長者寬容乎?

憲之事大,帝之怒盛,而結局如此,其他可想而知。雖曰「明帝察察,章帝長者。」[註28]但明帝之察察,頗入於苛,而章帝之寬厚,則幾入於鄉愿,而綜括三朝,一言以蔽之,則可以說整個政治文化之情境氛圍是由嚴察、雍容之兩趨,而匯歸於苛察之一途,再轉折激盪而變爲寬和之局面。而班固撰著《漢書》最主要之期間,即落在以苛察著稱的明帝一朝。其立言之需謹愼,勢不得不然,故而殫精竭慮,既需不失歷史之眞實,又需不因紀錄歷史之眞實而使自己身陷危境。

時代之文化情境決定時代性格,時代性格多少影響史家之敘事風格,班、馬二人著史的大部分時間,皆任職朝廷,故感受時代的氛圍亦深。武帝雄才大略,處事果斷,史公敘事亦熱情奔放,以風神勝;光武、明帝理性察察,而班固敘事亦條理嚴謹,以縝密勝。唯史公之熱情,故偏於理想,而多寄慨之文。唯班固之嚴謹,故偏於現實,每見客觀之筆。

二、儒學時代之來臨與士人政府之延續

漢高祖劉邦出身草莽,值楚漢相爭,人命如草芥,於時挾書令猶存,諸儒傳經,寥然可數。儒者制禮已屬難能,故吏職多委功臣,少任儒者。這時

[註28]《後漢書》,〈章帝紀〉論。

所建立者乃一軍人之政府。及武帝罷黜百家，獨尊儒術，「延文學儒者以百數，而公孫弘以治《春秋》為丞相封侯，天下學士靡然鄉風矣」。其後更立五經博士，設博士弟子員，能通一藝以上，或為郎、文學掌故，或遷補左右內史卒史、大行卒史、郡太守卒史、中二千石屬、郡屬等。「自此以來，公卿大夫士吏彬彬多文學之士矣」。這是《漢書·儒林傳》的記載。儒學勃興，而文人政府因之建立。以丞相一官言之，錢穆先生指出：

> 昭帝時有王訢（郡縣吏積功）、楊敞（給事大將軍幕府，為軍司馬）、蔡義（以明經為博士，拜相封侯）。宣帝時有韋賢（以詩教授稱大儒）、魏相（少學易，為郡卒吏）、丙吉（獄吏）、黃霸（入財得官）、于定國（獄吏）。成帝時有王商（外戚）、張禹（郡文學）、薛宣（廷尉書佐）、翟方進（射策為郎）、孔光（以明經舉議郎）。哀帝時朱博（亭長）、平當（治禮學）、王嘉（射策為郎）、孔光、馬宮（對策為郎）。蓋自宣帝以後，儒者漸當路。元、成、哀三朝，為相者皆一時大儒。其不通經術而相者，如薛宣以經術淺見輕，卒策免；朱博以武吏得罪，自殺，皆不得安其位。〔註29〕

不僅丞相一職，多由學者士人出任，即一般著名臣僚亦多學人，如錢先生所指出的：王吉（郡吏）鮑宣（嗇夫）、韓延壽（郡文學）、王尊（郡決曹吏）、蓋寬饒、諸葛豐（均郡文學）、孫寶（郡吏）、谷永（長安小吏）、梅福（郡文學）之輩，也都是名臣。〔註30〕

士人在政治上漸居重要地位，一方面可實現其「助人君、順陰陽、明教化」之理念，一方面，利祿功名也推波助瀾，於是歷元、成、哀、平，而儒學大興，不僅博士弟子之員額大增，元士之子亦得受業如弟子，且歲課甲、乙、丙三科共錄取一百人為郎中、太子舍人及文學掌故。儒學本身更是「傳業者寖盛，支葉蕃滋，一經說至百餘萬言，大師眾至千於人。」學術活潑發展的結果，除今文十四博士之外，又立《左氏春秋》、《毛詩》、逸《禮》、古文《尚書》等博士。

東漢光武帝雖亦起民間，但王莽天鳳中（14～19年），他曾至長安受《尚書》而略通大意。莽末天下大亂，他才避吏新野。王船山稱：

〔註29〕見錢穆，《國史大綱》（臺北：臺灣商務印書館，民國76年5月），上冊，頁
　　　　109。
〔註30〕見同註29。

　　起於學士大夫，習經術，終陟大位者三：光武也，昭烈也，梁武帝
　　也。故其設施與英雄之起於艸澤者有異，而光武遠矣……光武則可
　　謂勿忘其能矣。天下未定，戰爭方亟，汲汲然式古典，修禮樂，寬
　　以居，仁以行，而緣飾學問以充其美，見龍之德，在飛不舍，三代
　　以下稱盛治，莫有過焉。故曰：光武遠矣。〔註31〕

光武之遠不在其能打天下，而在其能發皇儒學，《後漢書·儒林傳序》云：

　　昔王莽、更始之際，天下散亂，禮樂分崩，典文殘落。及光武中興，
　　愛好經術，未及下車，而先訪儒雅，採求闕文，補綴漏逸。先是四
　　方學士多懷協圖書，遁逃林藪。自是莫不抱負墳策，雲會京師……
　　於是立五經博士，各以家法教授……凡十四博士，太常差次總領焉。

又能推展儒術，《後漢書·儒林傳》云：

　　建武五年，乃修起太學，稽式古典，籩豆干戚之容，備之於列，服
　　方領習矩步者，委它乎其中。中元元年，初建三雍。

到了明帝更是「永懷廢典，下身遵道」，躬行其禮，力能親講。《後漢書·儒林傳》記載：

　　天子（明帝）始冠通天，衣日月，備法物之駕，盛清道之儀，坐明
　　堂而朝群后，登靈臺以望雲物。袒割辟雍之上，尊養三老五更。饗
　　射禮畢，帝正坐自講，諸儒執經問難於前，冠帶縉紳之人，圜橋門
　　而觀聽者，蓋億萬計。其後復爲功臣子孫、四姓末屬別立校舍，搜
　　選高能以受其業，自期門羽林之士，悉令通《孝經》章句，匈奴亦
　　遣子入學。濟濟乎，洋洋乎，盛於永平矣！

至於章帝，則是：

　　建初中，大會諸儒於白虎觀，考詳同異，連月乃罷。肅宗親臨稱制，
　　如石渠故事，顧命史臣，著爲通義。又詔高才生受《古文尚書》、《毛
　　詩》、《穀梁》《左氏春秋》，雖不立學官，然皆擢高第爲講郎，給事
　　近署，所以網羅遺逸，博存眾家。

光武、明、章三朝極力提倡儒學若是，故「東京學者猥雜，難以詳載」。〈儒林傳〉所載三朝通經名家如劉昆（弘農太守、光祿勳、騎都尉）、劉軼（太子中庶子、宗正）、洼丹（大鴻臚）、觟陽鴻（少府）、楊政（左中郎將）、張興（太子少傅）、張魴（張掖屬國都尉）、魏滿（弘農太守）、歐陽歙（大司徒）、

〔註31〕見同註24，頁161。

曹曾（諫議大夫）、牟長（博士、河內太守、中散大夫）、尹敏（長陵令、諫
議大夫）、周防（博士、陳留太守）、高詡（博士、大司農）、包咸（侍中、右
中郎將、大鴻臚）、魏應（博士、侍中、大鴻臚、光祿大夫、五官中郎將）、
伏恭（博士、常山太守、太僕、司空）、薛漢（博士、千乘太守））召馴（騎
都尉、左中郎將、陳留太守）、董鈞（博士、五官中郎將）、丁恭（諫大夫、
博士、太常、侍中祭酒、騎都尉）、周澤（右中郎將、太常、侍中、騎都尉）、
孫堪（光祿勳）、鐘興（左中郎將）、甄宇（博士、太子少傅）、樓望（大司農、
太常、左中郎將）、李育（博士、侍中）等學優則仕，莫不官居要職，且其中
頗有門徒數百、千人者，大化流行，儒學遂大昌於世。故范曄於〈儒林傳〉
論曰：

> 自光武中年以後，干戈稍戢，專事經學，自是其風世篤焉。其服儒
> 衣，稱先王，遊庠序，聚橫塾者，蓋布之於邦域矣。

光武、明、章三朝崇儒，而班彪、班固父子兩代委迤沉浸儒學之中。或謂班
固〈敘傳〉中，於其父除錄其〈王命論〉之外，所述不過數言，無乃太簡，
其實班固是用一句「叔皮唯聖人之道然後盡心焉」的話，來概括他的父親，
在儒學時代，這已是無上的推崇，亦可見班固之用心。做為一個讀書人，班
固在士人政府中，既未能依經術而取青紫，也只好深入前朝往事，秉持他所
認定之「儒者之理想」，埋首於名山事業了。

三、讖緯之盛行

先漢時代，讖語已經出現。《史記・趙世家》就記載扁鵲因趙簡子不省人
事而指出：從前秦穆公生病，醒來之後說天帝告以：「晉國將大亂，五世不安；
其後將霸，未老而死，且令而國男女無別。」公孫支將這些話記下，秦讖就
這樣出現了。趙簡子醒來，果然也述天帝告訴他的話，董安于也將這些話記
下，以備他日之驗。

這兩則天帝所告的讖言，都只是記夢而已，有政治上之意義，卻無政治
上之目的。又《史記・秦始皇本紀》載，始皇三十二年（前 215 年），之碣石，
使燕人盧生求羨門、高哲等往古仙人，盧生使人入海還，以鬼神事，因奏錄
圖書，曰：「亡秦者胡也。」這句話大概是盧生於河海之濱設壇降神，所製圖
讖一類圖書中的一句話。此讖語帶有政治目的，以假託神靈之意旨，傳達秦
將亡之訊息，以抒發內心對暴秦統治之不滿。此外六國時之楚南公曾有「楚

雖三戶，亡秦必楚」之論〔註32〕，亦帶有神意之色彩。

以上所舉數則先漢預言，都有假託神靈之宗教性味道，與一般基於歷史經驗之累積與事理判斷所爲之預言，有著本質上之差異。

先漢具有宗教性或神學性色彩的預言只是零星的出現，到了漢代，隨著政治上大一統局面之形成，思想上也漸有統一之呼聲。武帝獨尊儒術，罷黜百家，實則眞正的罷黜百家必會引來政治上的反彈，故此罷黜不過由明化暗而已。即以西京一代大儒董仲舒而論，他遷牽合天人，以儒家思想爲中心，創出一套天人政治哲學理論。天的方面，他吸收陰陽五行相生相勝等觀念，而在人的方面，則雜採法家駕馭臣下、統治百姓之方法。而構成漢代儒學的一個新的體系。自是之後，附屬於儒學系統之讖緯之學就開始逐漸形成了。後漢的張衡以爲圖讖成於哀平之際。其實圖讖一類的書在更早的時代便已出現，只不過不是託於六藝經傳而已。前已言及《史記・三代世表》褚少孫就曾引《黃帝終始傳》曰：

> 漢興百有餘年，有人不短不長，出白燕之鄉，持天下之政，時有嬰
> 兒主，卻行車。

少孫指出大將軍霍光就是平陽白燕人，這是他爲郎之時，與方士考功，會旗亭下，聽聞得來的。依前所考，褚少孫爲郎當在昭宣之際，故知此讖書必成於昭宣之前。漢代讖書雖成於昭宣之前，但系統化的讖緯神學出現在西京之末成、哀、平、莽之際，應是無疑議的。《漢書・李尋傳》云：

> 初，成帝時，齊人甘忠可詐造《天官曆》、《包元太平經》十二卷，
> 以言「漢家逢天地之大終，當再受命於天，天帝使赤精子，下教我
> 此道。」忠可以教重平夏賀良、容丘丁廣世、東郡郭昌等。

〈哀帝紀〉亦載：

> （建平二年六月）待詔夏賀良等言赤精子之讖，漢家曆運中衰，當
> 再受命，宜改元易號。詔曰：「……以建平二年爲太初元將元年。號
> 曰陳聖劉太平皇帝。漏刻以百二十爲度。」

〈王莽傳〉亦載：

> 莽白太皇太后：「前者哀皇帝建平二年，六月甲子下詔書，更爲太初
> 元將元年，案其行事，甘忠可、夏賀良讖書藏蘭臺。臣以爲元將元
> 年者，大將改元居攝之文也。」

〔註32〕見〈項羽本紀〉引范增語。《漢志》有〈南公〉三十一篇，在陰陽家者流。

以上三則資料，有數點可說。一是「漢家歷運中衰，當再受命」之說本出甘忠可所造之《天官曆》、《包元太平經》，而夏賀良推衍之，亦有讖書之作。二是此等讖書系統化的推闡「漢家當再受命」之說，是一種有中心思想之作。三是此等讖書已被收藏於蘭臺。四是此等讖書之內容，哀帝及王莽等皆曾深信過。唯「漢運中衰，當再受命」之說初起，並未獲得全面的重視。〈李尋傳〉即載，劉向曾奏甘忠可「假鬼神罔上惑眾」，結果李尋下獄，案未斷而病死獄中，夏賀良等也坐挾學忠可書以不敬論。但夏賀良等人仍「私以相教」。哀帝初立，解光奏白夏賀良所挾忠可書，但劉歆以為不合五經，不可施行。後夏賀良因李尋之助，始得待詔黃門。哀帝基於繼統無人，自身久病，遂採納夏賀良之建議而改元。但改元不到兩月，哀帝見一切如故，於是夏賀良等又皆下獄伏誅，李尋解光等也減死一等，徙敦煌郡。不過其他的緯書，在當時因儒者之附會推闡，已與五經並稱，而有了崇高的地位。李尋說王根時，即已提及「五經六緯，尊術顯士」，但圖讖在當時尚未能立於學官。

自平帝立，王莽為大司馬，領尚書事，秉政，百官總己以聽莽。莽一朝得勢，苦心經營，群下頌莽功德。而平帝元始四年（4 年）時，王莽即「徵天下通一藝教授十一人以上及……天文、圖讖……者皆詣公車。」顯見圖讖已擠身學術之林，正式端上了檯面。到了王莽居攝三年（8 年）十一月，因廣饒侯劉京、車騎將軍千人扈雲、大保屬臧鴻奏符命，王莽更重提甘忠可、夏賀良讖書。認定「元將元年者，大將居攝改元之文也」，以為走向「即真」之路的歷程依據。莽亦好大喜功，各方既頗造歌謠頌功德，乃至奏進符命、祥瑞，而逢漢世中微，國統三絕，故莽不免深信此道，終於走上篡奪之路。當然，莽既深信讖書，故反對者亦以其人之道反制其身，〈王莽傳〉即載地皇二年（21 年），卜者王況為李焉作讖書說：

> 文帝發忿，居地下趣軍，北告匈奴，南告越人。江中劉信，執敵報
> 怨，復續古先，四年當發軍。江湖有盜，自稱樊王，姓為劉式，萬
> 人成行，不受敕令，欲動秦、雒陽。十一年當相攻，太白揚光，歲
> 星入東井，其號當行。

又說莽大臣吉凶，各有日期，會合十餘萬言。李焉令其屬吏書寫，而屬吏竟去告發。於是王莽遣使者收捕李焉。王莽見王況讖言「荊楚當興，李氏為輔」，於是拜李棽為大將軍、揚州牧，「將兵奮擊」。可見他是深信讖緯了。

〈楚元王傳附劉歆傳〉記載：劉歆以建平元年（6 年）改名秀，字潁叔。

顏師古注引應劭說：

> 河圖赤伏符云：「劉秀發兵捕不道，四野雲集龍鬥野，四七之際火爲
> 王。」故改名，幾以趣也。

光武之起，也與圖讖有極大之關連，《後漢書‧鄧晨傳》云：

> 晨初娶光武姊元，光武嘗與兄伯升及鄧晨俱之宛，與穰人蔡少公等
> 讌語，少公頗學圖讖，言劉秀當爲天子。或曰：「是國師公劉秀乎？」
> 光武戲曰：「何用知非僕邪？」坐者皆大笑，晨心獨喜。

蔡少公是學圖讖之人，大抵應該知道卜者王況爲李焉所作「荊楚當興，李氏
爲輔」的讖言，以及《河圖赤伏符》所云之「劉秀發兵補不道，四夷雲集龍
鬥野，四七之際火爲王」這一類的讖語。所以當蔡少公見到劉秀時，不免提
起此事。當時光武並不相信，所以他開了自己一個玩笑，眾人亦不以爲意，
故皆大笑。獨有心人鄧晨心中竊喜。〈晨傳〉又載：

> 及光武與家屬避吏新野，舍晨盧，甚相親愛。晨因謂光武曰：「王莽
> 悖暴，盛夏斬人，此天亡之時也。往時會宛，獨當應邪？」光武笑
> 不答。

此時光武已是信疑兩可之間，故亦不加否定。到了李通一說，光武終於走上
招兵買馬、逐鹿中原之路。《光武帝紀》載：

> 地皇三年，南陽饑荒，諸家賓客多爲小盜，光武避吏新野，因賣穀
> 於宛，宛人李通等以圖讖說光武云：「劉氏復起，李氏爲輔」，光武
> 初不敢當，然獨意兄伯升素結輕客，必舉大事，且王莽敗亡已兆，
> 天下方亂，遂與定謀，於是乃市兵弩。十月，與李通從弟軼等起於
> 宛，時年二十八。

光武既得天下，對讖自是十分相信，更有一分親切感，並且圖讖正好可以作
爲他做皇帝的神意依據，故當他的同舍生自關中奉赤伏符不久，他即皇帝位
於洛陽。而「燔燎告天，禋於六宗，望於群神」時，他的祝文也就有：

> 皇天上帝，后土神祇，眷顧降命，屬秀黎元，爲人父母，秀不敢當……
> 讖記曰：「劉秀發兵捕不道，卯金修德爲天子。」秀猶固辭，至于再，
> 至于三。群下僉曰：「皇天大命，不可稽留」，敢不敬承。

他以讖文之記，是「皇天大命」，不可違背不從，作爲他之即位是一種天之明
命的根據。

　　自王莽依附符命；光武依讖拔興，天下頗或據讖稱兵決事之人。《後漢

書‧祭遵傳》載，建武三年春（27 年），祭遵攻破新城蠻中山賊張滿時，張滿嘆曰：「讖文誤我。」〈竇融傳〉亦載，竇融等遙聞光武即位，心欲東向，而當時隗囂先稱建武年號，並使辯士張玄游說河西，竇融等召豪傑與諸太守計議，其中智者謀議決策，所討論的重點，幾乎都圍繞在讖文上。並且稱「自前世博物道術之士谷子雲、夏賀良等，建明漢有再受命之符，言之久矣。」又說：「劉秀當為天子」，「皆近事暴著，智者所共見也。」而〈公孫述傳〉亦載，當好符命的公孫述也引讖記說明「一姓不得再受命」，又引《錄運法》：「廢昌帝，立公孫」；《括地象》：「帝軒轅受命，公孫氏握」；《援神契》：「西太守，乙（軋也）卯金」以及「手文有奇」、「得龍興之瑞」，並且「數移書中國，冀以感動眾心」之時，光武也為此感到憂心，於是回書公孫述曰：

圖讖言「公孫」，即宣帝也。代漢者當塗高，君豈高之身邪？乃復以掌文為效，王莽何足效乎？君非吾亂臣賊子，倉卒時人皆欲為君事耳，何足數也。

書信最後還署名「公孫皇帝」。其實公孫述之書，不值一駁。「廢昌帝」，昌帝與劉秀何干？公孫述為此書時已自立為帝，他亦未曾做過太守，劉秀何懼其軋？而光武以「代漢者當塗高，君豈高之身邪？」此語豈不亦否定了圖讖之準驗而摧毀自身之依附於圖讖之正當性？「倉卒時人皆欲為君事耳」，也非針對來函回復。在敵對勢力眼中，光武之即位，豈非亦「倉卒時人皆欲為君事」乎？然由此可見當時有心之人多以讖決事，而以理性為生命主軸之光武，亦對圖讖迷信得幾近拘泥。

光武不僅於天命大事上決之以讖，即其他方面亦頗以讖決之。《後漢書‧景丹傳》載：

世祖即位，以讖文用平狄將軍孫咸行大司馬，眾咸不悅。

李賢注云：

《東觀記》載讖文曰「孫咸征狄」也。

孫咸之拜為平狄將軍，原來是依據讖文來的。《後漢書‧鄭興傳》云：

帝嘗問興郊祀事，曰：「吾欲以讖決斷之，何如？」

〈桓譚傳〉亦云：

是時帝方信讖，多以決定嫌疑。又酬賞少薄，天下不時安定。

以讖決嫌疑與酬賞並提，又使天下不時安定，可見決疑之事，可能牽涉人事與封賞方面。由於利益之牽扯，故當時多造作增刪圖讖之人，同傳載桓譚之

疏曰：

> 今諸巧慧小才伎數之人，增益圖書，矯稱讖記，以欺惑貪邪，詿誤
> 人主，焉可不抑遠之哉！

明知圖讖有假，可是光武並未因此抑遠圖讖，至少朱浮在建武七年（31 年）轉太僕上書時，還說：「臣浮幸得與講圖讖，故敢越職。」足徵當時光武還叫人為他講解圖讖。他自身亦下功夫鑽研。《東觀漢記》，卷一〈世祖光武皇帝紀〉載：

> （建武）十七年，帝以日食，避正殿，讀圖讖多，御坐廡下淺露，
> 中風發疾，苦眩甚。

《後漢書・祭祀志上》亦云：

> （建武）三十二年正月，上齋，夜讀《河圖會昌符》，曰「赤劉之九，
> 會命岱宗。不慎克用，何益於承。誠善用之，姦偽不萌」。感此文，
> 乃詔松等復案索《河雒》讖文言九世封禪事者。

當然光武之所以如此用心於讖文，除了他以讖興起之外，他對讖文也是衷心尊崇的。《後漢書・桓譚傳》載：

> 有詔會議靈臺所處，帝謂譚曰：「吾欲以讖決之，何如？」譚默然良
> 久，曰：「臣不讀讖。」帝問其故，譚復極言讖之非經。帝大怒曰：
> 「桓譚非聖無法，將下斬之。」譚叩頭流血，良久乃得解。出為六
> 安郡丞，意忽忽不樂，道病卒。

光武把讖文當作聖人之教，而更加的崇拜，所以當桓譚言讖之非經時，光武氣得幾乎要把他殺了。《後漢書・儒林傳》亦載尹敏以非薄讖書而不遷之事：

> 帝……令校圖讖，使蠲去崔發所為王莽著錄次比。敏對曰：「讖書非
> 聖人所作……」帝不納。敏因其闕文增之曰：「君無口，為漢輔。」
> 帝見而怪之，召敏問其故。敏對曰：「臣見前人增損圖書，敢不自量，
> 竊幸萬一。」帝深非之，雖竟不罪，而亦以此沉滯。

由於光武之好讖，造成讖書讖言之流化。《後漢書・南匈奴傳》載：

> 初（光武）帝造戰車，可駕數牛，上作樓櫓，置於塞上，以拒匈奴。
> 時人見者或相謂曰：「讖言漢九世當卻北狄地千里，豈謂此邪？」

《後漢書張衡傳》亦云：

> 初，光武善讖，及顯宗、肅宗因祖述焉。自中興之後，儒者爭學圖
> 緯，兼復附以訞言。

明帝時，更有以讖記之說反過來糾正《五經》異說的情行，《後漢書·樊儵傳》載：

> 永平元年，（儵）拜長水校尉，與公卿雜定郊祠禮儀，以讖記正《五經》異説。

永平（58～75 年）中明帝之所以讓賈逵寫其傳詁，藏之祕書，也是因爲賈逵上書指出「《左氏》與圖讖合者」，范曄在〈賈逵傳〉後感嘆的指出：

> 鄭、賈之學，行乎數百年中，遂爲儒者宗，亦徒有以焉爾。桓譚以不善讖流亡，鄭興以遜辭僅免，賈逵能附會文致，最差貴顯。世主以此論學，悲矣哉！〔註33〕

又云：

> 漢自武帝頗好方術，天下懷協道藝之士，莫不負策抵掌，順風而屆焉。後王莽矯用符命，及光武尤信讖言，士之赴趣時宜者，皆馳騁穿鑿，爭談之也。故王梁、孫咸名應圖錄，越登槐鼎之任，鄭興、賈逵以附同稱顯，桓譚、尹敏以乖忤淪敗，自是習爲內學，尚奇文，貴異數，不乏於時矣。〔註34〕

由此可見讖書之地位與時君儒者喜惡之一端。不過朝廷雖接受並鼓勵儒者附會經讖緯書，但自光武中元元年（56 年）宣布圖讖於天下，已昭示他人不得再造讖言、讖書，以免危及漢家政權。諸反者頗安之以造作圖讖之罪名，諸私作圖讖者多下獄死。楚王英交通方士，作金龜玉鶴。男子燕廣告英「與漁陽王平、顏忠等造作圖書，有逆謀，事下案驗。」有司亦奏英「招聚姦猾，造作圖讖」、「大逆不道，請誅之。」〔註35〕扶風人蘇郎僞言圖讖事，下獄死〔註 36〕。阜陵王劉延性驕奢而遇下嚴烈，有人上書告言與姬兄謝弇及館陶公主夫婿駙馬都尉韓光招姦猾，作圖讖，祠祭祝咒。事下案驗，光、弇被殺，辭所連及，死徙者甚眾。有司請誅弇，顯宗以延罪薄於楚王英，故特加恩不死〔註37〕，其實恐怕是「查無實據」。

　　光武、孝明二帝，一方面鼓勵學者發揚經讖圖書之義，一方面大力打壓擅自造作讖書之人。章帝即位，無改好緣圖讖之風。《後漢書·楊厚傳》載楊

〔註33〕《後漢書·鄭范陳賈張傳》。
〔註34〕《後漢書·方術列傳》。
〔註35〕《後漢書·楚王英傳》。
〔註36〕《後漢書·班固傳》。
〔註37〕《後漢書·光武十王傳》。

統承讖緯家學，又學先法與天文推步之術，建初中（76～83 年），為彭城令，一州大旱，獨楊統推陰陽消伏，縣界蒙澤。太守使統為郡求雨，亦即降下甘霖。「自是朝廷災異，多以訪之。」其後更位至光祿大夫，為國三老。後其子楊厚亦以家學知名於世。這是以圖書及天文推步得官而世其業的例子。亦可反應當代好圖讖之一端。《後漢書·曹褒傳》載云：

> 肅宗欲制定禮樂，元和二年下詔曰：「《河圖》稱『赤九會昌，十世以光，十一以興』。《尚書琁機鈐》曰：『述堯理世，平制禮樂，放唐之文。』予末小子，託于數終，曷以纘興，崇弘祖宗，仁濟元元？
>
> 《帝命驗》曰：『順堯考德，題期立象。』且三五步驟，優劣殊軌，況予頑陋，無以克堪，雖欲從之，末由也已。每見圖書，中心恧焉。」

肅宗欲為漢制禮，這是何等堂皇大事，他認為自己該承擔此重任，這是好現象，但他所憑藉的不是時代的使命感，而是呼應圖讖的定數。觀其言辭之誠懇急切，以及短短的百餘言詔書中，未見六經之言，卻三引讖書，就知道他信讖到了什麼程度了。曹褒知道章帝欲有所興作，也上疏表示「宜定文制，著成漢禮。」卻為太常所不許。〈褒傳〉載：

> 帝知群僚拘攣，難與圖始，朝廷禮憲，宜時刊立，明年復下詔曰：「……漢遭秦餘，禮壞樂崩，且因循故事，未可觀省，有知其說者，各盡所能。」

又載：

> 詔召玄武司馬班固，問改定禮制之宜。固曰：「京師諸儒，多能說禮，宜廣招集，共議得失。」帝曰：「諺言『作舍道邊，三年不成』。會禮之家，名為聚訟，互生疑異，筆不得下。昔堯作〈大章〉，一夔足矣。」

又載：

> 章和元年正月，乃召褒詣嘉德門，令小黃門持班固所上叔孫通《漢儀》十二篇，敕褒……宜依禮條正，使可施行……褒既受命，乃次序禮事，依準舊典，雜以五經讖記之文，撰次天子至於庶人冠婚吉凶終始制度，以為百五十篇……帝以眾論難一，故但納之，不復令有司平奏。

前言「章帝長者」。其處事有時甚至顯得有些懦弱，他絕無明帝那股悍勁，但在處理與讖緯相關的事物上，則又顯得十分決堅決，因為信仰就是力量。

當然，必須注意的是，讖緯之學是立基於陰陽五行的。讖緯之盛行，亦即陰陽五行附會儒教經典之盛行。即使是被班固推為一代儒宗的董仲舒，其學說也是立基於陰陽五行而牽合之以附會《春秋》的，《四庫總目提要》，卷六《易緯》類之案語就說：

> 秦漢以來，去聖日遠，儒者推闡論說，各自成書，與《經》原不相比附。如伏生《尚書大傳》，董仲舒《春秋》陰陽，核其文體，即是緯書。

這就足以說明陰陽五行與讖緯之密切關聯了。然而讖緯之根源不在《春秋》，而在《尚書》，《春秋》只是此學的印證而已。光武於王莽天鳳（14～19 年）中至長安學《尚書》，又以讖興，故特重《尚書》，他為太子選擇的老師，就是習歐陽尚書的桓榮的學生何湯〔註 38〕。其後何湯薦引桓榮，桓榮遂為太子少傅。明帝即位，尊以師禮。每親自執業，輒曰：「大師在是」。明帝還曾自制《五家要說章句》，事實上就是《五行章句》〔註 39〕。永平十五年（72 年），桓榮之子桓郁入授皇太子（章帝），講的還是《尚書》。所以光武、明、章三朝，儒學雖云大興，然陰陽讖緯五行亦以時君之好，而挾雜盛行，於是內外學打成一片。班固生在那個時代，為眭弘、夏侯始昌、夏侯勝、京房、翼奉、李尋等陰陽學者專家立傳；谷永、劉向、劉歆等傳多錄陰陽五行立說之疏奏而不刪；治公羊春秋，始推陰陽的董仲舒更從〈儒林列傳〉中，以獻天人三策，建言罷黜百家，而待以專傳；〈五行志〉成為《漢書》中的第一長篇；《漢書》之內容頗涉陰陽（詳第六章第一節）等狀況，也就不足為奇了。

第三節　班固撰述《漢書》之限制與發展

不同的家世、時代背景與時代文化情境，予史家不同的影響與限制，亦造成史家不同的發展。作為司馬遷之後的第一個史家（以史名家），不論如何，必須忍受別人拿他和史家鼻祖司馬遷相比較的痛苦。當然也享受了與之相提並論之榮耀。而要享受這份榮耀，他必須更加努力，以期突破可能的限制，並有所發展。以下分三點論述《漢書》撰述過程中所受到之限制及其發展。

〔註 38〕見《後漢書·桓榮傳》。
〔註 39〕見同註 38，李賢注引《華嶠書》曰：「帝自制《五行章句》」。

一、結構體例

　　自司馬遷撰述《史記》之後，不到二百年的時間裡，補續者多達十餘家，就史著之範疇言，《史記》無疑有著「典範」（paradigm）之地位。典範有兩個特質：一是指標或燈塔之特質，一個是限制或樊籬之特質。這兩個特質相互依存，並且是矛盾、共生、及弔詭的依存。舉一個孔恩所提物理光學上的例子來說明〔註 40〕。現在教科書告訴我們，光是光子，是具有波動性（光波）及粒子性（光子）的量子力學實體。於是學者就根據這個概念來進行研究，或是根據這個概念所發展出來的更精細的數學式來進行光學研究。然而在十八世紀的光學典範——牛頓的《光學》裡，則說光是粒子。當時的物理學家即根據這個概念而想測量光粒子打擊在固體上所產生的壓力——光壓。至於早期光波動學說者，多只就波的性質——頻率、波長、振幅（波峰到波谷）等方向做探究，而不會去測定光壓。因為這些學者根本沒有想到這個方向或概念。這個例子說明典範有引領之作用，因為典範代表了一種權威，但典範一旦成立，同時也代表了一種封閉的產生，要跳脫這個窠臼亦是困難的，這有待於天才的努力與時代之機緣（例如愛因斯坦〔Einstein〕、蒲朗克〔Planck〕的出現與精密光學儀器的發明）。就史著體例建構而言，自《太史公》一書完成以來，後數代的學者找不到也想不出有何更好的史體架構，因為不論朝庭與民間，都認為那是史著完美之典範〔註 41〕。於是只有補續再補續，直到班固之出現。

　　班固的父親班彪作後傳數十篇，他跳不出史遷之樊籬，固無庸論，即便是班固本身起先也是如此。班固本傳稱，「父彪卒，歸鄉里，固以彪所續前史未詳，乃潛精積思欲就其業。」班固所殫精竭慮的是要就其父業，其父業則是續前史而未詳，可見班固初未嘗考慮斷代為史。《史通·古今正史》亦載有人告班固私改作國史後，有詔京兆收繫（固），悉錄（固）家書封上，固弟超詣闕自陳，明帝引見，言「固續父所作，不敢改易舊書」，帝意乃解。皆見當時班固仍依循乃父之路，未見改弦更張之舉。其後班固完成〈世祖本紀〉，又撰功臣、平林、新市、公孫述事，作列傳、載記二十八篇，明帝始命他「終

〔註 40〕 見 *The Structure of Scientific Revolutions*（Thomas Kuhn, 1922〜）University of Chicago Press, 1970。孔恩著，程樹德等譯，《科學革命的結構》（臺北：吳氏基金會，1984 年），頁 55。

〔註 41〕 從馮商「奉詔續」《太史公》，及班固被告私改國史，這兩件事，可知史公的史著體例與結構系統並其內容，已為朝庭所承認與接受。

成前所著書」。應該是從這時起，他才好好思考其父對司馬遷所建構的史體的
批判，思考一部獨立的史著。畢竟崇拜只能貼近，而批判卻可能超越，班固
在他父親的基楚上，以實際的行動，修正了或說是重建了典範。徐復觀先生
稱：

> 班氏不滿史公將漢代「編於百王之末，廁於秦項之列」，故特以前漢
> 爲起記，稱爲《漢書》，以與唐、虞三代之書，爭光並美；其意在於
> 尊漢，爲漢代的統治者而著書，絕無標榜斷代之意，後人紛紛，皆
> 謬爲揣測。〔註42〕

其實，班固既是續父所作，則其舉仍不出「續太史公」範圍，何嘗因尊漢而
特爲斷代？及班固被赦，任職蘭臺，典校秘書，面對浩翰典籍，前有《太史
公》之光環，又編撰了〈光武本紀〉、平林、新市、公孫述等列傳，加以明帝
授命，有意漢史的他，怎能沒有壓力，怎能不重新思考史著之出路。《後漢書·
杜林傳》載：

> 明年（建武七年），大議郊祀制，多以爲周郊后稷，漢當祀堯。詔復
> 下公卿議，議者僉同，帝亦然之。林獨以爲周室之興，祚由后稷，
> 漢業特起，功不緣堯。祖宗故事，所宜因循。定從林議。

而所謂大議，必經朝廷群臣之充分討論。而此事有了結論之後，光武復下詔
公卿、大夫、博士再議。第二次的結論，與第一次相同，而光武本人原也認
爲漢當祀堯。換言之，當時公卿群臣乃至光武，對劉氏來源的認知，原本都
以爲漢家堯後，亦即班彪〈王命論〉所謂之「劉氏承堯之祚，氏祖之世，著
乎《春秋》，唐據火德，而漢紹之。」但杜林云：

> 政卑易行，禮簡易從。民無愚智，思仰漢德，樂承漢祀。基業特起，
> 不因緣堯。堯遠於漢，民不曉信，言提其耳，終不悅諭。后稷近於
> 周，民戶知之，世據以興，基由其祚，本與漢異。郊祀高帝，誠從
> 民望。〔註43〕

而當時百姓思仰漢德與漢家基業特起〔註44〕，也確是事實。因此杜林郊祀高
帝之建議立刻爲光武所接受。

〔註42〕見徐復觀著，《兩漢思想史》，卷三〈史漢比較研究之一例〉（臺北：學生書局，
　　　　民國78年2月），頁477。

〔註43〕見《後漢書·祭祀志》李賢注引東觀書。

〔註44〕清·趙翼，《廿二史箚記》，卷三〈王莽時起兵者皆稱漢後〉條之結論云：「可
　　　　見是時人心思漢，舉天下不謀而同」。

　　班固既承父作，又編訂過《建武注記》、編寫過〈世祖本紀〉，郊祀問題又爲固所留心，故他必接觸、思考過這個問題。其父「今民皆謳吟思漢，鄉仰劉氏，已可知矣」的話〔註45〕，以及建武七年（31 年）之「定從林議」、往後朝廷之郊祀漢高與自身之史識，使他看出漢代自有其興起之理由及存在的價值與意義，故而雖有其父〈王命論〉（漢紹堯運）的影響，他仍選擇了斷代爲史。

　　史公寫通史，在當代（武帝時）花費不少之筆墨，續史公者，如果依例一直續下去，數十百年之後，篇幅必龐然難觀，如果精省得過分，又不免頭重腳輕之病。且續成一書，書成多手，筆法觀點，勢難一致，同類之事或互生疑異，終至聚訟，這是史著的危機。有危機必有人思考出路，思考解決之道。「紀傳體以朝代爲斷限，乃勢所必然」〔註46〕，班固正有此心，復有此緣，故終成此事。這是他在通史紀傳體例限制中的一大突破與發展。而這種突破或發展，係來自對史著危機焦慮的解決與歷史事實之考量。班固或許尊漢，但他並非因爲尊漢而斷代。這一點關乎班氏的歷史眼識，故順予澄清。至於班固尊漢的詳細辨正，將在下章中論述。

二、內容範疇

　　《漢書》在結構上雖易通史爲斷代，但紀、傳、書（志）、表爲體的本質，並無改變，而其內容與時限上，幾乎有一半以上與《史記》重複。畢竟，司馬遷留給了一份他「不得不接受的資產」。這份資產也許是負面的，他可以一切拋棄，重新來過。但歷史之選擇終有其道理，否則歷史勢須永遠再重寫。而如果一切照搬，又未免無識無見無趣無聊。如何消融司馬遷原有的篇章，創造出自己的風格，無疑的是個問題，也是個挑戰，更是班固的焦慮所在。但班固畢竟不凡，因而在內容與範疇上皆有所創新，茲分述如下：

（一）《漢書》補充有用之文 〔註47〕

　　班固於史遷原有之篇章，既不便全棄，亦不便照搬，因此於某些篇章便加入一些極有價值之文章。例如〈賈誼傳〉補入〈治安策〉、〈處置淮陽諸國疏〉、〈諫封淮南厲王諸子疏〉；〈晁錯傳〉補入〈教太子疏〉、〈言兵事疏〉、〈募

〔註45〕見《漢書・敘傳》，班彪回答隗囂的話。
〔註46〕此亦徐復觀先生語，見同註42，頁 472。
〔註47〕清・趙翼，《廿二史箚記》，卷二〈漢書多載有用之文〉一條。

民徙塞下疏〉及賢良策問、對策各一道〔註48〕；〈鄒陽傳〉載其〈諫吳王疏〉；〈韓安國傳〉載其與王恢論伐匈奴事而反覆辯論之言，〈董仲舒傳〉載其天人（賢良）三策……等。這些文章多有關民生國計或影響政治文化。

（二）《漢書》刪補列傳〔註49〕

《史記》有〈扁鵲倉公列傳〉，其意在略存醫技，班固刪之，因當時醫技已暗昧不顯〔註50〕。換言之，倉公之術與當時之醫技不相應。當然，不爲倉公一人立傳，或許也是原因之一。《史記》有〈日者列傳〉、〈龜策列傳〉，顯示社會方藝之一隅，班固刪之，或當時陰陽五行讖緯思想盛行，經術名家，已自不少，民間此藝漸趨替廢之故。此外《漢書》增加了以〈至言〉成名的〈賈山傳〉，並爲一節之士的楊王孫（裸藏）、胡建（斬監御史）、朱雲（折檻）、梅福（上書）、云敞（收葬吳章）等人立傳，又爲文學名家枚乘、嚴助、終軍等立傳。此外他亦爲公孫賀、劉屈氂、車千秋、王訢、楊敞、蔡義等代爲丞相者及陳萬年、鄭弘代爲御史大夫之二人立傳。這些都顯示出，他想擺脫史公敘事之努力。

（三）《漢書》分合紀傳

有關紀、傳之分合，如《史記》有〈項羽本紀〉及〈陳涉世家〉，班固合爲〈陳勝項羽傳〉。《史記》有〈呂后本紀〉，惠帝事附之，班固先立〈惠帝紀〉，並改〈呂后本紀〉爲〈高后紀〉。漢初功臣，《史記》以魏豹、彭越合傳；韓王信、盧綰、陳豨合傳；以田儋、淮陰侯、黥布各自爲傳；班固以魏豹、田儋、韓王信爲一傳；韓信、彭越、英布、盧綰、吳芮爲一傳。《史記》有〈荊燕世家〉、〈吳王濞列傳〉，班固合爲〈荊燕吳傳〉。〈齊悼惠王世家〉、〈淮南衡山列傳〉，班固分合以爲〈高五王傳〉。其他如〈文三王傳〉、〈景十三王傳〉、〈武五子傳〉等之分合亦大略相同。蕭何、曹參，《史記》各列世家，班固合爲一傳。《史記》以留侯、陳丞相、絳侯周勃等各爲世家，勃世家並附王陵事，班固合四人爲一傳。《史記》有〈樊酈藤灌列傳〉、〈傅靳蒯成列傳〉，

〔註48〕此外，班固在〈食貨志〉中尚收錄有晁錯的〈論貴粟疏〉與〈入粟郡縣疏〉。
〔註49〕清・趙翼，《廿二史箚記》，卷二〈漢書增傳〉一條。
〔註50〕〈藝文志〉云：「太古有岐伯……中世有扁鵲……漢興有倉公。今其技術晻昧，故論其書，以序方技爲四種」。徐復觀謂：「這是對醫學的忽視，亦即對科學的忽視」云云，不確。見徐著，《兩漢思想史》，卷三〈史漢比較研究之一例〉。

班固合爲一傳。《史記》有〈張丞相傳〉而餘人附傳，班固直以張蒼、周昌、趙堯、任敖、申屠嘉等五人合傳。《史記》蒯通事附見於張耳、陳餘、淮陰侯各傳；伍被事附見於〈淮南衡山列傳〉；班固取之並江充、息夫躬共四人合爲一傳。《史記》以李廣自爲一傳，蘇建事附見於〈衛將軍驃騎列傳〉，班固合爲〈李廣蘇建傳〉，並由李廣以及李陵、由蘇建以及蘇武。《史記》列董仲舒於〈儒林列傳〉，班固出之以爲專傳。《史記》以公孫弘、主父偃合傳，班固改以公孫弘與卜式、倪寬合傳。《史記》張湯、杜周並列〈酷吏傳〉，班固以其子孫故，各爲專傳。《史記》有〈大宛傳〉，班固取人爲主，以爲〈張騫李廣利傳〉。《史記》有〈太史公自序〉，班固補取〈報任少卿書〉以爲〈司馬遷傳〉。《史記》有〈平津侯主父列傳〉，主父傳附徐樂、嚴安二人，班固又添入嚴助、朱買臣、吾丘壽王、終軍、王褒、賈捐之等六人共九人合爲一傳。《史記》有〈滑稽列傳〉，班固出東方朔爲專傳等皆是。有關傳紀分合之緣由，徐復觀〈史漢比較研究之一例〉及李景星《漢書評議》各篇論之頗詳，茲不復贅。

（四）《漢書》移易補正史事

移易史事，可見人事主從、篇章輕重、時代易變與史心曲筆，故能表見史家用心。清·趙翼說：

> 《漢書》武帝以前紀傳，多用《史記》原文，惟移換之法，別見剪裁。如鴻門之會，沛公危急，賴項伯、張良、樊噲等得免；彭城之敗，漢王道逢孝惠、魯元，載以俱行；陳平間楚，使去范增；鴻溝解兵，張良、陳平勸漢王追楚；漢王至固陵，彭越、韓信兵不至，用張良策，分地王之，遂皆會兵等事，《史記》皆詳於〈項羽本紀〉中，《漢書》則〈項羽傳〉略述數語，而此等事，皆詳於〈高祖紀〉內。〔註51〕

案趙翼之言，僅指出其實然，而未指出其所以然。而《史、漢》所以有這種不同，實有兩點可說。其一，趙翼所舉，多漢高失德事或汗顏事。史公居漢武之時，勢須如此處置，而班固之時較不須爲漢高諱，故各以人事主從布置，此亦見班固之史識、史德。其二，如同《四史知意·高紀條》引凌稚隆所說：

〔註51〕清·趙翼，《廿二史箚記》，卷二〈漢書移置史記文〉一條。

　　《史記》先紀項籍，次紀高祖，迺詳於楚而略於漢；《漢書》首紀高
　　祖，後傳項籍，迺詳於漢而略於楚。

這自然也是原因之一。補正史事，能使人更明事實之眞相，如史遷不載匈奴
單于致高后書，於史公之時爲得體，而班氏錄之，於其時爲紀實。又如《史
記·吳王濞列傳》載七國之亂剛發生，景帝遣太尉周亞夫將三十六軍擊吳、
楚，酈寄擊趙，欒布擊齊，大將軍竇嬰屯榮陽，監齊、趙兵。但「兵未發，
竇嬰未行，言故吳相袁盎。盎時家居，詔召入見。上方與晁錯調兵算軍食」。
班固將「上方與晁錯調兵算軍食」移入晁錯本傳，並增其內容爲：

　　吳楚七國俱反，以誅錯爲名。上與錯議出軍事，錯欲令上自將兵，
　　而身居守。會竇嬰言爰盎，詔召入見，上方與錯調兵食……。

依司馬遷的寫法，晁錯與景帝的「調兵算軍食」似與竇嬰、周亞夫等上下一
心。但班固的寫法就有晁錯與竇嬰、周亞夫等強烈不相得的意思。蓋二人已
被付於使命，而晁錯乃以危懼之辭不讓二人將兵作戰，亦不欲其爲守，完全
架空二人。此外，班固在晁錯本傳中又補上一段文字：

　　後十餘日，丞相青翟、中尉嘉、廷尉歐劾奏錯曰：「吳王反逆亡道，
　　欲危宗廟，天下所當共誅。今御史大夫錯議曰：『兵數百萬，獨屬群
　　臣，不可信，陛下不如自出臨兵，使錯居守。徐、僮之旁吳所未下
　　者可以予吳。』錯不稱陛下德信，欲疏群臣百姓，又欲以城邑予吳，
　　亡臣子禮，大逆無道。錯當要斬，父母妻子同產無少長皆棄市。臣
　　請論如法。」

七國反叛，以誅錯爲名。實際上明帝明知「吳王即山鑄錢，煮海爲鹽，誘天
下豪桀，白頭舉事，此其計不百全，豈發虖？」但他何以誅殺晁錯？因爲景
帝看出了其中之危機，七國反事起，監齊、趙兵的竇嬰，兵尚未發，卻因晁
錯欲捕逮袁盎而先來爲袁盎撐腰說項。袁盎入見，亦「竟言吳所以反，獨急
斬錯以謝吳，吳可罷。」現在丞相、中尉、廷尉等大臣又一面倒的反對晁錯，
景帝權衡得失，只好斬錯，以換得群臣的支持。然而群臣何以非要置錯於死
地不可？除了平常的不相得之外，班固上述所補的一段丞相等劾奏的緣由，
就告訴我們答案了。當然另一個重要的原因就是，七國因錯而起，而當戰爭
暴發，晁錯卻要景帝「臨兵」親冒矢石，自己卻選擇「居守」，躲在最安全的
地方來掌控一切。晁錯或許無心，但景帝何許人，豈可讓人玩弄，故「乃使
中尉召錯，紿載行市，錯衣朝衣斬東市」，也算對朝錯的反玩弄。

又如班固於〈公孫弘傳〉增補公孫弘拜相封侯之詔書，並詳載他開東閣延賢才之事。雖其人曲學阿世，但公孫弘以《春秋》，由白衣為天子三公，封平津侯，天下學士自此靡然鄉風，這是一代的盛典大事，又能平衡正負面的記載，班固增之，自是有理〔註52〕。而這些都見固之用心，也是《漢書》突破《史記》敘事之限的例子。

（五）《漢書》增併補改典制紀錄

鄭樵《通志‧總序》說：「昔江淹有言，『修史之難，無出於志』，誠以志者，憲章之所繫，非老於典故者不能為也。」可見史志修撰之難。而班書之〈十志〉雖緣《史記》〈八書〉發展而來，但其自身用力尤勤。《史記》之〈八書〉為〈禮〉、〈樂〉、〈律〉、〈曆〉、〈天官〉、〈封禪〉、〈河渠〉、〈平準〉。《漢書》合〈律書〉、〈曆書〉為〈律曆志〉列於十志之首，顯示班固以天道作為萬事萬物之根源，而一切律、度、量、衡及曆數為人事律則作息之始，故首先標而出之，這是有道理的。

《漢書》又合〈禮書〉、〈樂書〉為〈禮樂志〉，列於第二，志中論述禮樂之性質、歷史、意義與作用。志首即云「六經之道同歸，而禮樂之用為急」，通篇堂皇莊重，法度嚴整，最後結以當朝之德化未具，庠序未設、禮樂未成，說明了班固心目中之政教理想與禮樂化境。

班氏以為「禮樂政刑，四達而不悖，則王道備矣。」故繼〈禮樂志〉之後將〈刑法志〉列於第三。此志是班固所增，極為有見。案〈酷吏傳〉是從反面批判現實，而此篇刑法史則從正面做批判與建設性之論述。又因班固自身曾入獄，故對刑法有極切之了解，徐復觀先生謂斯篇「充實光輝，言之不能自已」〔註53〕，實為的論。

精神生活之後，自然提到物質生活，因為這是民生日用之本，故班固於禮樂政刑之後，接以擴充〈平準書〉而成之〈食貨志〉。〈平準書〉主講漢武之貨幣政策與財經政策，而〈食貨志〉則講農政與財政。全志之主旨定位在「食足貨通」，而其方法則在「裒多益寡」、「貿遷有無」。故對獨佔財富之商人，予以較多之批判，此與史公異端。

洪範八政三曰祀，故班固改〈封禪書〉為〈郊祀志〉，並列居〈食貨志〉

〔註52〕李景星云：「班氏增入弘封侯詔書，又詳載開閣延賢事，一以見漢之曠典，一以見弘之相業。褒貶互見，極為平允。」見氏著《四史平議》。
〔註53〕見同註42，頁511。

之後。郊祀之目的在「昭孝事祖」，以求「永世豐年」。此篇由正面說明祭祀的真正意義，而摒棄一切非制之祀，其意略同史公，然內容較爲周至。

〈天文志〉承〈天官書〉而來，改動較少。本篇雖馬續所校補完成，但由〈敘傳〉之小序，亦可見班氏之留心，因爲他深信「炫炫上天，懸象著明」、「降應王政，景以燭形」。

列於第七的〈五行志〉，是班固新創的。這是班固對陰陽五行之說所進行的綜合整理，因爲他深信這是歷史的經驗與教訓——「告往知來，王事之表」，這是「歷代寶寶」的東西，故不惜長篇大論的敘述。在今天看來，這是時代的限制，但他借鏡歷史的用心則不可抹煞。

〈地理志〉亦爲班固所新創，說明先秦地理沿革及西京郡國分合與地理概況，於地方之戶口、縣邑、治所、鄉聚、人物、官司、物產、關塞、亭障、祠堂、名勝、古蹟、山川、道里、交通皆有觸及。尤其是括取了《史記》〈貨殖列傳〉之體式，並輯劉向所言「地分」及朱贛所條風俗，以地域而言物產、風俗、民生，開啓了後代方志、經濟地理與人文地理之先河，亦奠立了歷史地理學之基石。而本志之主旨在說明地理與政治之關聯，提醒爲政者宜考量當地之物產、風俗，尤具卓識。

班固改〈河渠書〉爲〈溝洫志〉，雖名實不大相符，但優點亦不少，除時間之考證與史事之補充外，對於「國之利害」的水利問題，尤能做根源性之探討，想由歷史之經驗中，求得徹底之解決，這是他常有之歷史情懷。

最後之〈藝文志〉，雖由刪劉歆七略之要而來，但取以入史，卻是班固之卓識。「爰著目錄，略述宏業」，於是一代之朝章國典，一代之翰墨文章，一代之學術文化，乃能受知後世；西京以往之學術重心，文化概況，亦賴此得見。而斯篇於辨章學術，考鏡源流更是貢獻良多。

（六）《漢書》分合《太史公》年表

《史記》有十表而《漢書》有八表，班固將的〈秦楚之際月表〉及〈漢興諸侯王年表〉取來打散，重新組成〈異姓諸侯王表〉與〈（同姓）諸侯王表〉。《史記》以事爲主，主在突出漢初形勢之變遷，班固則以類爲別，主在明分漢初對反勢力之生息。故《史記》顯「錯落之妙」，《漢書》見「斷限之清」。班固這樣的分合，可謂壁壘分明，但異姓王打天下之功就顯得稍爲模糊了。

《漢書》的〈王子侯年表〉係取《史記》之〈王子侯表〉而上下延申之。

史遷之意以建元以來，諸侯王得推恩封子弟，於是「支庶畢侯」。班固則以表名〈王子侯〉，於是王子而侯者一切錄之。

顧名思義，〈高惠高后文功臣表〉歷錄四朝功臣，表文亦本史公之意而引申之。只是用意略異。史公由功臣之尊寵廢辱以自鏡，要求的對象是自己及每一個功臣之自身，而班固之意則在「君王」之「樂繼絕世」、「安立亡國」，要求的對象是天子國君。

《漢書》的〈景武昭宣元功臣表〉係分合《史記》之〈惠景間侯者年表〉、〈建元以來侯者年表〉，並增錄昭、宣、元、成時之功臣。唯班表對功臣之定義較寬，除外戚、恩澤之外，一切功臣稱之。

〈外戚恩澤侯表〉為《漢書》新創之表，顧名思義係以恩以親而封，此與功臣侯者相對。雖《春秋》有襃紀之義，《大雅》有〈申伯〉之文，然皆違高祖之約，無功而侯，即屬濫封〔註54〕。班氏此表，意刺恩澤封侯之浮濫可知。

《漢書》的〈百官公卿表〉，係改補《史記》之〈將相名臣年表〉而來，表序歷述官職歷史及漢家置官之意義、職守、員額，使一代之官制略見於史籍，且《史記》所述唯三公，而《漢書》擴及於九卿。此對《史記》而言，乃一大發展。

最後之〈古今人表〉乃班氏之妙見。如能名實相符的加入西京一代人物，並對九品之判準再稍加補充規範則更好。當然人物品流之上下本難評定，加以漢室帝王之品流歸類，有現實上之困難，故西京人物一切刪除。如果易代而言，通古今而作價值判斷，則其表彰正學，有功名教，當更非淺鮮。

（七）《漢書》整飾文字

一般而言，《漢書》多客觀陳述，而《史記》則愛憎情感較為強烈，故《漢書》每不若《史記》生動，但《漢書》卻較《史記》簡潔整飾，此為班固用心處，亦見其欲超越《史記》處。舉一個多數學者引用的例子：《史記・魏其武安侯列傳》載：

> 竇嬰守滎陽，監齊趙兵。七國兵已盡破，封嬰為魏其侯。諸游士賓客爭歸魏其侯。孝景時每朝議大事，條侯、魏其侯，諸列侯莫敢與亢禮。

───────────────

〔註54〕此在第七章有詳細之說明。

> 孝景四年，立栗太子，使魏其侯爲太子傅。孝景七年，栗太子廢，
> 魏其數爭不能得。魏其謝病，屏居藍田南山之下數月……。

而班書之〈竇田灌韓傳〉則改寫爲：

> 嬰守滎陽，監齊趙兵。七國破，封爲魏其侯。游士賓客爭歸之。每
> 朝議大事，條侯、魏其，列侯莫敢與亢禮。
>
> 四年，立栗太子，以嬰爲傅。七年，栗太子廢，嬰爭弗能得，謝病，
> 屏居藍田南山下數月……。

短短九十七字之文，《漢書》刪去二十七字，而敘事明晰清楚依舊，不見過簡之病。這也是班固突破限制的方法之一。至於史論、史評，則理有是非，論有異同，茲不復論。

三、撰述情感與心理

李陵降敵，武帝爲之「食不甘味，聽朝不怡」。一些全軀體保妻子的臣子，隨而媒孽其短，「大臣憂懼，不知所出」。正好武帝召問，史遷以爲其人素有「國士之風」，「與士大夫絕甘分少」，其身敗降敵，可能欲有所待而有所爲；「事已無可奈何，其所摧敗，功亦足以暴於天下」。武帝聽了很不高興，以爲司馬遷藉機毀謗二師，而爲李陵游說。結果下獄，以誣上之罪定刑。這是一條死罪。當時國用匱乏，死罪是可以用財物來贖的。但是司馬遷「家貧，財賂不足以自贖，交遊莫救，左右親近不爲壹言」。最後司馬遷接受了腐刑。腐刑之後，他雖然尊寵任職，但對司馬遷而言，腐刑卻是心中永遠的痛，是難以磨滅的奇恥大辱。他活者的唯一目的，只不過是完成《太史公》而已。史遷既因仗義直言而受禍，因此他的《太史公》除了歷史判斷，尤見道德判斷。他客觀的敘事之外，亦不免寄慨筆端。他多美游俠，豈非恨無朱家之徒脫己於禍；他述貨殖，而言「千金之子，不死於市」，豈非自傷以貧而不能免於刑戮；他寫〈伯夷列傳〉，列舉善人罹禍而惡人得福，質疑「天道無親，常與善人」，豈不寓有己身受刑之怨？他寫「管鮑之交」，難免患難知己難逢之感；他寫晏子脫越石父縲絏繫之中，恐亦有伸援無人之嘆，這些都是個人際遇對著作影響之例。

不過，班固之境遇恰與馬遷形成一強烈的對比。他因續父書而下獄，下獄卻又被赦，被赦而任職蘭臺，而由明帝命令他完成史著。他由瀕死邊緣而獲重生，而獲任用，其感激朝廷之心自不在話下。至少執筆之時，沒有惡意，應是不成問題的。何況他的姑祖又是成帝的倢伃，他的祖先也曾任職朝廷，

所以他較能平心靜氣的甚或帶有些許好感的去寫西漢的歷史。至於明帝的察察與好史事，自然會增加他下筆時的謹慎度，這是可以理解的。

他死裡逃生，對生命有一種與司馬遷完全不同的體悟，「夫唯大雅，明哲保身」，是他生命存在的最高指導原則。因此在道德判斷上，這也成了他的一種限制。到了他快成書的後數年，他遇上長者的章帝，他不但被升為千石奉祿的玄武司馬，也更得章帝的寵愛，對漢家應是更加的體貼了。然而他著史的主要階段，是在明帝一朝，他雖死裡逃生，但卻位卑官小，「二世才術，位不過郎」，恐怕是他當時最大的遺憾。〈幽通賦〉、〈答賓戲〉傳達了他的心聲。他也有時代的壓力感，也有「士不遇」的情懷。也想展才華，建立功業。明帝雖明告他：司馬遷著書，有報復漢家意味，不是正人君子的作法；司馬相如雖然淫行無節，但卻有疾病遺忠，頌述功德的行為，這是忠臣所當效法的。班固也為此作了一篇〈典引〉，高頌漢德，說什麼「盛哉！皇家帝室，德臣列辟，功君百王，榮鏡宇宙，尊無與亢。」「汪汪乎丕天之大律，其疇能亙之哉？唐哉皇哉，皇哉唐哉！」但須注意的是，他並未將〈典引〉這一篇最為「雅正」的文章收入《漢書》的〈敘傳〉之中。相反的，〈敘傳〉中只收錄表達他不遇情懷的〈幽通賦〉與〈答賓戲〉，那麼他對漢家的真正情懷如何可知〔註55〕。他可以用文章敷衍人主之欲求，但絕不拿歷史去取悅君王。不僅如此，他還在〈禮樂志〉中批評明帝說：

　　即位……威儀既盛美矣。然德化未洽者，禮樂未具，群下無所誦說，
　　而庠序尚未設之故也。

又說：

　　今學者不能昭見，但推士禮以及天子，說義又頗謬異，故君臣長幼
　　交接之道寢以不章。

雖然他對漢家無什惡語，但漢家諸帝除武帝之役使民力之外，其他諸帝確也不是虐輕民命之君王。雖然他讚美劉邦，但他一樣把劉邦在危急時推墮魯元公主與惠帝，獨自逃走事列入〈高帝紀〉中。雖然〈刑法志〉中他讚美文帝廢肉刑，但他也批判文帝所核准之律法，說「是後，外有輕刑之名，內實殺

〔註55〕雖然〈答賓戲〉這篇文章也對漢家有所讚揚，說什麼「方今大漢灑掃群穢，
　　　　夷險芟荒，廓帝蟇，恢皇綱，基隆於羲、農，規廣於黃、唐，其君天下也，
　　　　炎之如日，威之如神，函之如海，養之如春。是以六合之內，莫不同原共流，
　　　　沐浴玄德，稟養太春」，但以光武明帝之治言之，也有幾分真實性。而且該文
　　　　的重點在突顯自己的不遇而寄大業於立言，不在稱揚漢家之德。

—87—

人」。雖然他也推美武帝之雄才大略，但他一樣批評武帝「外事四夷之功，內盛耳目之好，征發繁數，百姓貧耗」，〈食貨志〉更說「仲舒死後，功費愈甚，天下虛耗，人復相食」。雖然他以叛臣視開國功臣如淮陰侯等人，但他一樣寫高帝置酒雒陽南宮，推功漢三傑事。在諸王傳中，他一樣暴露漢家王侯、子孫之淫靡不法、草菅人命的黑暗面。雖然他也承認現實，但也堅持了政治教化的理想與價值，對歷史人物，一樣秉持者儒家的理想，予以適切的歷史定位與批判。說他「其意在尊漢，爲漢代之統治者而著書」，實在不公平〔註56〕。

當然，在班固的心目中，皇家帝室仍有著相當的威權與地位。司馬遷在〈孔子世家〉中，從學術的觀點，說「天下君王至於賢人眾矣，當時則榮，沒則已焉，孔子布衣，傳十餘世，學者宗之。」又說「自天子王侯，中國言六藝者，折衷於夫子」，最後把一介平民的孔子推尊爲「至聖」。「至聖」則無人可超越，帝王亦不例外。他敢把一介平民置諸帝王之上，〈太史公自序〉更敢說孔子作《春秋》爲的是「貶天子，退諸侯，討大夫，以達王事而已矣」。但班固在《漢書·司馬遷傳》中引述史公回答壺遂的話，卻讓夫子的《春秋》變成僅爲「退諸侯，討大夫，以達王事而已矣。」在史公心目中，史家筆下的天子帝王一樣可貶，班固省去「貶天子」三字，便氣勢大遜了。但吾人不能就因此而武斷的說，班固是怕事，班固「不敢寫」，蓋在班固心目中，實有著更重要的一個觀念，是即「秩序」二字。畢竟他可以照引史公之言而不加刪改，何況所貶者又非漢家帝王？史公、班固皆尊崇孔子，但史公是從極高的理想、義憤出發，故認爲天子可貶；班固則從現實的社會秩序出發，而不認爲天子可貶。孔子只說「君君、臣臣、父父、子子」，君、臣、父、子各盡其本分、職分，而孟子則大膽的說：「聞誅一夫紂矣，未聞弒君也」。譬諸壞屋，孔子最多認爲須要修理，絕未主張打掉重建；孟子則昌言改革，認爲既不能修，則只好打掉重建。故就《春秋》是否「貶天子」這一點而言，實則史公近乎孟子，反而是班固更貼近孔子。這是班固在撰述心理上，片面觀之有所限制，實則反是一種超越的例子。

此外，班固的父親及其父黨揚雄的撰述精神可能對他有所影響。《論衡·佚文》云：

揚子雲作《法言》，蜀富人齎錢千萬，願載於書，子雲不聽。云（當

〔註56〕有關這點，下章將有較詳細的說明。

作夫）富無仁義之行，圈中之鹿、欄中之牛也，安得妄載。班叔皮
續《太史公書》，載鄉里人以爲惡戒，邪人枉道，繩墨所彈，安得避
諱。是故子雲不爲財勸，叔皮不爲恩撓，文人之筆，獨已公矣。

班固對揚雄十分尊敬，本傳還特別列出《法言》的目錄，並嘗謂揚雄之言有
補於世。班、揚這種直書的精神，班固應有所繼承，這從他對當代人物如張
純等之敘述〔註57〕，即可看出。

　　班固與史遷一樣，家境皆曾十分貧窮。史遷發於歷史，主張除了眞正的
巖穴之士外，所有的人都應該戮力事業，求取功名富貴，而爭取與封君分庭
抗禮的地位與生活，這對非劉邦子裔及無軍功可以封侯的人而言，提供了一
個較爲公平的機會。然而同樣曾經貧困的班固，卻始終跳不出秩序的框框，
他反對民有兼業，即使以本業致富，也不許過著錦衣玉食的生活，他認爲這
樣會敗俗傷化。而這使得下層百姓永無翻身的機會，並且無法打破社會地位
之不平等。這是他最大的限制，也是其思想最保守之一面。然而刑法公平的
主張卻是他最突出的表現，這比起當代之諺語與司馬遷所欣羨的「千金之子，
不死於市」，可謂別有卓見。對於社會的不公待遇，史公表現於歷史的，是透
過非常之手段，與不公平的刑法機制對抗、周旋，而班固則力主制度之改善，
吏治之澄清。然非常之手段，如游俠之助，千金之使，畢竟可遇而不可求，
絕非升斗小民之所可恃，惟有徹底的從根本改變社會的劣習與穢制，大化流
行，才是造福萬民之至計。

〔註57〕張純乃張湯之後，建武中歷位至大司空，其子張奮建初中爲中郎將（見《後
　　　漢書・張曹鄭列傳》）。是奮與固同朝爲官，然固述〈王莽傳〉則大書，張純
　　　等九百二人，建請爲王莽加九命之錫云云，以張純領銜不諱。

第四章　《漢書》所展現之基本理念與立場

第一節　從人物與典制看《漢書》之中心思想

一、從歷史之權勢人物考察

　　政治分析上，所謂權勢人物，是指從可取得的地方，得到益處最多的人。而所謂的益處，包括了「敬意（deference）」、「收入」、「安全」等〔註1〕。誰能從可取得的地方，獲取最大可能的「敬意」、「收入」、「安全」等，他便是社會中堅，亦即權勢人物，其餘的則是群眾、庶民。當然「敬意」、「收入」與「安全」之間，也有著複雜的關聯，例如一個富商巨賈，他交通府、院，於是他所獲得的敬意也就相對提升，以現代術語言之，這叫「政商關係良好」。當然在他的事業王國中，他更能呼風喚雨，其所獲得之「敬意」尤不容忽視。史公〈貨殖列傳〉所稱的素封，即指此而言。富厚的收入又往往是安全的保證，有錢人有貼身保鑣，有法律顧問，古人亦有「千金之子，不死於市」之說。但敬意有時來自勇氣，於是黑幫老大、殺手（游俠、刺客）亦有其可用處、可取處、可敬處。有時敬意亦來自特殊的技能，於是歌者、舞者、民俗藝人（日者、卜者、相者）、氣功師、運動選手、各類專家（醫者）、將軍、謀臣，乃至滑稽、佞倖（此專指著乎載籍者），亦有其可敬處。惟黑幫老大、殺手（游俠、刺客）、將軍等，或觸當世之禁令、法網，或冒矢石爭戰而

〔註1〕見 Harold D. Lasswell 著，賙鯤、和敏譯，《政治：論權勢人物的成長、時機和方法》（臺北：時報文化公司，民國80年4月），頁3。

傷亡，其「安全」性又相對的降低。又如顏淵德行高超，但窮居陋巷，終至早夭，他所受的敬意極高，但收入卻極低。又如子路知過能改，重義敢爲而好勇，雖獲敬意，但失去安全。由此可見權勢內裡的複雜性。

　　歷史的權勢人物又與世俗現實政治之權勢人物不同，而敬意仍是最主要之判準。在史家筆下，周公旦所受到的尊敬程度可能超越周武王；管仲可能超越齊桓公；晏嬰可能超越齊景公；孔子可能超越一切天子、王侯、賢人；伍子胥可能超越吳王夫差、楚平王；魏公子可能超越魏安釐王等等。這是史家筆下的權勢人物，這些人在當時所受到的敬意程度與在歷史中所受到的敬意程度絕對不同。孔子所謂「齊景公有馬千駟，死之日，人無得而稱焉。伯夷、叔齊餓於首陽之下，民到今稱之」〔註2〕。這個敬意的歷史位階決定於史家之識見、良心與才學，亦即「史筆」，由史筆之表述，權勢人物於歷史中乃有新的定位。而透過史家對歷史權勢人物敘述之觀察，當可判知史家核心思想之大略。以下分數點析論之：

（一）從對學術流派之敬意看

《漢書‧藝文志‧六藝略》《春秋》家的〈序文〉說：

> 仲尼思存前聖之業……以魯周公之國，禮文備物，史官有法，故與左丘明觀其史記，據行事，仍人道，因興以立功，就敗以成罰，假日月以定曆數，藉朝聘以正禮樂。有所褒諱貶損……。

一位史家必有其評斷人物的標準，所謂「據行事，仍人道」「因興以立功，就敗以成罰」，就是一種標準。而就此言之，史家如何記述一個人，已寓有判斷的意識在其中。此評斷之標準——「興」、「敗」由其立場決定（如孔子與左丘明的立場是「人道」），因此由史著可以看出史家的思想傾向。《漢書‧藝文志‧諸子略》的〈序文〉說：

> 儒家者流，蓋出於司徒之官，助人君順因陽明教化者也。游文於六經之中，留意於仁義之際，祖述堯舜，憲章文武，宗師仲尼，以重其言，於道最爲高。孔子曰：「如有所譽，其有所試。」唐虞之隆，殷周之盛，仲尼之業，已試之效者也。

本段文字，顯見班固將孔子的「事業」與唐堯、虞舜、商湯、周文四代聖王相提並論，可謂推崇備至，亦可見其心目中對孔子的尊敬，已不待言。而孔子的「事業」，孔子的「興」，是表現在「立德」、「立言」這兩方面（當然立

功方面亦有，但那不是重點），立德是人格典範形象的確立，而弟子或具其一格；立言則表現於《六藝》、《論語》與《孝經》，亦即〈六藝略〉之所述。儒家既是「祖述堯舜，憲章文武，宗師仲尼」的，因此才於道最爲高。但儒家終究不等同於孔子，孔子亦非其他儒者所能企及，更不是諸子百家的人物。儒家只是相較於諸子而於道最爲高的。然儒家之所以爲儒家，亦在於他們「游文於《六經》之中，留意於仁議之際」之道術。由此透露出班固的基本立場是儒學的或說他是以儒家思想爲中心而極尊崇孔子的，應無大誤。

（二）從對先漢人物之敬意看

在《漢書》〈古今人表〉中，班固將先漢人物分爲九等，並依據孔子所說的「若聖與仁，則吾豈敢？」「何事於仁，必也聖乎？」將聖人列於第一等「上上」，仁人列爲第二等「上中」。孔子所說「未知，焉得仁？」「生而知之者，上也；學而知之者，次也；困而學之，又其次也；困而不學，民斯爲下矣」以及「中人以上，可以語上也」，「唯上智與下愚不移」，將智人列爲第三等「上下」，其次中上，其次中中，其次中下，其次下上，其次下中，最後是「下下」等之愚人。聖人是儒家人格形象的最高標準，亦是終身的事業。仁則囊括眾德，亦可視爲眾德之首，而《論語》中，有五十九章提到仁的問題。孔子教不倦，是仁的表現，學不厭，則是智的表現。又說「智者不惑，仁者不憂，勇者不懼」。可見班固評定人物所依據的聖、仁、智、學實際上完全以孔子與儒家思想爲準。

班固將五帝、三王、周公、孔子列爲第一等的聖人。顏淵、閔子騫、冉伯牛、仲弓、子思、孟子、荀子等列爲第二等之仁人，而與伯夷、叔齊同等。將宰我、子貢、冉有、季路、子游、子夏、曾子、子張、曾哲、子公冶長、公西華、有若、樊遲、巫馬期、司馬牛、子羔、原憲、顏路、商瞿、等皆列爲第三等之智人。而將老子、桀溺、（荷蓧）丈人、何蕡、楚狂接輿等道家人物；墨翟、禽屈釐（禽滑釐）等墨家人物；商鞅、韓非等法家人物，皆列爲第四等。而田駢、鄒衍等齊學陰陽家人物；蘇秦、張儀、等縱橫家人物，公孫龍、惠施等名家人物等皆列爲第五等。至於農家、雜家、小說家則等亦不等了。這些結果就是因爲班固立場儒學，而以儒家思想爲中心之故。

（三）從對類傳人物之敬意看

《史記》的類傳，其排列是不連續的。〈循吏列傳〉之後接以〈汲鄭列傳〉、〈儒林列傳〉、〈酷吏列傳〉、〈大宛列傳〉、〈游俠列傳〉、〈佞幸列傳〉、〈滑

稽列傳〉、〈日者列傳〉、〈龜策列傳〉、〈貨殖列傳〉、〈太史公自序〉。亦即類傳之中插入有汲、鄭之「專傳」及以地域爲主之〈大宛列傳〉。且史公極高游俠之義信，甚厭酷吏之刻深，而〈酷吏列傳〉反居〈游俠列傳〉之前。史公不喜佞幸之人，頗多貨殖之士，乃〈貨殖列傳〉卻遠瞠乎〈佞幸列傳〉之後而居殿。故史公於該等列傳之排列，容或有時代先後或其他用心存在，但絕無前後即高下優劣之意。班固則不然，其類傳之排列是於西京大儒揚雄之專傳後接之以〈儒林傳〉、〈循吏傳〉、〈酷吏傳〉、〈貨殖傳〉、〈游俠傳〉、〈佞幸傳〉、〈匈奴傳〉、〈西南夷兩粵朝鮮傳〉、〈西域傳〉、〈外戚傳〉、〈元后傳〉、〈王莽傳〉、〈敍傳〉。〈敍傳〉居《漢書》之末，此乃效《史記》而來。西漢毀於王莽，故〈王莽傳〉居〈敍傳〉之前。王莽之起，緣於元帝之后，故〈元后傳〉居〈王莽傳〉之前。元后實亦外戚中人物，故〈外戚傳〉居〈元后傳〉之前。撇開〈匈奴傳〉、〈西南夷兩粵朝鮮傳〉、〈西域傳〉等四夷傳不言，則班氏之類傳順序如下：先〈儒林傳〉，次〈循吏傳〉，次〈酷吏傳〉，次〈貨殖傳〉，次〈游俠傳〉、次〈佞幸傳〉次〈外戚傳〉。如此排列之是否有其用意，自當加以分析。請先言〈儒林傳〉。所謂儒林，自是抱經守藝而以儒名家之人。班固於〈楚元王傳〉贊曰：

> 自孔子後，綴文之士眾矣，唯孟軻、孫況，董仲舒、司馬遷、劉向、揚雄。此數公者，皆博物洽聞，通達古今，其言有補於世。傳曰：「聖人不出，其間必有名世者焉」，豈近是乎？

在聖人不出的情況，唯此數子，可以當世運，可以撐得住，可以廓得開，而這些人都是儒學之士。漢世儒風之盛，雖是利祿之路的影響，但天下靡然鄉風，未嘗不是一件好事。〈儒林傳〉首即云：

> 六藝者，王教之典籍，先聖所以明天道，正人倫，致至治之成法也。

此《六藝》之所以可寶。但人能弘道，非道弘人。「獷獷亡秦，滅我聖文」，而「漢存其業，六學析分」，綜理綱紀，「師徒彌散」。「存業」、「析學」、「散徒」，皆有賴於儒者，而儒者助人君，順陰陽，明教化，一切的典章制度，儀文禮法，庠序教育皆從此出，此儒者之所以可尊。更析言之，儒者可以透過《六藝》的教化、傳播，助人君「明天道、正人倫、致至治」，建立起有文化、有秩序的世界。故班固列儒林人物爲第一。在此《六藝》是致至治的工具，孔子是製造工具的人，儒者則是教人或自身使用工具的人。於是孔子、《六藝》、儒者，在班固之心目中，有著如三寶之於佛徒的地位。

其次再看〈循吏傳〉，所謂循吏，依本傳之意看來，不外乎「謹身帥先，居以廉平，不至於嚴，而民從化」。或是「因循守職」、「奉職而進」、「政理訟平」、「官稱其位」或是「所居民富，所去見思，生有榮號，死見奉祀」的優良官吏。一般而言，這已是很高的標準，因爲依司馬遷〈太史公自序〉的定義，只要是「奉職循理之吏，不伐功矜能，百姓無稱，亦無過行」的都可稱爲循吏。而「所居民富，所去見思，生有榮號，死見奉祀」，這是何等不易之事，但循吏之位卻在儒林人物之後。這顯示出班固對儒林人物之推崇，以及儒者在其心目中之地位。

循吏之後是酷吏，班固於〈酷吏傳〉首取《史記》之言曰：

> 孔子曰：「導之以政，齊之以刑，民免而無恥；導之以德，齊之以禮，有恥且格。」……法令者，治之具，而非制治清濁之源也。昔天下之網嘗密矣，然姦軌愈起，其極也，上下相遁，至於不振。當是之時，吏治若救火揚沸，非武健嚴酷，惡能勝其任而愉快乎？言道德者，溺於職矣。

可見班固雖亦肯定酷吏於歷史現實中之一些作用，但終究仍以孔子或儒家之德治、禮治思想爲依歸。何況他所傳的還是「知名見紀」，「其廉者足以爲儀表，其汙者方略教導，壹切禁姦，亦質有文武焉」的酷吏。至於那些不稱位的，就「莫足數」了。酷吏之後是貨殖人物，司馬遷極其推崇貨殖傳人物，認爲「富而好行其德」，更認爲某些富人能「禮抗萬乘，名顯天下」，又認爲「使孔子之名布揚於天下者，子貢先後之也，此所謂得勢而益章乎？」他還提出致富的三個步驟——「無財作力，稍有鬥智，既饒爭時」。但班固則不然，他認爲賺錢可以，但一切的享受要照等級（實即階級秩序）來，〈貨殖傳〉一開始就說：

> 昔先王之制，自天子公侯卿大夫士至于皁隸抱關擊柝者，其爵祿奉養宮室車服棺槨祭祀死生之制各有品差，小不得僭大，賤不得踰貴。
>
> 夫然，故上下序而民志定。

但社會現實卻與班固之理想相反，這些人吃好的，穿好的，用好的，一切都超過了等級的規矩，所以班固眼中的貨殖人物多不是什麼好東西。〈貨殖傳〉批評那些「兼業專利」的「郡國富民」，說他們「皆越法矣」，他並點名蜀卓、宛孔、齊刀閒等人「上爭王者之利，下錮其民之業」，也都陷於「不軌奢僭之惡」。

　　班固何以重視秩序，重視等級？蓋因為孔子最主張「正名」，而正名之目的在於謹守階級分際，以使每一個人在自己的分位上，盡一己之力，完成自己該做之事。故曰「君君、臣臣、父父、子子」，這是要求做君王者，要有君王的樣子，扮演好君王的角色（盡分），做臣子者，要有臣子的樣子，扮演好臣子的角色，同樣地，做父親的，要有父親的樣子，並扮演好為人父的角色；做兒子的，要有做兒子的樣子，並扮演好為人子的角色。貨殖人物牟利固為其本分，但用度僭越等級與利益的集中（割損了王者之利，也妨礙了百姓的生業），卻成了他的罪惡，這就是為何貨殖人物位居酷吏之後的緣故。

　　〈貨殖傳〉之後是〈游俠傳〉。史公〈自序〉極美游俠的急人之難與信守承諾，他稱美游俠說：

　　　救人於厄，振人不贍，仁者有乎？不既信，不倍言，義者有取焉。

班固則一切從秩序、階級出發，故〈游俠傳〉劈頭即言：

　　　古者天子建國，諸侯立家，自卿大夫以至于庶人各有等差，是以民
　　　服事其上，而下無覬覦。孔子曰：「天下有道，政不在大夫。」百官
　　　有司奉法承令，以脩所職，失職有誅，侵官有罰，夫然，故上下相
　　　順，而庶事理焉。

他更進一步表示，自戰國起，「列國公子」，「競為游俠」，「雞鳴狗盜，無不賓禮」。趙相虞卿，「棄國捐君」，公子無忌，「戮將專師」，漢興劇孟、郭解之徒「馳騖於閭閻，權行州域，力折公侯」，這些舉止都破壞了原有的秩序，應該予以批判。尤其像郭解這樣的人，「以匹夫之細，竊殺生之權」，簡直是「罪不容誅」。但他也承認，游俠亦有些許可取之處：

　　　觀其溫良泛愛，振窮周急，謙退不伐，亦皆有絕異之姿。惜乎不入
　　　於道德，苟放縱於末流，殺身亡宗，非不幸也。

可見班固還是以儒家之道德為準繩，來批判游俠。但貨殖富人雖如〈敘傳〉所云「侯服玉食，敗俗傷化」，尚不至「以匹夫之細，竊殺生之權」所以班固又以：

　　　開國承家，有法有制，家不藏甲，國不專殺。矧乃齊民，作威作惠，
　　　如台不匡，禮法是謂！

而將游俠列於貨殖人物之後。

　　〈游俠傳〉之後是〈佞幸傳〉，史公對於佞幸人物存有一些好感，一則史公之時並無石顯、董賢之類譖害忠良的佞幸人物，二則史公因李陵案之禍，

深感「事人君能說主耳目，和主顏色，而獲親近，非獨色愛，能亦各有所長」，畢竟能使主上高興，逢迎得體，也不是人人做得來的事。而班固則對佞幸人物十分不滿：「彼何人斯，竊此富貴！營損高明，作戒後世。」一則他們既無學術，又無道德，幾乎是不勞而獲富貴，二則他們熒惑天子，殘害忠良，排陷正直。董賢甚至間接造成「姦臣（王莽）擅命」、「辜及母后（皇太后趙氏、哀皇后傅氏），奪位幽廢」，對社會不但沒有正面之貢獻，反而興風作浪，禍國殃民。所以佞幸人物又在游俠之後。

以上類傳人物，在班固筆下，依其所受敬意，而有高下之別，而儒林人物居各類人物之首，其至受尊崇判然可知，於此班固之思想、立場、與維護儒學之居心亦昭昭可見。

二、從治國理念與典制考察

歷史所記，無非個人或集團之生命、作為及其遭遇，然人之生命有限，綜其一生，不過數十寒暑，而於當時後世影響至深且鉅者有二：一曰精神，一曰典制。精神存乎其人；典制寄乎其政。從史家對人物之評價固可看出史家之中心思想；由其理國治民之理念及對典制文章之讚嘆批判，亦可得知其人之思想核心。

班固理國治民之思想核心，可從〈文帝紀〉與〈武帝紀〉來看。西京諸帝，班固最讚賞的莫過於文帝，除了根本的記載——〈本紀〉之外，在贊文中班固更將文帝「不為百金露臺、慎夫人衣不著地、治霸陵因山不墳、以德懷柔南越尉佗、對匈奴備而不兵、賜吳王几杖不朝、以賞為罰以愧張武之心」等行事特別標舉，而總括云：

> （孝文皇帝即位二十三年）專務以德化民，是以海內殷富，興於禮義，斷獄數百，幾致刑措。嗚呼，仁哉！

班固雖稱許文帝之仁，實則文帝之政仍有所不備。〈武帝紀〉贊云：

> 漢承百王之弊，高祖撥亂反正，文景務在養民，至於稽古禮文之事，猶多闕焉。

稽古禮文之事的多闕，正是文帝之不足處。而從撥亂反正，到養民，以至稽古禮文，這其實就是孔子的化民之序。《論語·子路》即載：

> 子適衛，冉有僕。子曰：「庶矣哉！」冉有曰：「既庶矣，又何加焉？」
> 曰：「富之。」曰：「既富矣，又何加焉？」曰：「教之」。

〈武帝紀〉贊又云：

> 孝武初立，卓然罷黜百家，表章六經。遂疇咨海內，舉其俊茂，與
> 之立功。

孝武之罷黜百家，表章《六經》，班固以爲乃「卓然」有識之舉，則其立場儒家，尊崇儒學之意甚明。〈武帝紀〉贊又美武帝云：

> 興太學，修郊祀，改正朔，定曆數，協音律，作詩樂，建封禪，禮
> 百神，紹周後，號令文章，煥焉可述。後嗣得遵洪業，有三代之風。
> 如武帝之雄材大略，不改文景之恭儉以濟斯民，雖《詩》、《書》所
> 稱何有加焉？

這些就是班固所謂的稽古禮文之事。他所認定武帝之雄材大略，原來是在重建儒家之教化根本，而非征伐四方，斥地千里。此見班固之右文護教，亦顯其識見非凡。更可見班固心目中理想的政治「願景」就是民豐物富，百姓興於禮樂，有恥且格，一切制度、儀軌、號令、文章煥然可觀。

再從封侯建國之理念來看。《漢書·王子侯表》云：

> 大哉，聖祖之建業也，後嗣承序，以廣親親……孝武制詔御史：「諸
> 侯王或欲推私恩分子弟邑者，令各條上，朕且臨定其號名。」自是
> 支庶畢侯矣。《詩》云：「文王子孫，本支百世」，信矣哉！

班固曰「大哉」，曰「聖祖」，曰「建業」，終極所指乃在「廣親親」。案周公之所以爲聖人，乃在於他確立了人倫的關係。而人倫之關係有兩大主軸。一曰「親親」，一曰「尊尊」。親親，仁也；尊尊，義也。有人倫而後有仁義，班固於漢家封建一事上，推崇高祖、武帝之廣親親，自是儒家精神的體現。至其證以《詩·雅·文王》，蓋有據六藝以立論之意。《春秋》：「僖公十有七年（前643年），春，齊人、徐人伐項氏；夏，滅項」。《穀梁傳》以爲，項國不可滅而滅之。然《春秋》之所以不書「桓公」滅項，乃因齊桓公有存亡國（邢、衛）；繼絕世（立僖公）之功，故君子爲之諱而終成其善之意。〈高惠高后文功臣表〉載，當漢世開國功臣，日益衰微，不絕如縷之時，杜業以「內恕之君樂繼絕世，隆名之主安立亡國」，建議成帝復封功臣之後曰：「雖難盡繼，宜從尤功」，於是成帝復紹蕭何。班固對此極爲讚嘆，他說：「善乎，杜業之納說也」。班固此番稱許豈非原本《春秋》，而美「繼絕存亡」之義的意思！〈外戚恩澤侯表〉亦云：

> 自古受命及中興之君，必興滅繼絕，修廢舉逸，然後天下歸仁，四
> 方之政行焉。

要使全國之政務能夠順利推行，必須使天下歸仁。要使天下歸仁，必要（但非充分）條件之一是興滅繼絕，修廢舉逸。班固此種治國之論自是本乎孔子。〈景武昭宣元成功臣表〉序云：

> 昔《書》稱「蠻夷帥服」，《詩》云「徐方既來」，《春秋》列潞子之爵，許慕諸夏也。漢興至于孝文時，乃有弓高、襄城之封，雖自外徠，本功臣後。故至孝景始欲侯降者，丞相周亞夫守約而爭。帝黜其議，初開封賞之科。

依高祖之約，則非劉氏不王，非功臣不侯。對漢家言，這是祖先遺制。但班固依《詩》、《書》、《春秋》立說，贊同景帝的作法，相對的也否定了劉邦的約制。由上述事例可見，班固對新制的建立也好；舊制的變更也好；現制的批判也好，其論據皆為儒家之《六藝》經傳。

《漢書》十志，是西京典章制度之總彙，典章制度首重創始、沿革、流變，由創始、沿革、流變之立論與批判，尤能看出班書理想之所在與思想之核心。〈律曆志〉開宗明義云：

> 《虞書》曰：「乃同律度量衡」，所以齊遠近立民信也。

這是以《虞書》之言，為古代建立律曆之目的，尋求哲學上之依據。〈禮樂志〉亦開門見山的說：

> 《六經》之道同歸，而《禮》、《樂》之用為急。

《六經》之道同歸，歸於何處？歸於一個「治」字。孔子曰：《六藝》於治一也。《禮》以節人，《樂》以發和，《書》以道事，《詩》以達意，《易》以神化，《春秋》以義」〔註3〕。〈禮樂志〉中班固亦云：

> 是時（武帝立樂府），河間獻王有雅材，亦以為治道非禮樂不成，因獻所集雅樂。

換言之，班氏以為「治國」以「禮、樂」之用最為急切。這不是儒家思想是什麼？即使是講到「刑法」——此一「必要之惡」存在的理據時，班固所根據的還是儒家而非法家之說。〈刑法志〉云：

> 故曰先王立禮，「則天之明，因地之性」也。

又說：

> 書云：「天秩有禮」，「天討有罪」。故聖人因天秩而制五禮，因天討而作五刑。

〔註3〕《史記·滑稽列傳》引孔子言。

而〈刑法志〉的最後，也是引《詩》之「宜民宜人，受祿於天」；《書》之「立功立事，可以永年」來說明「為政而宜於民者，功成事立則受天祿而永年命」，並指出這樣就是〈呂刑〉所謂的「一人有慶，萬民賴之」。而〈酷吏傳〉對於刑法原理的基本理念，更是夫子所云之「導之以政，齊之以刑，民免而無恥；導之以德，齊之以禮，有恥且格」。

〈食貨志〉也是劈頭劈腦就說：「《洪範》八政，一曰食，二曰貨」。又引孔子之言「道千乘之國，敬事而信，節用而愛民，使民以時」及「如有王者，必世而後仁」，說明國家歷二十七年之積，遺九年之食，「然後至德流洽，禮樂成焉」。這自然也是儒家的理想。

對於郊祀的看法，〈敘傳〉云：

> 昔在上聖，昭事百神，類帝禋宗，望秩山川，明德維馨，永世豐年。
>
> 季末淫祀，營信巫史，大夫臚岱，侯伯僭畤，放誕之徒，緣間而起，
>
> 瞻前顧後，正其終始。

這段話說明往古聖王之祭所當祀，而後世迷信，且侯伯、大夫僭越，所以班固要正其終始。他盛讚谷永之正言，而谷永之言又不外《論語》的「子不語怪、力、亂、神」；《易》之「東鄰殺牛，不如西鄰之禴祭」以及《詩》之「率由舊章」。此三者皆經、傳正言，而可對治班氏所指之失。故班固論郊祀亦一本儒家，宜可勿論。

至若天文星曆本史官所掌，根據「政失於此，則變見於彼」，而使「明君睹之而寤，飭身正事，思其咎謝，則禍除而福至」。但班固〈天文志〉只是「舉其占應，覽故考新」，並未多表意見。

〈五行志〉雖屬陰陽五行學說，但〈敘傳〉云：

> 《河圖》命庖，《洛書》賜禹，八卦成列，九疇攸敘。世代寔寶，光演文武，《春秋》之占，咎徵是舉。告往知來，王事之表。

足見班氏認定此一學術乃以《河圖》、《洛書》、《易》卦及《春秋》為其源頭。而班氏所以詳錄遍載，則在其「告往知來」，可為王事借鏡之功能。

〈地理志〉云：

> 昔在黃帝，作舟車以濟不通，旁行天下，方制萬里，畫埜分州，得百里之國萬區。是故《易》稱「先王建萬國，親諸侯」，《書》云：「協和萬國」，此之謂也。

自禹治洪水之後，歷三代、秦、漢。班固以為：

先王之跡既遠，地名又數改易，是以采獲舊聞，考跡《詩、書》，推
表山川，以綴《禹貢》、《周官》、《春秋》，下及戰國、秦、漢焉。

是其連體成篇，所據、所考、所綴亦皆儒家經典。〈溝洫志〉更遠本〈夏書〉，
追跡禹功。針對溝洫為「國之利害」，故據孔子「多聞而志之，知之次也」，
而備論其事。至於〈藝文志〉首六藝而後諸子；於諸子又首儒家而後各家，
則其思想之宗孔、儒，固不待言。

　　總之，自撥亂反正，以至稽古禮文，自「封侯建國」，以至「繼絕存亡」，
自「禮樂、律曆」以至「溝洫、藝文」，皆見班固本人文化成之心，並重百姓
生民之命。而此一切，不論是近議當代，指陳是非，或是遠託先王，寄其理
想，幾全本孔子之言與《六藝》經傳，班固〈敘傳〉所云：《漢書》之作，「旁
貫《五經》」，信矣。

第二節　從「時代價值」看班固之處世原則

　　一個歷史人物或一個歷史事件，在其自身所處之時代，必有其一定之作
用與價值。換言之，其歷史價值應有其客觀之標準。但後世對其評價卻隨著
時代的變化而有所不同，此現象有人稱之為歷史的「時代價格」〔註4〕。但「價
格」一詞，多就商品言，並有一定的計算標準與明確的數值，如以「時代價
值」稱之，似更合宜。「時代價值」是一種不會消失的現象。同一歷史人物，
同一歷史事件，不同立場、不同背景甚至不同族群的人，對其有不同的評價，
此之謂「因人而異」〔註5〕；不同地域、不同國家的人，對其有不同的評價，
此之謂「因地而異」；不同時代、不同歲月的人，對其有不同的評價，此之謂
「因時而異」。誠如劉修明先生所言，「時代」是個「歷史概念」，他涉及某一
時期社會生活的一切方面，故能涵蓋其他，因此吾人可總名此等因人、因時、
因地而異的現象曰：「時代價值」（之浮動）。比觀馬史、班書尤能突顯此一現
象，明白此一道理。本文並由此切入，以說明班固處世之原則並其所以異乎
史公之緣由。

〔註4〕見劉修明，〈論「時代價格」——歷史研究中的一個問題〉，《中國史研究》1981
　　　年四期，頁 121～126。
〔註5〕《史通・鑒識篇》亦云：「夫人識有通塞，神有晦明，毀譽以之不同，愛憎
　　　由其各異……斯則物有恆準，而鑒無定識，欲求銓覈得中，其唯千載一遇
　　　乎！」

一、明哲保身終始可述之理想

　　文景之時，儒學始有復興之跡，其不駁雜也固然。武帝之世，始立五經博士，董仲舒猶能說出「正其誼不謀其利，明其道不計其功」的話，史公著書也還能領略儒者立身之正。而且史公著書之前已受宮刑，「歷」死生之劫，知處死而不畏，故每置仁義於死生存亡之上，〈報任少卿書〉即云：「人固有一死，死有重於泰山，或輕於鴻毛，用之所趨異也」。這是他體貼生命的極致之言，也是「通過」痛苦之生命歷程換來的心領神會。他也自認是正義的受害者、代言人，乃至正義的化身。〈太史公自序〉說：「扶義俶儻，不令己失時，立功名於天下，作七十列傳。」而〈伯夷列傳〉說：

> 「君子疾沒世而名不稱焉。」……「雲從龍，風從虎，聖人作而萬物睹。」伯夷、叔齊雖賢，得夫子而名益彰。顏淵雖篤學，附驥尾而行益顯。巖穴之士，趣舍有時若此，類名堙滅而不稱，悲夫！閭巷之人，欲砥行立名者，非附青雲之士，惡能施于後世哉？

史公欲效孔子，而自比青雲之士，心中滿溢熱情，滿是理想，故推孔子為至聖，崇拜至於無以復加。他深崇讓德，以最大的敬意與最高的理想寫下〈五帝本紀〉、〈吳太伯世家〉、〈伯夷列傳〉。他高舉仁義，寫為朋友一切體貼，犧牲奉獻的鮑叔牙；為示守密，自刎死國的田光；助荊軻獻首為餌的樊於期；能「以富貴下貧賤、以賢能屈於不肖」的魏公子；不重萬戶侯、卿相之印，與魏齊共赴危難的虞卿；為報信陵知遇之德而不惜身命的侯嬴、朱亥；哭彭越「趣湯如歸」的欒布；「立然諾」、救張耳，體無完膚、「身無可擊」，終殺身就義的貫高；「救人於阨，振人不贍」的朱家、「不既信，不倍言」、「私義廉潔退讓，有足稱者」的諸游俠〔註6〕；「其義成或不成，然其立意較然，不欺其志，名垂後世，豈妄也哉」的刺客。他厭惡孟嘗君、汲黯與鄭當時等人的賓客的勢利；他譏刺「始居約時，相然信以死」，「及據國爭權，卒相滅亡」，以勢利交的張耳、陳餘；他感慨「富貴多士、貧賤寡友」；他悲憤「高鳥盡，良弓藏；狡兔死，走狗烹」。他敬佩以一藝聞名於世的扁鵲、倉公、日者、卜者及龜策人物；他尊重那些「盡椎理去就」，一切靠自己努力與智慧創造出財富來的人，卻討厭讀書人之諛佞及奔競於利祿之途……史公這些與死節，尚正直，崇信義，敘殺身成仁之美的史筆，都在在顯示他從較為理想的一面出

〔註6〕史公作〈游俠〉等列傳，有承認部分的公理、正義在這些人身上的意思。施耐菴寫《水滸傳》，有人以為主旨是「官逼民反」，深層的看，其實是「是非、曲直、公理、正義」不在朝廷，而在民間、在梁山。

發。蓋歷史權勢人物的判準——敬意、安全、收入乃至技藝，皆史公之所重。唯敬意（尤其是由仁義道德而來之敬意）與安全衝突時，史公每重前者而舍後者，而班固卻常與史公異趣。

　　班固於四者之中，較側重「敬意」與「安全」，並強調二者兼具之美。案人生之立德、立功、立言乃至立（大）業，總言之即是一「名」字，亦即敬意。敬意的追求是具有普遍性的，然自公孫弘開「白衣卿相」之局，國家對儒者，勸以學官，誘以利祿之後，儒學雖昌，而西京儒者亦頗或俯仰取容，耽寵持祿。何況班固「弱冠而孤」，年紀輕輕就要承擔家計，周旋人世，自有一種自我保護以求生存之意識存在。且班氏於受命著《漢書》之前又曾被捕下獄，瀕死而後幸免於刑戮，「繞過」死生之劫難，又逢明帝察察之世，故對安全之重視甚至超過了敬意。而班固在此求取「安全」的現實一面，實與劉邦合拍。固言明哲保身，而邦唯命是寶〔註7〕。故班固之欣賞、推崇劉邦，自亦不必為諱。然而固之豁達則大遜於邦。劉邦雖是最會隨天縱之資操弄現實之人，但隨其生命之承擔、昇華，卻愈見其載負理性，此可於其極寵戚姬而不易太子見之。班固在歷史理念中，則始終選擇「現實」。然所謂「現實」，亦不過上綱到極簡別之概括。實則，其對安全的理念，並非如此之略陋，甚至可以孔子作一衡量之判準。

　　孔子之於現實，常委曲求全，或求其理想達到某種程度之實現。《論語‧子路》載：

　　　　葉公語孔子曰：「吾黨有直躬者，其父攘羊，而子證之。」孔子曰：
　　　　「吾黨之直者異於是。父為子隱，子為父隱，直在其中矣。」

此為完成父子之倫，而委曲者。《史記‧孔子世家》亦載：

　　　　公山不狃以費畔季氏，使人召孔子。孔子循道彌久，溫溫無所試，
　　　　莫能己用，曰：「蓋周文武起豐鎬而王，今費雖小，儻庶幾乎！」欲
　　　　往……然亦卒不行。

孔子雖不行，然已起心動念。〈世家〉又載孔子不得已見衛靈公夫人南子，而導致子路之不悅，孔子還因此發誓說：「予所否者（所行有不合於理者），天厭之！天厭之！」又載子畏於匡，與蒲人盟無適衛。但蒲人一放孔子，孔子就去衛國，他的解釋是：「要盟也，神不聽。」《論語‧衛靈公》亦云：「君子

<hr />

〔註7〕　〈高祖紀〉載邦危急時，推墜孝惠、魯元二子。當然，劉邦有劉邦的想法，
　　　　或許他認為其同車共載被擄，不如留命成大業再為子女報仇。然以滕公之收
　　　　載漢惠、魯元，則知情況並非如此至急。

貞而不諒。」這大概就是子夏所說的「大德不踰閑，小德出入可也」，也是何以孔子成爲聖之時者的原因吧。當然，孔子絕對有其堅持，但孔子絕不像孟子。孟子容易將問題上綱爲義利之辨，再由義利之辨，無限上綱爲死生存亡之擇。所謂「王何必曰利，亦有仁義而已」矣；所謂「魚與熊掌不可兼得，舍生而取義也」；所謂「自反而縮，雖千萬人吾往矣」；所謂「聞誅一夫紂矣，未聞弒君也」，此見孟子是「寧爲玉碎，不爲瓦全」的。孔子則不必然，他只說：「志士仁人，無求生以害人，有殺生以成仁」，他常顯揚美善的一面，故曰：「吳太伯可謂至德也已矣」；「大哉！堯之爲君也」；「禹，吾無間然矣」。他強調一切盡己、推己。但人總有面對終極問題的時候，故孔子有列國之流離，有夾谷之行誅，有去兵、去食，民無信不立之言論。

　　如果說孔子的處世原則有堅持、有彈性，是中庸而圓融的。以此爲判準，則孟子是偏右的。至於班固之處世原則，則相當清楚的偏向左邊。〈幽通賦〉之卒章云：

> 亂曰：「天造屮昧，立性命兮，復心弘道，惟聖賢兮。渾元運物，流不處兮，保身遺名，民之表兮。舍生取義，亦道用兮，憂傷天物，忝莫痛兮！」

班固認爲能復見天地之心，恢弘大道的，惟聖人爲能，非一般人可及。天地渾元之氣，運轉萬物而不停止，雖然舍生取義亦道用之一端，但不達性命之旨，自取憂傷，爲物所夭，人生的受辱痛苦莫過於此，惟保身遺名，爲能爲民表率，這是班固所讚嘆稱美與追求的目標。

　　〈雋疏于薛平彭傳〉載雋不疑，治《春秋》，進退以禮，曾說暴勝之云：「凡爲吏，太剛則折，太柔則廢，威行施之以恩，然後樹功揚名，永終天祿。」又載其爲京兆尹嚴而不殘，以捕僞戾太子而聲名重於朝廷，霍光欲以女妻之，固辭不肯當，後以病免，京師紀之。班固稱：

> 雋不疑學以從政，臨事不惑，遂立名跡，終始可述。

人生成聖固難，但能明哲保身亦屬不易。雋不疑有學有術，既能成功當代，聲施後世，並在險惡的政治環境中，知所進退，得以善終，這叫「終始可述，明哲保身」，這是班固所欣羨仰慕的第一流人物，也是他的理想目標。

二、知所進退量力而爲之彈性

　　〈雋疏于薛平彭傳〉又載疏廣少好學，明《春秋》，爲太子太傅，其兄子疏受爲少傅。疏廣深知「知足不辱，知止不殆」之理，因而「宦成名立」之

後，便與疏受致仕還鄉，享受人生以終。班固贊曰：

> 疏廣行止足之計，免殆辱之累，亦其次也。

俗諺說：「上臺靠機會，下臺看智慧」，疏廣任職朝廷，仕官至二千石，或有機會更上層樓，但他考量「如此不去，懼有後悔，豈如父子相隨出關，歸老故鄉以壽命終，不亦善乎？」這雖也「終始可述，明哲保身」，但於「儒者當積極用世」的責任承擔與志心勇氣稍遜，故班固說「亦其次也」。

至如少學法，後學《春秋》，爲人謙恭，尤重經術之士，任職廷尉，理獄愼謹，後爲丞相，以關東流民，父子相棄，成帝責問而乞骸骨返鄉養老，終於家的于定國，雖亦「明哲保身」者流，但遭君主怪罪而後退，罪或非其有，但已不算「終始可述」了。

至於薛廣德以《魯詩》教授，做過博士、論石渠，後爲御史大夫，諫成帝勿事游樂，而有「陛下日撞亡秦之鐘」之語；諫勿嚮樓船而免冠頓首，並以「臣自刎，以血汙車輪，陛下不得入廟矣」之激烈行爲欲以死諫成帝，後也因災亂，與于定國等請求致仕返鄉，帝賜于、薛二人安車駟馬，而薛廣德懸其安車傳子孫。又平當以明經爲博士，每有災異則傅會經術而言得失，以治行累遷，後以議「遂成昌陵」及淳于長「不應封爵」忤帝旨左遷，哀帝時，爲御史大夫遷丞相，病篤不受上所欲封。而彭宣以治易爲博士，官至大司空，後因王莽專權而求退。班固稱述這些人說：

> 于定國父子哀鰥哲獄，爲任職臣。薛廣德保縣車之榮，平當逡遁有
> 恥，彭宣見險而止，異乎「苟患失之」者矣。

以上六人班固皆予正面之肯定，不論他們是否終始可述，他們至少做到兩點：第一，他們說辭官就辭官，不在祿位上既患得之，又患失之；第二，他們最後都得善終，而其所以能得善終，實又由於不在祿位上患得患失。這說明他們在某種層次上已能做到「明哲」「保身」，故爲班固所推崇。

蓋班固撰史，對近世王鳳、王莽等權奸，排忠良、陷正直極端厭惡，又處理性苛察之時代，對官吏之動輒得咎有極深之感慨。故不全然站在價值判斷的觀點，重許殺身成仁、舍身取義，反而多站在歷史判斷的觀點，體念人生之艱難，深惜身命之可貴。〈翟方進傳〉載，平帝崩，王莽居攝，翟方進之子翟義起兵討莽，以爲「設令時命不成，死國埋名，猶可以不慚於先帝」。後兵敗被殺，夷滅三族，誅及種嗣。班固引司徒掾班彪之言曰：

> 當莽之起，蓋乘天威，雖有賁育，奚益於敵？義不量力，懷忠發憤，

以隕其宗，悲夫！

即使是食君之祿，死君之事，因忠發奮，在班固看來，亦須量力而爲，尤其事愈大者，禍亦愈慘。安全不僅就自身言，亦就親戚宗族言。如霍光者流，雖功同尹、周，但善始卻不善終，死不數年，而宗族夷滅，不克慶流子孫，此事足言遺憾，何況慘烈如翟義者哉。

〈何武王嘉師丹傳〉載，御史大夫何武爲人有經術，「正直」、「仁厚」，「好進士，獎稱人之善」後以反對王莽任大司馬，與公孫祿互相稱舉免官，終爲王莽誣陷「自殺」。丞相王嘉爲人剛直有威重，哀帝欲侯董賢，王嘉封還詔書，後爲治東平王獄之梁相、鞫譚、宗伯鳳等辯白忤哀帝，繫詔獄二十餘日，「不食」歐血而死。一代儒宗兼爲帝師的大司空師丹，以反對傅太后稱尊號不合上意，後以小過免，廢歸鄉里數年，平帝即位，封爲義陽侯，月餘薨。班固贊此三人說：

> 當王莽之作，外內咸服，董賢之愛，疑於親戚，武、嘉區區，以一蕢障江河，用沒其身。丹與董宏更受賞罰，哀哉！故曰「依世則廢道，違俗則危殆」，此古人所以難受爵位者也。

姑不論何武、王嘉是否是爲了爵位，但班固於此指出人生處世的艱難，他不章表推崇翟義的死國高志、何武之公正廉直與王嘉之磅薄節烈，而發皇之、壯闊之，以標舉一不朽之精神，卻說他們以區區小命，在董賢、王莽得勢如日中天時與之對抗，譬如以一蕢攔阻江河，以螳臂擋大車，「奚益於敵」？「違俗則危殆」，班固看出這點，而欲消彌之。在如何排除危殆這方面，他的觀念甚至有些偏向道家。〈王章傳〉載：

> 初，章爲諸生學長安，獨與妻居。章疾病，無被，臥牛衣中，與妻決，涕泣。其妻呵怒之曰：「仲卿！京師尊貴在朝廷人誰踰仲卿者？今疾病困厄，不自激卬，乃反涕泣，何鄙也！」後章仕宦歷位，及爲京兆，欲上封事，妻又止之曰：「人當知足，獨不念牛衣中涕泣時耶？」章曰：「非女子所知也。」書遂上，果下廷尉獄，妻子皆收繫⋯⋯章果死，妻子皆徙合浦。

王章雖素剛直，此次上封事，更係針對擅權持政的王鳳而發，成帝亦幾乎聽從王章之言而處理王鳳。但從其妻「人當知足」之言，不難發現，王章之欲去王鳳，雖亦直道而行，但此事充滿危機，成則可能晉爵封侯，遂行理想；敗則入獄受死，萬劫不復。果然王章在扳不倒王鳳後不久，即遭反噬。班固

贊說：

> 王章剛直守節，不量輕重，以陷刑戮，妻子遷流，哀哉！

其稱美章剛直守節，則王鳳當除之意，已溢於言表。但對於他一家悲慘的遭遇，更有責怪王章自不量力的意思。

安全在班固看來，固然重要，也是班固現實的一面，但他認為既為政府之一員，尤其是三公的高位，終究必須承擔責任，無所逃於天地之間。否則只好離開，不要尸位素餐。〈匡張孔馬傳〉說：

> 自孝武興學，公孫弘以儒相，其後蔡義、韋賢、玄成、匡衡、張禹、翟方進、孔光、平當、馬宮、及當子晏咸以儒宗居宰相位，服儒衣冠，傳先王語，其醞藉可也，然皆持祿保位，被阿諛之譏。彼以古人之跡見繩，烏能勝其任乎！

所謂古人之跡，意指「以道事君，不可則止。」班固認為以此為判準，則以上這些人都不合格。公孫弘固無庸論，如匡衡「經學絕倫」，但依附石顯，先既不敢違失其意，在當時白奏行罰，後又與人共同條奏石顯之惡；張禹「經學精習」，但為相六年，一無建樹，只知為己求地、為婿求遷、為子求官，最後更完全為子孫著想而推崇王根；至於聖人之後、帝師之子「經學尤明」的孔光，雖一生議論大體平正，但議中山王、定陶王誰宜為嗣時，既以中山王當嗣，結果定陶嗣位，孔光並未謝病去職；而且翟方進剛薨，哀帝召孔光，欲拜為相，也已刻侯印書贊，適逢哀帝暴崩，孔光不但不先悼君、相之死，反而「即其夜於大行前拜受丞相博山侯印綬」，最後更被王莽利用為搏擊異己之工具，而孔光「憂懼不知所出」。至於馬宮前與王莽之意相左，後雖封侯拜相，卻因利祿乞憐悔過，讓莽玩弄股掌之上；而翟方進一生「持法刻深」、「舉奏牧守九卿，峻文深詆」，陰謀「中傷者尤多」，雖一切於法有據，被劾者亦罪有應得，但翟方進終非站在公忠體國的立場，而是舞私排敵，為己位設想。只有平當，班固既稱其「逡循有恥」，似乎不該又說他「持祿保位，被阿諛之譏」。以上這些人，依班固之意，應當合則來，不合則去，蓋君子立身處世本亦一場賽局（Game）〔註 8〕，在考慮不違基本原則之情況下，任何人都該知

〔註 8〕　賽局理論（Game theory），是馮紐曼（Von neuman）在五十餘年前所創立的一套理論。其立論之基處礎是：在一個群體之中，個人之成敗，不僅取決於個人之決策，更取決於個體與個體之間的互動與回饋。如果忽略了其他個體之可能反應，則個人之決策即非理性之選擇。現在此理論已被廣泛的應用，尤其在管理學之領域，已成專科之學門。

所進退。如果已經盡力,為了原則之堅持與自身的安全就該退避,但不該一開始便抱定不參加的心態。〈王貢兩龔鮑傳〉贊說:

> 《易》稱「君子之道,或出或處,或語或默」,言其各得道之一節,譬諸草木,區以別矣。故曰山林之士往而不能反,朝廷之士入而不能出,二者各有所短。

在班固看來,人既已生在世間,則總要用世,而與其苟合取容、寅緣攀附、阿諛逢迎,以保住官爵,爭取關愛眼神,不如守節安道,贏得清名。所以贊又云:

> 春秋列國卿大夫及至漢興將相名臣,懷祿眈寵以失其世者多矣!是故清節之士於是為貴。

當然,班固以牢獄過來人之身份,深入西京歷史,多見政治之鬥爭,故深體歷史之艱辛,處世之難全。〈蓋諸葛劉鄭孫毋將何傳〉載,毋將隆曾切諫成帝不應發武庫兵,護送寵臣董賢及乳母王阿舍;傅太后賤值買取官婢,毋將隆又奏請宜更平值與之,但他為冀州牧時,卻曾與史立、丁元共誣曲奏告馮太后;孫寶曾堅持「禮有來學,義無往教」之理念,為丞相司直時,更曾劾奏帝舅紅陽侯王立;傅太后冤陷馮昭儀,令自殺,孫寶亦奏請覆治,但他亦曾受淳于長之託而不治杜稚季。故班固說:

> 孔子曰:「吾未見剛者。」以數子之名跡,然毋將汙於冀州,孫寶橈於定陵,況俗人乎!

人之一生,要成為真正的剛者的是不易。「柔自取束,強自取柱」。柔者取容,班固不屑,剛者往往遭受挫折、迫害而喪失志氣乃至生命,尚有何可言。所以班固不願將剛直的道德要求加諸常人之上。

然則,人生總有不得已之時,總有須「當仁不讓」的時後。有些事你不做總有人會做,可是有些事你不做,便沒有人做了。於此即使犧牲生命也是值得稱美的〔註9〕。〈欒布傳贊〉曰:

> 賢者誠重其死。夫婢妾賤人,感慨而自殺,非能勇也,其畫無俚之至耳。欒布哭彭越,田叔隨張敖,赴死如歸,彼誠知所處,雖古烈士,何以加哉!

〔註9〕范曄於〈班彪傳論〉曰:「彪、固譏遷,以為是非頗謬於聖人。然其議論常排死節,否正直,而不敘殺身成仁之為美,則輕仁義,賤守節愈矣」。案班彪謂馬遷:「序貨殖,則輕仁義而羞貧賤」,班固改謂:「述貨殖則崇勢利而羞貧賤」,足見他並未譏遷輕仁義,甚至認為其父之譏刺不妥。

但任何事不到最後關頭，不是走投無路，不是沒有替代方案，自殺總非良策，總非智勇之舉。故〈晁錯傳〉贊曰：

> 晁錯銳於爲國遠慮，而不見身害。其父睹之，經於溝瀆，亡益救敗，
> 不如趙母指括，以全其宗。

而〈張耳傳〉末載貫高平反趙王張敖之罪並獲赦後，亦只載貫高「乃仰絕亢而死」，而刪去「當此之時，名聞天下」八字。

　　總之班固在時代大環境與自身特殊之經歷影響下，他認爲人生世間，畢竟不能如山林之士的往而不返，隱於泉林，終了一生。但要道濟天下，有用於世，也該直道而行，不可苟合取容，寅緣攀附。如果環境與時勢不容許，便該知足知止，急流勇退，不可懷祿耽寵而辱名傷身。如果情況失控，求生亦不得，求退亦不能，則只有守死善道，贏得清譽。或有當仁不讓，則唯盡義求仁；如有一線可攀，終須求全身命。他更認爲處世是一種「智慧」，一個真正有智慧的人，不僅善立名跡，終始可述，更不會輕易地讓自己陷於險境。當然這是十分不易的，放眼西京，不過數子而已。因爲這其中除了智慧，還須有機運的配合。

三、實際行爲與處世原則之落差

　　由前二小節可知，班固的處世原則是貼近孔子的，而所謂的現實，也是相對於史公言。前面雖言班固立場儒家，以儒家思想爲中心，實則他是以孔子爲其生命的終極指標的。其處世原則，相對於史公言爲現實，但相對於世俗言，卻顯示其部份之理想性。

　　然而，吾人亦不能否認，班固於歷史之理念中，雖保有部份之理想性，但其個人處世之實際行爲，卻與其歷史理念有者極大的落差。他的一生幾乎都在追求權勢並避免得罪人。他始弱冠就奏記說車騎將軍東平王劉蒼，雖係推薦人材，但薦文所言「願將軍隆微照之明，信日仄之聽……令塵埃之中，永無荊山汨羅之恨」，又豈無自進之意。既然得不到東平王關愛之眼神，於是班固只好拾乃父之舊業。及劉蒼罷歸藩國，固亦因著史入獄，其後赦出爲蘭台令史，他努力表現，完成不少東漢之相關史業，遷爲郎後，正逢京師修起宮室，於是作〈兩都賦〉，稱美光武「仁聖之事既該，帝王之道備矣」，深讚永平之世「下舞上歌，蹈德詠仁」，頌曰「盛哉乎斯世」，但不數年，又以「二世才術，位不過郎」，遂作〈答賓戲〉以自通。永平十七年（74 年），明帝因神雀群集京師，詔上神雀頌，結果「文武瓦石，惟班固、賈逵、傅毅、楊終、

侯諷五頌金玉」〔註10〕，次年又因明帝之問，而上《典引》高歌漢德。章帝即位，他愈得幸，除數入禁中讀書，也應對左右，也曾替司空第五倫撰寫〈薦謝夷吾表〉（可見第五倫也知他善寫薦書）〔註11〕，其後他升爲玄武司馬，章帝建初四年（79年），他與諸王諸儒會白虎觀，講論五經同異。大概因爲「性寬和容眾」，被付予紀錄之任，而成《白虎通德論》。

和帝永元（89～104年）初，大將軍竇憲出征匈奴，以班固爲中護軍。但這之前竇憲早已無法無天。《後漢書》本傳記載，謁者韓紆曾考劾竇憲的父親竇勳之獄，竇憲得勢就令客斬韓紆兒子的頭祭其父之墳。都鄉侯劉暢得幸太后，竇憲恐其得幸分權，派人殺暢於屯衛之中，然後嫁禍給暢弟劉剛，還遣吏雜考劉剛等人。其後事發，太后大怒，關竇憲於內宮。第五倫也曾指出，竇憲以椒房之親，但「諸出入貴戚者，類多瑕釁禁錮之人，尤少安貧之節，士大夫無志之徒更相販賣，雲集其門」〔註12〕。其「征匈奴，海內供其役費，憲與其弟篤、景並起宅第，驕奢非法，百行苦之」，郅壽因朝會譏刺憲等，結果竇憲誣陷以買公田誹謗，下吏當誅〔註13〕；議郎樂恢也上書諫爭憲伐匈奴，而朝廷稱其忠〔註14〕，這些事班固不可能事先不知。當時朝廷也不乏樹之風聲的正直之士，范曄所謂的「袁、任二公正色立朝，樂、何之徒抗議柱下」即是明例。但他卻不站在正義的一方，而甘爲國家大蠹的屬下。雖然「士爲知己者用」，但「友直」也很重要，《後漢書·崔駰傳》載：

憲擅權驕恣，駰數諫之。及出擊匈奴，道路愈多不法，駰爲主簿，前後奏記數十，指切長短。

而同在幕府的班固卻從未見其對竇憲片言支語的勸諫，連「不可則止」的一試也沒有。

班固深入前朝歷史，竟未能記取教訓，老壯追隨聲勢如日中天的竇憲，竟不能明智的發現自己的墮落與危險，乃至奴僕之橫行亦未能予以適當之管束而防範於未然，實爲可惜。他雖深痛漢武開啓邊釁，致中國之不寧，但乃弟出塞萬里，遠伐異域，未聞一書之戒勸；竇憲北出朔方，深入漠野，不見一言之諫止，功成封山，大書燕然，雖或不得已而作，然玩其銘文，早忘史

〔註10〕見《論衡》。
〔註11〕見《後漢書·謝夷吾傳》。
〔註12〕見《後漢書·第五倫傳》。
〔註13〕見《後漢書·郅渾傳》。
〔註14〕見《後漢書·樂何傳》。

書之言，論高行卑，未免鄙陋！至其高唱「明哲保身」，然亦智及之，而不能守之，終於身殺名裂，爲後世戒。走筆至此，不禁令人想起「我們從歷史中所能學得的唯一教訓，就是歷史不能給我們以任何之教訓」，這樣的一個歷史的弔詭。

第三節　從價值判斷看班固之客觀意識

　　所謂價值判斷（value judgement），也就是歷史知識的客觀性問題。在吾人的想法裏，總希望著史的史家應該保持公正不阿，不偏不倚的態度。但事實是否如此，或是所謂的客觀能達到什麼樣的程度？這些問題總是伴著歷史的研究出現。一般而言，問「歷史是否客觀？」是不切實際的。但當人們評論某一部史著時，就存在可評論的標準。就《漢書》言，或以爲班固係「爲漢代的統治者而著書」，「其意在尊漢」，此可以徐復觀先生爲代表〔註15〕；或以爲班固著《漢書》，「不失客觀」，此可以朴宰雨先生爲代表〔註16〕；或以爲《漢書》有「客觀無私」之精神〔註17〕，此可以王明通先生爲代表。案此三說皆各有所據，但卻非所言皆眞。於不得已，朴最近之，然其所論亦不甚周延。

　　當然，「尊漢」未必見得就「不客觀」；所謂的「客觀無私」，亦未必不可刪削史實。但如王明通先生〈班固鎔裁之探究──史記項羽本紀與漢書項籍傳文字比較研究中〉中所述〔註18〕，就有問題了。王明通云：

　　　班氏《漢書》，奉詔著述，以史臣之體爲之，故其旨在揚漢功德，媲
　　　美三代。全書中多見尊顯（著）漢室之文，而其刪史處，亦有此意。
　　《史記》：
　　　　楚兵已破於定陶、懷王恐，從盱台之彭城，并項羽呂臣軍自將
　　　　之……以沛公爲碭郡長、封爲武安侯，將碭郡兵。
　　此段文字，《漢書》悉於刪省，徐復觀曰：

〔註15〕徐復觀先生之說，見氏著，《兩漢思想史》，卷三〈史漢比較研究之一例〉（臺北：學生書局，民國78年2月），頁477。
〔註16〕韓國學者朴宰雨之說，見氏著，《史記漢書比較研究》（北京：中國文學出版社，1994年8月），頁61。
〔註17〕王明通先生之說，見氏著，《漢書導論》（臺北：康橋出版事業公司。民國76年1月），頁115～120。
〔註18〕《臺中師院學報》第五期，民國80年6月，頁214～227。

> 劉邦既假「爲義帝發喪」之名以攻項羽,則對懷王防嫌項羽的
> 情行形,應盡可能地以掩覆。

又云:

> 將「項王即日留沛公與飲」的座次一段,完全刪掉,因爲在這
> 一座次中,以「項王項伯東嚮坐」爲最尊,「亞父南嚮坐」次之,
> 「沛公北向嚮坐」乃屈居人臣北面之位,在班氏看來,這是很
> 不光榮的,所以非加隱瞞不可。

所說可資參考。又《史記》:

> 楚地皆降漢,獨魯不下……魯最後下故。

一段文字,敘述魯國不降之始末,班氏移之高紀,或以魯守禮義,
爲主死節,漢王不屠之,意有顯揚漢帝之仁之義乎?

王明通先生在其《漢書導論》第二章〈客觀無私〉一節中,曾以「不屈威勢,
不掩其惡」、「美惡不相掩」、「并存異說」、「書疏傳人」、「舉事見意」、「不爲
激詞」及「善於因人」等七項來證明《漢書》客觀無私的撰作精神。但由上
述〈裁鎔〉一文所言「班氏漢書,奉詔著述,以史臣之體爲之,故其旨在揚
漢功德」,以及對徐復觀先生之意見加以同意看,似乎王明通對班氏撰史之是
否客觀,已有所動搖,或自相矛盾而不自覺。之所以會產生此種現象,其實
是跟有否眞正的剖析《漢書》之客觀性,以及有否正確的了解《漢書》之「尊
漢」有絕對的關聯。故本文擬對《漢書》之客觀性從新探究,以求得問題之
解決。而在此之前,先須對《漢書》「尊漢」之誤解做一澄清。

一、誤解之澄清

徐復觀、王明通二位先生之所以對班固的「尊漢」產生「過度推論」之
情形,乃由於二人誤解了班固〈敘傳〉中,敘述他著史動機的一段話〔註19〕。
徐復觀先生就彼段文字而下評論說:

> 由此可知,班氏不滿史公將漢代「編於百王之末,廁於秦項之列」。
> 故特以前漢爲起訖,稱爲《漢書》,以與唐虞三代之書,爭光並美;

〔註19〕 〈敘傳〉云:「固以爲唐、虞三代,《詩、書》所及,世有典籍,故雖堯舜之
盛,必有典謨之篇,然後揚名於後世,冠德於百王,故曰「巍巍乎其有成功,
煥乎其有文章也!」漢紹堯運,以建帝業,至於六世,史臣乃追述功德,私
作本紀,編於百王之末,廁於秦、項之列。太初以後,闕而不錄,故探纂前
記,綴輯所聞,以述《漢書》」。

其意在尊漢，爲漢代的統治者而著書，決無標榜斷代之意。〔註20〕
其實那段文字作爲《漢書》總序之綱領，有其「體面」、「堂皇」之作用。漢德果眞能媲美於三代乎？班固稱史臣追述「功德」，司馬遷的用意是如此嗎？他筆下的劉邦近於有德之人還是無賴之徒？《後漢書・班彪傳》載彪之〈後傳〉曰：

> 唐虞三代，《詩》、《書》所及，世有史官，以司典籍。

班固在〈敍傳〉中采其父〈後傳〉之言並改爲：

> 固以爲，唐虞三代，《詩》、《書》所及，世有典籍。

他不是史官，也不認爲自己是史官，但他對於「世有典籍」的這分使命感，卻欲一肩承擔之，可見他爲的是要留「著作」於人間。再詳析班固用語邏輯：「就算是有」「堯舜之盛」，「也必需賴」「典謨之篇」，「然後才能」「揚名於後世」。班固之此段文字，重點不在「揚漢功德」，而在「典謨之篇」、在「煥乎其有文章」不是很清楚嗎？至於「典謨之篇」、「煥乎文章」之產生，則是有「使命感的人」，努力的成果。換言之，班固之意是在以「載筆史家（不是史官）」之使命自任了。至其對司馬遷的批判，則有與之較勁而顯揚自身之意。

司馬遷也曾於〈太史公自序〉中載其父之遺言與自己應答之言曰：

> 「余死，汝必爲太史；爲太史，無忘吾所欲論著矣。且夫孝始於事親，中於事君，終於立身。揚名於後世，以顯父母，此孝之大者……今漢興，海內一統，明主賢君忠臣死義之士，余爲太史而弗論載，廢天下之史文，余甚懼焉，汝其念哉！」遷俯首流涕曰：「小子不敏，請悉論先人所次舊文，弗敢闕。」

司馬遷明言要「悉論先人所次舊文弗敢闕」，而他並未特別「尊」這些「明主賢君」，其重點也不在「漢興，海內一統」的「明主賢君」，而在「論著顯親」。何況漢興以來，這些帝王，是否眞是「明主賢君」，還是一個問題，所以這也是「體面話」。《漢書・儒林傳》云：

> 六藝者，王教之典籍，先聖所以明天道，正人倫，致至治之成法也……孔子……自衛反魯，然後樂正，〈雅頌〉各得其所。究觀古今之篇籍，乃稱曰：「大哉，堯之爲君也！唯天爲大，唯堯則之。巍巍乎其有成功也，煥乎其有文章！」又曰：「周監於二代，郁郁乎文哉！

〔註20〕見同註15，頁447。

> 吾從周。」於是⋯⋯因魯春秋，舉十二公行事，繩之以文武之道，
> 成一王法，至獲麟而止。

孔子之稱堯「巍巍乎其有成功也，煥乎其有文章」，固然是兩者皆美，其《春秋》，雖亦有感於堯德、周文，而欲效之，但所述春秋之事，卻是「舉十二公行事，繩之以文武之道」，甚至是「貶天子，退諸侯，討大夫」。他豈是因「尊十二公」而著《春秋》？而尊不尊「十二公」，實無妨《春秋》是否為「煥乎文章」。同樣地，本質上，班固尊不尊漢，亦無妨《漢書》之為「煥乎文章」否。只是班固這些體面話，是對自己有幫助的。蓋堯、舜之盛與〈典、謨〉之篇，正可相得益章。漢代如可尊可敬，則漢史自也煌煌有光。班固之表顯漢代，不也有尊榮己著的《漢書》之意嗎？

〈敘傳〉在說明所以作《漢書》之緣由後，接著說又：「起元高祖，終於孝平王莽之誅，十有二世，二百十年，綜其行事，旁貫五經，上下洽通，為春秋考紀、表、志、傳，凡百篇」。可見班固更是有意的將「帝紀」等同地視為「考覈時事，具四時以立言」的《春秋》史筆，其言「旁貫五經」，亦見其持志之正。《後漢書・竦梁傳》也載：

> 竦閉門自養，以經籍自娛，著書數篇，名曰《七序》。班固見而稱曰：
> 「孔子作《春秋》而亂臣賊子懼，梁竦作《七序》而竊位素餐者慚。」

是他之作《漢書》，實有與聖人同是非之觀念，焉有所謂「為尊漢而著書」之事哉？

正確理解班固〈總序〉文意之後，再來看看王、徐二人所舉之事例。有關《史記》記載，楚兵已破於定陶，懷王恐，從盱台之彭城，並項羽、呂臣軍自將之，而《漢書》全于刪除乙節，徐復觀以為「劉邦既假為義帝發喪之名以攻項羽，則對懷王防嫌項羽的情形，應盡可能地以掩覆」一節，其實可從相關之史實加以說明。依《史記・高祖本紀》所載：

> （漢王）南渡平陰津，至雒陽，新城三老董公遮說漢王，以義帝死故。漢王聞之，袒而大哭，遂為義帝發喪，臨三日。發使者告諸侯曰：「天下共立義帝，北面事之。今項羽放殺義帝於江南，大逆無道⋯⋯。

不但看不出，三老攔劉邦之路獻計，是本「縱橫」之意，要劉邦「善用」義帝之死，反而顯現劉邦的幾分真誠。但班書〈高帝紀〉詳錄董公遮說漢王之辭與漢王之舉：

臣聞「順德者昌，逆德者亡」，「兵出無名，事故不成」。故曰：「明
其為賊，敵乃可服。」項羽為無道，放殺其主，天下之賊也。夫仁
不以勇，義不以力，三軍之眾為之素服，以告之諸侯，為此東伐，
四海之內莫不仰德。此三王之舉也。漢王曰：「善，非夫子無所聞。」
於是漢王為義帝發喪，袒而大哭，哀臨三日。發使告諸侯……（共
擊項羽）。

則明白顯示劉邦在「利用」義帝之死，而絕無真哀義帝之心。蓋劉邦果哀義
帝，則不待三老董公之遮說，即當為義帝發喪哭臨，高舉義旗，誅除無道。
而且劉邦數項王十條大罪之時，第一條就是項羽背約不王己於秦。班固果為
劉邦掩覆史實，就應該刪去董公遮說漢王這一段，直書：

漢王南度平陰津，至洛陽，為義帝發喪，袒而大哭，哀臨三日，發
使告諸侯……（共擊項羽）。

（這樣不是省事多了嗎？）然後將項王之弒義帝列於十罪條之首，而非大費
周章，隱瞞掩覆懷王防嫌項羽之事，才達到間接尊崇劉邦的效果。

再者，班固果為掩覆義帝對項王之防嫌，則何不刪除「項羽怨秦破項梁
軍，奮，願與沛公西入關」，而懷王「卒不許項羽」，「獨遣沛公西略地」這一
段？這也是項羽不滿懷王的原因啊！

同樣的道理，班固既坐實淮陰之反〔註21〕，則何不也刪除，項王圍城皋，
高帝逃宿小脩武，自稱使者，而奪韓信軍之事？或此事只在〈韓信傳〉中說，
而〈高帝紀〉則不提？為何〈韓信傳〉中三次提及漢王收奪韓信軍事〔註22〕？
又果真班固「尊漢」至復觀先生所說地步，為何連危急時推子女下車，以及
高帝九年置酒未央前殿，問太上皇「始大人常以臣亡賴，不能治產業，不如
仲力，今某之業所就孰與仲多？」「群臣大笑為樂」之事，也給記上？劉邦既
誅彭越，班固又為何於〈欒布傳〉詳載欒布對劉邦說梁王彭越之冤辭：

方上之困彭城，敗滎陽、成皋間，項王所以不能遂西，徒以彭王居
梁地，與漢合從苦楚也。當是之時，彭王壹顧，與楚則漢破，與漢
則楚破。且垓下之會，微彭王，項氏不亡。天下已定，彭王剖符受
封，欲傳之萬世。今帝壹徵兵於梁，彭王病不行，而疑以為反。反

〔註21〕《漢書高帝紀》：「十一年……春正月，淮陰侯韓信謀反長安，夷三族。」
〔註22〕除高帝自稱使者，奪信軍外，〈信傳〉又載，信之下魏、代，漢輒使人收其精
兵；項羽死，高祖襲奪信軍，徙信為楚王，都下邳。

形未見，以苛細誅之，臣恐功臣人人自危也。

又說「上乃釋布，拜爲都尉」，如此豈非彰顯坐實劉邦有負於彭越嗎？又爲何《史記》云：「項王欲自王，先王諸將相」，班固卻於〈項羽傳〉刪之，爲何班固將〈項羽本紀〉的「漢王部五諸侯兵，凡五十六萬人，東伐楚」，改爲「漢王『劫』五諸侯兵……」難不成也有「尊項」之意？爲何班固將〈淮陰侯列傳〉之「漢王困於固陵」，改爲「漢王敗於固陵」，難不成也有「貶劉」之意？

至於鴻門座次，於史公言，固有深意；於班氏言，或乃末流細節，書之固有其意義，不書亦無傷大雅，何況撰史也講究「詳人所略，異人所同，重人所輕，忽人所謹」，故無礙歷史之眞實與事件之價值者，如鴻門座次等細節亦可刪除。其實，班固連項王欲烹太公，以要挾下漢，劉邦答以「吾翁即若翁，必欲烹而翁，則幸分我一桮羹」，以及直錄冒頓單于致高后書，這等嚴重違背儒家倫常之事，嚴重侮辱漢家之事〔註23〕，皆未刻意的予以刪除，爲邦遮羞，反添增史料，使漢現醜，足見固之爲史，大體皆以史實與敘事爲考量，而非以「尊漢」爲考量。蓋史料之取舍，史家自有其簡繁之定見，非全面之觀照，不宜輕言其取舍必然有某種「扭曲」之目的。果眞皆有「特定」、「扭曲」而非「一般」、「正常」之目的，史著豈有完膚？又何歷史眞象之可言？

復觀先生還指出，文帝後元年（前163年），《史記》載「其歲，新垣平事覺，夷三族」，《漢書》改爲「其歲，新垣平詐覺謀反，夷三族」，並說：

> 新垣平一介江湖術士，如何有謀反之可能？文帝以自己受騙，故「夷三族」以洩憤；班氏輕輕加上「謀反」兩字，以見謀反爲理所當然。這種隨意捏造罪名的記載，有傷歷史的良心，此乃出於班氏尊漢之心太過。〔註24〕

新垣平當然無法造反，但罪名絕非班氏捏造，觀《史記》所載數處秦漢以來夷三族之罪者，無一而非謀反〔註25〕，蓋唯有反者，始得判夷三族之罪，此

〔註23〕須知班固立〈高后紀〉，是以劉邦之正室、國家最高之統治者視之。

〔註24〕見同註15，頁495～496。

〔註25〕〈高祖本紀〉：「九年，趙巷貫高等事發覺，夷三族」；「……年春，淮陰侯韓信謀反關中，夷三族」；〈六國年表〉：「趙高反……子嬰立，刺殺高，夷三族」；〈欒布列傳〉：「漢召彭越，責以謀反，夷三族」；李斯亦以被控謀反，而夷三族。

或王朝羅織而檔案見載其罪其刑，故班氏照實錄之，決非出於尊漢之故。蓋
〈五行志〉載此事云：

> 趙人新垣平以望氣得幸，爲上立渭陽五帝廟，欲出周鼎，以夏四月，
> 郊見上帝。歲餘懼誅，謀爲逆，發覺，要斬，夷三族。

因懼怕騙局終將洩底見殺，而謀爲逆，此亦不無可能，然依漢廷之刑，謀爲
逆就算造反，故班氏依刑直書，這跟尊漢有何關連？何況班氏自身幾陷刑獄，
其於漢刑感慨係之。故〈刑法志〉載張蒼、馮敬議刑，文帝制曰「可」後，
班固批判說：「是後，外有輕刑之名，內實殺人」。他更指出漢初雖有約法三
章，網漏吞舟之魚，然尙有夷三族之令。至高后二年（前 186 年）乃除三族
罪、妖言令。孝文二年（前 178 年）因文帝要求重議「父母妻子同產相坐收」
之罪，周勃、陳平先是堅持依舊，最後始同意文帝意見：「盡除收律、相坐法」。
而班固因新垣平一案卻批評說：

> 其後，新垣平謀爲逆，復行三族之誅……夫以孝文之仁，平、勃之
> 智，猶有過刑謬論如此甚也，而況庸材溺於末流者乎？

所謂「過刑」，指的正是文帝對新垣平的三族之誅。而班固語氣沉重，義憤填
膺若此，要說他因尊漢而甘心隨意地捏造罪名而記載之，無乃太過乎？

當然像高祖破項王垓下時，淮陰侯先卻後乘，出奇決勝，乃韓信用兵之
又一妙處，史公不置於淮陰本傳，而補見於〈高祖本紀〉，班固乃併沒去之，
也確是一件憾事，但未必就是尊漢之心在作祟。

然則，班固不「尊漢」嗎？答案當然是否定。班固當然尊漢，尤其〈高
帝紀〉是全書的第一篇，怎能不展現開國規模、興王氣象？〈敘傳〉所云：「皇
矣漢祖，纂堯之續，實天生德，聰明神武。」〈高帝紀〉贊云：「漢承堯運，
德祚以盛，斷蛇著符，旗幟上赤，協于火德，自然之應，得天統矣。」即是
他尊漢之明證，然而這是打從心裡的尊敬（譬諸馬遷之尊孔，既深信而不疑，
如果讚之稍過，美之稍甚，我們不能說，馬遷是爲了尊孔而更改史實，爲尊
孔而著《史記》，任何一個史家都承擔不起這樣的誣蔑）。故他於〈律曆志〉，
錄劉歆之言，以爲大漢繼周，協於火德之正，秦以水德，在周、漢木火之間，
乃餘分閏位，不得其正。新莽篡國造成動亂，班固離動亂的時代不遠，因此
他對劉邦掃平天下後之作爲體認尤深，故〈高帝紀〉之末段曰：

> 初，高祖不脩文學，而性明達，好謀，能聽，自監門戍卒，見之如
> 舊。初順民心作三章之約。天下既定，命蕭何次律令，韓信申軍法，

> 張蒼定章程，叔孫通制禮儀，陸賈造《新語》。又與功臣剖符作誓，
> 丹書鐵契，金匱石室，藏之宗廟。雖日不暇給，規摹弘遠矣。

他真實的了解，漢家一代國運之開啓，千秋道脈之傳承，亦自有其地位、宏規。而劉邦不但自己創造力量，使自己成名，其簡易大度，亦非他人所及。《後漢書・馬援傳》載馬援對光武帝說：

> 天下反覆，盜名字者不可勝數。今見陛下，恢廓大度，同符高祖，
> 乃知帝王自有真也。

可見不只班固一人對劉邦有好感。總之，在班固看來，劉邦的行動代表了時代的心靈的需要。也唯其如此從心靈地深處了解漢家價值所在的如實尊漢，始不牴觸客觀之精神，倘如前述徐、王所言的那種尊漢，就與客觀之精神相排斥了。

至於《史記・項羽本紀》所載，「楚地皆降漢，獨魯不下，漢……乃持項王頭視魯，魯父兄乃降」一段，班氏移之〈高帝紀〉。王明通先生以爲「或以魯守禮義，爲主死節，漢王不屠之，意有顯揚漢帝之仁義乎？」云云，如果此說成立，是不屠魯即漢之仁義，則漢王之不仁可見。從另一觀點言之，魯不下，正顯魯人對項王之信戴，而項王必有魯人足爲之死者在，何況劉邦爲項王發哀，泣之而去，豈不亦顯項王爲一可敬之對手？班氏既尊漢至此，爲可移此事於〈高帝紀〉？其實，這樣說都過度設想了。魯之下，乃劉邦掃平天下極具象徵意義之一程，魯不下，項王雖死，而天下猶有未平者。故班氏將魯之下屬之〈高帝紀〉，此見班氏敘事之縝密，體例之嚴謹。史公則以項王雖死，猶有以爲其未死而不降者存焉。且魯之不下、漢王之爲發哀，亦項王之定論，故史公屬之〈項羽本紀〉。就班氏之尊崇漢家家與史公之同情項王比較而言，史公同情項王之情，實尤爲顯著，而班氏之搬移史事，反而只是爲敘事嚴整之需而已。

最後再舉一例以說明班固絕未「刻意」的尊漢。《史記・高祖本記》載劉邦之即皇帝位之經過云：

> （漢五年）正月，諸侯及將相相與共請尊漢王爲皇帝。漢王曰：「吾聞帝賢者有也，空言虛語，非所守也，吾不敢當帝位。」群臣皆曰：「大王起細微，誅暴逆，平定四海，有功者輒列地封爲王侯。大王不尊號，皆疑不信。臣等以死守之。」漢王三讓，不得已，曰：「諸君必以爲便，便國家。」甲午，乃即皇帝位氾水之陽。

而《漢書》則載：

> 於是諸侯上疏曰：「楚王韓信、韓王信、淮南王英布、梁王彭越、故
> 衡山王吳芮、趙王張敖、燕王臧荼昧死再拜言，大王陛下：先時秦
> 爲亡道，天下誅之。大王先得秦王，定關中，於天下功最多。存亡
> 定危，救敗繼絕，以安萬民，功盛德厚。又加惠於諸侯王有功者，
> 使得立社稷。地分已定，而位號比儗，亡上下之分，大王功德之著，
> 於後世不宣。昧死再拜上皇帝尊號。」漢王曰：「寡人聞帝賢者有也，
> 虛言亡實之名，非所取也。今諸侯王皆高推寡人，將何以處之哉？」
> 諸侯王皆曰：「大王起細微，滅亂秦，威動海內。又以辟陋之地，自
> 漢中行威德，誅不義，立有功，平定海內，功臣皆受地食邑，非私
> 之也。大王德施四海，諸侯王不足以道之，居帝位甚實宜，願大王
> 以幸天下。」漢王曰：「諸侯王幸以爲便於天下之民，則可矣。」於
> 是⋯⋯漢王即皇帝位于氾水之陽。

案班氏雖詳錄諸侯王之上疏，然其所述與《史記》頗有不同。馬遷謂諸侯與
將相相與共尊漢王爲帝，而班固只列諸侯王數人上疏上尊號。馬遷載漢王首
次之讓，口氣堅決，曰：「吾不敢當帝位」，而班固不述漢王之讓，僅載劉邦
口氣鬆動的說：「今諸侯王皆高推寡人，將何以處之哉？」馬遷云：「漢王三
讓，不得已」，然後才答應受尊號。而依班固所述，則漢王最多僅「一讓」，
就接受尊號，預備即位了。刻薄一點說，甚至沒有「讓」，反倒有些猴急像。
須知馬班二人寫漢文帝之從代王即天子位，皆載代王入代邸，群臣從至，上
議願大王即天子位，代王曰：「奉高帝宗廟，重事也。寡人不佞，不足以稱。
願請楚王計宜者，寡人弗敢當。」於是「群臣皆伏，固請」，代王還「西鄉讓
者三，南鄉讓者二」，最後以丞相陳平等之進說，並且直接「奉天子璽符再拜
上」，代王才說：「宗室、將相、王、列侯以爲莫宜寡人，寡人不敢辭。」劉
邦登極，此乃漢朝、漢史大事，班氏果眞「刻意」到爲「尊漢」而寫史，於
此正可大大的加油添醋，但他並未如此，反而老實的記下當時情形，甚至減
損對劉邦「好的敘述」。因此要控訴班固是「爲漢代之統治者而著書」、爲「尊
漢」而「掩覆」史實，甚或捏造史實，都不免害了不深思及以史遷敘事爲先
入之主的毛病。

二、客觀之呈現

　　班固既非「爲漢代之統治者而著書」、爲「尊漢」而「掩覆」史實，亦非

為尊漢而刻意的安排史事之說既已理清，進而乃可言其「客觀」之精神。

（一）從〈司馬遷傳〉考察

依班固〈典引〉所載，永平十七年（72 年），明帝曾親口提醒班固，司馬遷《史記》有微文譏刺之意。並讚同司馬相如之頌漢功德。自永平五年（60年）班固受詔續成前所著書，已十二年，而明帝還對班固做這樣的「明示」，這顯示明帝在史實方面對班固有所防嫌，亦間接顯示他怕班固不但不「尊漢」，還可能微文譏刺。反面平情而觀，班固對漢家並無惡意，那麼明帝就是怕班固在史實上太過寫真了。然而明帝雖有明示，班固是否因此而「依照指示」，又是一問題，此可以〈司馬遷傳〉作為判準。

〈司馬遷傳〉大體全錄《史記》的〈太史公自序〉，另外再加一篇史公的〈報任安書〉。李景星《漢書評議》說：

> 司馬氏生平事業在於《史記》，而能括《史記》全書者惟〈敘傳〉一篇；司馬世氏生平傷心在于受辱，而備載受辱由來者惟〈報任安書〉一篇，得此二篇，而司馬氏一生之本末具矣，此外雖多，皆不必言也。

自是極有道理。但〈報任安書〉不僅載史公受辱始末原由，一切冤屈之情、辯解之言、激憤之辭也都包含在內。史公不收，或為時勢所不許，或為客觀考量之故，但決非《史記》已成書，不及收錄。班固卓識收錄史公之〈報任安書〉，這是讓史公說話，甚至是替史公辯解，史公當時只能對任安說的事，班固將之告訴全天下以及後世之人。由此可見做為一個史家，班固有膽識將歷史真實地呈現出來，這是客觀的基本條件。不僅如此，班固還將《史記》中原本不滿三百字的〈李陵傳〉增加至二千餘字，並將史公推崇李陵之功一段，亦予載入。這是班氏的用力處，也可看出其有意客觀的撰述漢史。在最後的贊中，班固更將《史記》與孔子的《春秋》相提並論，而深嘆其勤，並稱引劉向、揚雄等西京大儒之言，以寓論斷，則其所謂「文直、事核，不虛美、不隱惡」而總斷以「實錄」者，豈非認定史公所有對漢朝之紀錄，皆屬事實。而〈司馬遷傳〉如成於永平十七年（72 年）明帝批判史遷之前，則可見班固未依明帝之意有所刪改，就算有所更改，亦未逢迎明帝之意而改，而該傳如成於永平十七年明帝批判史遷之後，則亦可見班氏之能「抗壓」而根本無慮明帝之「明示」。唯其能客觀，故能「同情」於史公，謂其「所以自傷悼，〈小雅〉巷伯之倫」，並引〈大雅〉之文，惜其不能「明哲保身」。至其所

評史公「論大道、序游俠，述貨殖」三事，乃議論觀點深淺高下之異同，非可作爲檢證班氏客觀與否之判準。〔註26〕

（二）從《漢書》論贊考察

如同《史記》中的「太史公曰」，《漢書》中之「贊曰」，凡涉及褒貶感嘆者，亦屬價值判斷。而遷、固之所以爲這個價值判斷特別標舉，並與各篇正文分開，表示這是他個人的一種見解。於此讀史者，可以明確的知道，何者爲「述語」（stayement），何者爲「判斷」（judgement）。這樣做，除了給讀者一個提示的價值判斷外，也提供了一個思考之基準與空間。畢竟史家的價值判斷，對讀者而言，有者引發的作用，而讀者也可針對其判斷再判斷。

前述贊語與正文分開的作法，可減少將自己的好惡、是非任意地加諸歷史人物的身上，這是一種負責的表現，而在班固的客觀意識上，這尚屬淺層的表現。更深層的表現，則在價值判斷本身的客觀與否。茲舉數例以明之。

《史記》列董仲舒於〈儒林傳〉，雖亦載其輔相驕王，盡心匡正之功，但畢竟以經生視之。班固以「武帝推明孔氏，抑黜百家，皆自仲舒發之」，「子孫皆以學至大官」，且「仲舒所著皆明經術之意」，故詳錄其對策之文，觀其〈敘傳〉之辭：

> 抑抑仲舒，再相諸侯，身修國治，致仕縣車，下帷覃思，論道屬書，讜言訪對，爲世純儒。

儼然推爲西漢儒者之首，班氏又立場儒家，但在贊中卻說：

> 劉向稱「董仲舒有王佐之材，雖伊呂亡以加，筦、晏之屬，伯者之佐，殆不及也。」至向子歆以爲「伊呂乃聖人之耦，王者不得則不興……仲舒遭漢承秦滅學之後，六經離析，下帷發憤，潛心大業，令後學者有所統壹，爲群儒首，然考其師友淵源所漸，猶未及乎游、夏，而曰筦、晏弗及，伊呂不加，過矣。」至向曾孫龔，篤論君子也，以歆之言爲然。

此贊言下之意，自是贊同劉歆與劉龔的說法，然由此亦顯見班固雖崇儒學，也是褒所當褒，平心平情、中分中節，決非盲目推崇，妄加獎飾，這就是他客觀意識最顯著之例。

〔註26〕又如劉向論賈誼以爲「使時見用，功化必盛。爲庸臣所害，甚可悼痛。」而班固以爲「誼亦天年早終，雖不至公卿，未爲不遇也。」一以誼才未盡立論，一以誼之所陳略已施行申說，見仁見智，未可判以客觀與否。

至有關是非之分，班固之斷案尤見公允，〈嚴朱吾丘主父徐嚴終王賈傳〉云：

> 世稱公孫弘排主父，張湯陷嚴助，石顯譖捐之，察其行跡，主父求欲鼎亨而得族，嚴、賈出入禁門招權利，死皆其所也，亦何排陷之恨哉！

公孫弘乃一面諛儒者〔註27〕，張湯乃一逢迎酷吏，石顯內深賊，害忠良，蕭望之自殺，周堪、劉更生皆因廢錮不用，更曾一度欲效法趙高指鹿為馬事。班氏對三人皆無好評，然本傳稱主父偃其人：

> 尊立衛皇后及發燕王定國陰事，偃有功焉。大臣皆畏其口，賂遺累千金。或說偃曰：「太橫！」偃曰：「……我阸日久矣。丈夫生不五鼎食，死則五鼎亨耳！吾日暮，故倒行逆施之。」

王夫之也說：

> 主父偃之初上書曰：「蒙恬攻胡，辟地千里，以河為境，暴兵露師，死者不可勝計，蜚芻輓粟，百姓靡敝，天下始畔秦。」立論嚴矣。迨其為郎中，被親信，乃言「河南地肥饒，外阻河，蒙恬城之以逐匈奴，廣中國，滅胡之本。」遂力請於武帝，排眾議，繕蒙恬所為塞，因河為固，漕運山東，民勞國虛。同此一人，同此一事，不數年，而蒙恬之功罪，河南之興廢，自相攻被如此其甚。由是言之，辨姦者豈難知哉？〔註28〕

元朔（前128～123年）年間，「主父偃言齊王內有淫失之行，上拜偃為齊相」。本來輔相之意，是導王於正。但主父偃「使人以王與姊姦事動王」，結果「王以為終不得脫，恐效燕王論死，乃自殺」。本案一則公孫弘與主父偃並無宿怨，二則公孫弘並非是順武帝之意（上欲無誅），反而是與武帝爭論偃之該死，三則主父偃為人不正，收受大臣賄賂，而且以國相之便要挾齊王，導至齊王因此自殺，所以主父偃真箇是「倒行逆施」、「死乃其罪」，並非公孫弘之排陷。

至若嚴助之死，本傳說：

> 淮南王來朝，厚賂遺助，交私論議。及淮南王反，事與助相連，上

〔註27〕《漢書・儒林傳》載云：轅固生對公孫弘言：「公孫子，務正學以言，無曲學以阿世！」

〔註28〕王夫之，《讀通鑑論》，卷三〈武帝〉（臺北：里仁書局，民國74年2月），頁66。

　　薄其罪，欲勿誅。廷尉張湯爭，以爲助出入禁門，腹心之臣，而外

　　與諸侯交私如此，不誅，後不可治。助竟棄市。

一個諸侯王，何以要「厚賂遺助」？嚴助之身分是「腹心之臣」，「出入禁門」，又怎可受諸侯王之厚賂？而淮南王所共謀可與興兵者，只有一個衡山王，於漢王廷必以爲可以嚴助爲應，故敢於以九族之禍試法。本案張湯與嚴助亦無宿怨，亦非順從上意辦案，完全以「嚴助出入禁門招權利」之不當爲考量爭之，這是「爭大體」無他目的，故助亦「死得其所」，非張湯之排陷，《春秋》魯莊公二十七年（前 667 年）：「公子友行藏仲」，說的就是大夫不可有國外之私交，何況是收受諸侯之賄賂？至於賈捐之「數短顯，以故不得官，後稍復見」，見石顯初無害之之意。其後爲了謀官居位，一下子短顯，一下子又與楊興薦奏顯，又飾詐薦興，最後石顯奏以：

　　興、捐之懷詐僞，以上語相風，更相薦譽，欲得大位，漏洩省中語，

　　罔上不道……請論如法。

案石顯所奏皆符事實，二人雖有宿怨，但捐之之行卻也是罪有應得，固不待石顯之奏而死，而石顯奏之，正是石顯之責。一般人見公孫弘、張湯、石顯頗排陷正直，於是一切認定，班氏平情論理，不爲成見所困，明斷是非，極顯其客觀之史識。固之其他論贊，亦多平允可觀，茲不備述。

（三）從《漢書》敘事考察

　　〈光武帝紀〉載，中元元年（56 年），班固二十五歲那年，光武帝使司空告祠高廟說：

　　高皇帝與群臣約，非劉氏不王。呂太后賊害三趙，專王呂氏……天

　　命幾墜，危朝更安。呂太后不宜配食高廟，同祧至尊。薄太后母德

　　慈仁，孝文帝賢明臨國，子孫賴福，延祚至今。其上薄太后尊號曰

　　高皇后，配食地祇。遷呂太后廟主於園，四時上祭。

班固編寫過〈世祖本紀〉、校訂過〈建武注記〉，於呂太后廢配高廟，神主被遷於園，而漢家承認薄太后爲高皇后並配祀地祇之事必有所知，但《漢書》不但爲呂后立本紀，且稱〈高后紀〉。稱「高后」，實即承認呂太后爲高帝正室之意。而此意明顯與漢家現制站在對反的立場。當然與漢家現制對反，只是敢爲，這是第一層次之客觀。第二層次，則吾人要問，這種對反是否有理？王夫之云：

　　母后，一姓之姁也，配祖於宗廟而私恩伸矣……象之不仁，舜不得

不以爲弟，丹朱之不肖，堯不得不以爲子，天倫者受之於天，非人
所得而予奪者也。夫婦之道，受命於父母，而大昏行焉；出以其道，
而自夫制焉。爲人子孫而逆操其進退，己不道而奚以治幽明哉？……
呂后之罪，聽後世之公論，非子孫所得黜也……舜不能使瞽叟之不
子象，而光武能使高帝之不妻呂后哉？〔註29〕

看看王夫之的見解，就知道班固的作法是對的。而呂后既爲高祖正室，而〈外
戚傳〉乃直書呂后「斷戚夫人手足，去眼熏耳，飲瘖藥，使居鞠域中，名曰
『人彘』」事，此皆顯班氏之史德與史識及其客觀直書之精神。班固於〈外戚
世家〉贊謂，自漢興至孝平，外戚後庭色寵著聞者二十餘人，然保位全家者，
僅有四人而已。其餘不是無罪夭折，就是夷滅放流。范曄《後漢書・皇后紀》
亦稱：

秦併天下，多自驕大，宮備七國，爵列八品。漢興，因循其號，而
婦制莫釐。高祖帷薄不修，孝文衽席無辯……武、元之後，世增淫
費，至乃掖庭三千，增級十四。妖倖毀政之符，外姻亂邦之跡，前
史載之詳矣。

范曄之言，無疑肯定班氏能客觀無隱的記載外戚（此所謂外戚，乃以天子后
妃爲主）之事，此不獨顯班史之客觀，亦見其非刻意之尊漢。

再從人物之好惡言之。王鳳是班固所深惡痛絕之人，但〈王尊傳〉載，
王尊以「爲相倨慢不臣」，免爲庶人，而王鳳薦之。班固即大書「大將軍王鳳
奏請尊補軍中司馬，擢爲司隸校尉」。又〈陳湯傳〉載，西域都護段會宗爲烏
孫兵所圍，驛騎上書，丞相王商、大將軍王鳳及百僚群議，數日不決，班固
亦挑明鳳言「湯多籌策，習外國事，可問」。又班固於〈杜業傳〉贊，譏評杜
業「因勢而抵阤，稱朱博，毀師丹」，而深嘆「愛憎之議可不畏哉！」但對杜
業存亡國、繼絕世之納說〔註30〕，則讚賞有加。凡此皆見班固之不以人廢言，
亦不因人諱過。

班固素多馮奉世，但對於由衛司馬谷吉送還呼韓邪單于侍子，究應送至
塞，抑或送至庭，朝臣意見不一。而班固大筆特書「右將軍馮奉世以爲可遣
（送至庭），上許焉，既至，郅支單于怒，竟殺吉等」，以明奉世之誤判時勢
之責。此見班固之不因人而諱言其過。再從班固對親師之記敘來看。班固祖

〔註29〕見同註28，頁181～182。
〔註30〕說見〈高惠高后功臣表〉。

父之長兄班伯曾受《論語》於張禹，然固傳張禹，卻不諱言禹之爲自己、家人、親戚，求地、求遷、求官，而爲相六年之中，絕無建樹，贊言還說他「服儒衣冠、傳先王語」，厚重雖還可以，但不免「持祿保位，被阿諛之譏」。此見班固不因親師之誼而隱飾其人之惡，而此亦可爲檢視班書客觀與否之一端。

再從有關禪讓、公天下之議題言之。〈眭兩夏侯京翼李傳〉載，孝昭之時，泰山有「大石自立」，又有「枯社木臥復生」、「上林苑大柳樹斷枯臥地，亦自立生」，又有「蟲食樹葉成文字」，曰「公孫病已立」。眭孟依據《春秋》之意推闡，以爲「當有從匹夫爲天子者」，但他「意亦不知其所在」，於是說：

> 先師董仲舒有言，雖有繼體守文之君，不害聖人之受命，漢家堯後，有傳國之運。漢帝宜誰差天下，求索賢人，禪以帝位，而退自封百里，如殷周二王後，以承順天命。

此言不慮霍光處境，不爲霍光避嫌，反而高喊禪位，霍光因下廷尉奏眭孟妄設祆言惑眾，大逆不道，伏誅。班固評論這些「推言陰陽災異者」說：

> 察其所言，彷彿一端。假經設誼，依託象類，或不免乎「億則屢中」。
> 仲舒下吏，夏侯因執，眭孟誅戮，李尋流放，此學者之大戒也。

對眭孟之死未見同情、稱許之辭，反而引以爲後世戒，此乃負面評價。〈谷永傳〉載，漢成帝元延元年（前 12 年），谷永爲北地太守，「時災異尤數，永當之官，上使衛尉淳于長受永所欲言」，永對曰：

> 臣聞天生蒸民，不能相治，爲立王者以統理之，方制海內非爲天子，列土封疆，非爲諸侯，皆以爲民也。垂三統，列三正，去無道，開有德，不私一姓，明天下乃天下之天下，非一人之天下也……失道妄行……窮奢極欲……百姓短折，萬物夭傷。終不改寤，惡洽變備，不復譴告，更命有德。

班固於谷永此對，常心對之，未爲特別之評論。唯蓋寬饒類似之言，班固卻大加讚賞。〈蓋寬饒傳〉載，宣帝尚用刑法，信任中書宦官，寬饒奏封事說：

> 方今聖道寖廢，儒術不行，以刑餘爲周召，以法律爲《詩書》。

又引《韓氏易傳》說：

> 五帝官天下，三王家天下，家以傳子，官以傳賢，若四時之運，功成者去，不得其人則不居其位。

蓋寬饒平常就「好言事刺譏，奸犯上意」，宣帝因爲他是儒者，故對他頗爲寬

容，但此封事一上，宣帝再也忍不住，於是下蓋寬饒於吏，寬饒引佩刀自殺於北闕之下。班固特書「眾莫不憐之」，又在贊中說：

> 蓋寬饒為司臣，正色立於朝，雖《詩》所謂「國之司直」無以加也。
>
> 若采王生之言以終其身，斯近古之賢臣也。〔註31〕

其實寬饒的缺點還不少，本傳雖紀載他的功行有：改正衛司馬在部見衛尉拜謁一事；除衛司馬為衛官（即衛尉）繇使市買慣例一事；為衛司馬遇士卒有恩一事；為司隸校尉刺舉無所避一事；奏平恩侯許伯入第，長信少府檀長卿為沐猴舞，失禮不敬一事；身為司隸，子常步行自戍北邊，公廉正直一事。而班氏總其為人則曰：「剛直高節，志在奉公」。而其過行則有：劾奏衛將軍張安世子侍中陽都侯彭祖不下殿門非實；總言其刻深喜陷害人；在位及貴戚人與為怨；好言事刺譏，奸犯上意；不得遷，為凡庸所越，數上疏諫爭。但班固特許之詞如上，而同傳數人行跡略類，皆以剛直成名，孫寶更是終始可述。但在班固眼中，諸葛豐、劉輔、鄭崇等人之行為是「狂瞽」，意味不識時務的狂人。亦不許孫寶與毋將隆之剛直，而贊曰：

> 孔子曰：「吾未見剛者。」以數子之名跡，然毋將汙於冀州，孫寶橈
>
> 於定陵，況俗人乎！

同傳數人，班固稱美蓋寬饒也如是，而溢於其他數子遠甚；同樣提出類似禪讓論之眭孟、谷永、蓋寬饒三人，班固對之評論也有天壤之別。乍觀之下，令人頗覺班固之議論有失衡之處，細察之則不然。蓋史公寫〈五帝本紀〉寄託其公天下之思想，然史公之時，漢武混一宇內，其帝位之穩固無與倫比，禪讓之說無妨漢家之天命王位。班固亦甚推崇禪讓之政治思想，然以明帝察察之歷史現實與禪讓說導致王莽篡位所帶來之慘酷歷史教訓，或使班固不便明目張膽的歌頌禪讓思想。而蓋寬饒之直言，正是寄託其理想之最佳處所，故特稱許之。

當昭帝年幼，霍光輔政之際，眭孟的禪位建議，自然引起霍光與滿朝文武之驚懼。何況他是在「意亦不知其所在」的情況下，才提出乾脆讓天子禪位的想法，而非從公忠體國的觀念出發。班固雖云，「後五年，孝宣皇帝興於民間，即位，徵孟子為郎」，證實了眭孟的歪打正著，班固又有〈五行志〉之作，但「億中」是一回事，「言之當否，居心如何」，又是一事。眭孟不知輕

〔註31〕 王生之言旨在勸蓋寬饒，勿以太古久遠之事匡拂太子，勿數進不用難聽之言以磨切左右。並謂寬饒「君子直而不挺，曲而不訕。《大雅》云：『既明且哲，以保其身。』狂夫之言，聖人擇焉。唯裁省覽」。

重，義非當言，他之被殺，死非無辜，所以班固有不許之詞。而成帝性寬，谷永又有太后、王鳳之內應奧援，遂「因天變而切諫」，「展意無所依違」，「前後所上四十餘事，略相反覆，專攻上身與後宮而已」。其人品本不足取，所稱「天下非天下人之天下」之說，絕非體大公、履至正之言，所謂「失道不改，更命有德」，亦為條件說，不似睢孟的非所宜言，故班固未加置評。獨蓋寬饒正色立於宣帝好刑之朝，言出於公，論據於理。於廣川、楚國、清河諸王誅殺遷廢；大臣霍氏、田延年、田廣明、王遷（光祿大夫平丘侯）、趙廣漢等誅死之後，直指宣帝尚刑與任用中書宦官之不當。班固表面上雖認為寬饒應採王生之言，「勿以太古久遠之事匡拂太子」，但寬饒還是說出了暗指「宣帝非其人，不當居其位；家天下之局告終，當傳賢天下」的話。寬饒雖因此而死，但班固不但於類似之言論中最美寬饒之正，於類似之行跡中，亦最許寬饒之直。由此可見班固不但有客觀的敘事論事精神，更潛在有贊同天下大公之觀念。〔註32〕

以上所舉四類客觀事證，乃其犖犖大者，至如〈五行志〉並存向、歆、仲舒之說，而謂「凡此非持心客觀者不能為也」；或以「逕示以此人之文或疏奏，綴入史書，不予置詞」，而謂「此客觀之旨也」；或以「文中多見因人而不自用者」為客觀〔註33〕，不過其餘事贅旒而已。

第四節　從歷史判斷看班固之撰述立場

上一節除了指出班固撰述歷史的「客觀意識」之外，也說明了班固之撰《漢書》，既非如徐復觀先生所說「其意在尊漢，為漢代的統治者而著書，決無標榜斷代之意」，也非如王明通先生所說「班氏《漢書》，奉詔著述，以史臣之體為之，故其旨在揚漢功德」。更沒有徐先生所說的為尊漢而「隨意捏造罪名」之情形。本節則試著從各種角度切入，從本質上探討班固撰述立場的問題。

一、從「全史」與「我朝」考察

徐復觀先生言，司馬遷是站在全人類的立場看歷史，班固則是站在漢代

〔註32〕班固於〈古今人表〉中特將堯、舜等遠古君王列於上上等之聖人，又將吳太伯、伯夷等讓國諸賢列於上中之仁人，則其崇讓國之德義與表章禪讓之意可知。

〔註33〕此乃王明通先生之說，見同註17，頁116～119。

帝室立場看歷史〔註 34〕，這句話只說對一半。所謂站在全人類的立場看歷史，是把漢朝與其他朝代等同而公平的對待之，把皇家帝室與平民百姓一體看待，既不是單純「自上而下看的歷史」，也不是單純「自下而上看的歷史」〔註 35〕，而是站在全史的立場看待歷史事件。而全史包含了時間之縱軸與歷史之橫斷面。太史公於〈自序〉言：

> 桀、紂失其道而湯、武作，周失其道而《春秋》作。秦失其政，而
> 陳涉發跡，諸侯作難，風起雲蒸，卒亡秦族。天下之端，自涉發難。
> 作〈陳涉世家〉第十八。

這段話指出陳涉於歷史洪流中之地位，這是從歷史的時間縱軸看待陳涉，指出陳涉與失道之秦對反，並且有「首起」之價值。史遷也體認到項王為真正鏟除秦朝的主力並曾號令天下，因而列項王於本紀，以感嘆英雄之筆，搖曳生姿的敘述了他轟轟烈烈的一生。班固寫的是斷代史，自然以漢代為對象，但他並非完全站在漢代「帝室」的立場寫漢史，更多的時候，他是站在百姓的立場來寫史，所以應該說他是站在「全漢」的立場，去看待這一代的歷史。如果他只站在漢代帝室的立場看歷史，那他如何批判漢代的弊政？全漢包含了漢代的所有百姓，也包括了漢代的皇家帝室，故有時也顯見他立場漢家的一面，但此亦自有其原因。他也肯定陳涉之「首起」之功，但沒有史公的強烈，〈敘傳〉云：

> 上嫚下暴，唯盜是伐。勝、廣飆起，梁、籍扇烈。赫赫炎炎，遂焚
> 咸陽，宰割諸夏，命立侯王，誅嬰放懷，詐虐以亡。述〈陳勝項籍
> 傳〉第一。

他認為以秦之暴虐，唯賊盜亦思伐之。但這樣說，已減低推崇陳勝的意思。但他也說「勝、廣飆起，梁、籍扇烈」，等於承認了陳勝的「首起」之功與項王的先驅作用。他記述的是項王的一生，他說項王「赫赫炎炎，遂焚咸陽，宰割諸夏，命立侯王」既是事實，說他「誅嬰放懷」也沒有錯，就「誅嬰放懷，坑秦降卒，所過無不殘破」言，項王亦確有幾分詐虐。只是，是否這就是他滅亡的原因，倒還有探討的空間的。史公突顯的是項王的英雄之姿，用兵之能，兒女之情，蓋有同悲英雄淪落之情懷。班固則冷眼對待掀起濤天巨

〔註 34〕 見同註 15。

〔註 35〕 英國史學家愛德華‧湯普遜 1966 年發表了〈自下而上看的史學〉（E. P. Thompson，〈History form Blow〉）後，從此有了這一個公認的名稱。見楊豫著，《西方史學史》（江西：人民出版社，1993 年 11 月），頁 441。

變，復歸於失勢滅亡，剛愎自用的一介武將。可以說馬、班二人都有客觀撰述歷史的意識，基本的撰述依據（史實取材）亦大體相同，但觀察的視野不同，表現出的結果就有差異，

又如《史記・禮書》云：

> 至秦有天下，悉內六國禮儀，采擇其善，雖不合聖制，其尊君抑臣，朝廷濟濟，依古以來。至于高祖，光有四海，叔孫通頗有所增益減損，大抵皆襲秦故。自天子稱號，下至佐僚及宮室官名，少所變改。

而《漢書・禮樂志》則云：

> 王者必因前王之禮，順時施宜，有所損益……周監於二代，禮文尤具……及其衰也，諸侯踰越法度，惡禮制之害己，去其篇籍。遭秦滅學，遂以亂亡。漢興，撥亂反正，日不暇給，猶命叔孫通制禮儀，以正君臣之位。高祖悅而嘆……以通爲奉常，遂定儀法，未盡備而通終。

司馬遷以爲秦在「尊君抑臣」方面，是整合六國禮儀，擇善依古，有其一定之建制儀法，故而「朝廷濟濟」，而叔孫通名爲爲漢制儀，不過大抵依秦禮而損益之罷了。班固則以秦乃滅學（焚詩書，坑術士），漢乃撥亂反正的新興一代，故只提叔孫通之爲漢制儀漢，至於叔孫生如何取材，固未詳言。司馬遷從前朝後代之損益觀察，而班固雖亦道及損益，但特重漢代之「建制」，而少說沿革。這是因爲班固既爲斷代之宗，從歷史中截取西京一代爲記述之對象，故自然以「漢代」爲主軸，此乃事理之必然。惟其爲事理之必然，才不與「客觀意識」相扞格。

此外還有一個重要原因，影響班固的敘事心理，是即班固對明帝雖有所戒愼恐懼，雖懷臨深履薄之心。但這只是撰史下筆與君（明帝）臣應對之審愼。基本上班固對漢家仍有幾分死心塌地的欣賞之情。蓋司馬遷既以究竟之理想寫下〈五帝本紀〉、〈吳太伯世家〉、〈伯夷列傳〉，故相對於漢高帝之詐巧取天下，以及鑑於武帝歷文、景之後，國家殷富，乃數十年中，目睹國家之由勝轉衰，從「民則家給人足，都鄙廩庾皆滿，而府庫餘貨財」，「人人自愛而重犯法」到「府庫空虛」、「中外騷擾」、「廉恥相冒」「姦軌不禁」、「物價騰躍」，百姓生活由富庶轉不聊生，因此對天子有一分理想之期盼，故嚴望之，而〈高祖本紀〉及孝武之相關論述，遂鮮稱美之詞。班固則自認是文化的見

證者〔註36〕，於王莽亂後，歷光武、明、章，國家步入正軌，故崇儒學而重制度，並極珍惜現有之秩序，而對掃平天下，混一宇內，重建秩序之開國君王遂多一分敬意。因此他較史公更能從現實的角度欣賞漢家之功業，體認漢高之令德。這一點從〈高帝紀〉末最後一段之特筆論述（前節已曾引說，見頁117），即可得知。〈魏相丙吉傳〉贊亦曰：

> 近觀漢相，高祖開基，蕭、曹爲冠，孝宣中興，丙、魏有聲。是時
> 黜陟有序，眾職修理，公卿多稱其位，海內興於禮讓。覽其行事，
> 豈虛虖哉！

他對漢代的好感由此來，而平和客觀之史識亦由此來。

又馬遷少年曾耕牧河山之陽，「年十歲則誦誦古文」，當時尚無太學這種機構，故馬遷弱冠前，應都在自家讀書。二十歲時，他做了一次全國性的遊歷，不但周覽了海內的名山大川，也結識了燕趙之豪傑。當他身深陷囹圄之時，求救既無門，求贖又無金，故對社會正義、公理有深刻的體認與需求，而正義、公理不全在朝廷，故民間之游俠、刺客、貨殖之士，乃至佞臣，馬遷都能欣賞其一偏之美，而活躍於其史筆之下。班固則少年讀書太學，乃國家培養的高級知識份子。個人死裡逃生，因禍得福之後又深居蘭臺，足不出洛陽之境，對照王莽之亂世，漢家既已建構了安寧與和平，父祖以上，又受浩蕩之皇恩照拂，自然體貼朝廷，以爲正義全在朝廷，故對游俠、刺客、貨殖、佞倖之人，皆一概貶抑，其他無助漢家之治的醫者、卜者、日者亦不足觀，故一概不錄。而漢家之再受命，居然又給歷史一個證明，劉氏居位，終能長治久安。他父親的〈王命論〉也通過歷史的檢證。因此他對劉漢王朝，不免有一些好感。當時又是一個由衰而盛的時代，班固在充滿自信的時代中，自然的對漢帝國有一種「眞切而會心的欣賞之情」（絕不是刻意的尊敬）。所以班固雖然於〈司馬遷傳〉中，刪去了司馬遷向上大夫壺遂解釋孔子何以作《春秋》中的「貶天子」一項，但絕非如復觀先生所云「藉此以維繫漢家皇室」〔註37〕，或有何恐懼，而是他對漢代的一分好感，一分對秩序的期盼。也就是這個原因，才使他的《漢書》蒙上一層立場帝室的色彩，而讓人產生

〔註36〕 班固不僅有〈藝文志〉之作，於〈儒林傳〉更云：「獷獷亡秦，滅我聖文，漢存其業六學析分。是綜是理，是綱是紀，師徒彌散，著其終始」。於河間獻王〈劉德傳〉詳載其修學好古求書之事；於魯恭王劉餘傳，亦載其於孔子宅壁中得古文經傳事；於董仲舒等儒者尤加稱揚等皆足以見之。

〔註37〕 此徐復觀先生之說，見同註15，頁480。

誤解。

　　史公雖站在全人類（全史）的立場寫史，然全人類（全史）也包括了漢室帝家，故其〈自序〉亦說：

　　　　楚人圍我滎陽，相守三年；蕭何塡撫山西，推計踵兵，給糧食不絕，使百姓愛漢，不樂爲楚。作〈蕭相國世家〉第二十三。

又說：

　　　　唯我漢繼五帝末流，接三代絕業……二十八宿環北辰，三十輻一共轂，運行無窮，輔拂股肱之臣配焉，忠信行道，以奉主上，作三十世家……。

這不也立場漢家，以漢代爲主軸嗎？如果不以漢爲礎石，除非蕭何等能自己打天下，否則他的功業就掛空了。故史公敘事不但從歷史時間之縱軸看待史事，亦從歷史的橫切面剖析事理而做歷史判斷。此所以史公是站在全史的敘事立場。然史公之立場漢家，以漢代爲主軸與班固之立場漢家，以漢代爲主軸亦自有所不同。司馬遷作七十列傳，「大體言之」，是記載那些「扶義俶儻，不令己失時，立功名於天下」的人〔註38〕，故有時雖也立場漢家，以漢爲主軸，但卻多從個人才華、能力著眼，並多敘其人對漢之功及其所以成敗之故。如〈魏豹彭越列傳〉末，太史公曰：

　　　　魏豹、彭越雖故賤，然已席卷千里，南面稱孤，喋血乘勝日有聞矣。懷畔逆之意，及敗，不死而虜囚，身被刑戮，何哉？中材以上且羞其行，況王者乎！彼無異故，智略絕人，獨患無身耳。得攝尺寸之柄，其雲蒸龍變，欲有所會其度，以故幽囚而不辭云。

〈黥布列傳〉末，太史公曰：

　　　　項氏之所阬殺人以千萬數，而布常爲首虐。功冠諸侯，用此得王，亦不免身爲世大僇。禍之興自愛姬殖，妒媚生患，竟以滅國。

〈淮陰侯列傳〉末太史公曰：

　　　　假令韓信學道謙讓，不伐己功，不矜其能，則庶幾哉，於漢家勳可以比周、召、太公之徒，後世血食矣。不務出此，而天下已集，乃謀畔逆，夷滅宗族，不亦宜乎！

〈韓信盧綰列傳〉末太史公曰：

　　　　韓信盧綰素非積德累善之世，徼一時權變，以詐力成功，遭漢初定，

> 故得列地，南面稱孤。內見疑彊大，外依蠻貊以爲援，是以日疏見
> 危，事窮智困，卒赴匈奴，豈不哀哉！

其言多惋惜歷史人物而能從各個角度剖析其所以成敗死生之故。而班固之立場漢家，以漢爲主軸，則以其人對漢之功忠，能否一路走來始終如一爲判準。例如〈太史公自序〉言淮陰侯、彭越及黥布等三人立傳之意，原本是說：

> 楚人迫我京索，而信拔魏趙，定燕齊，使漢三分天下有其二，以滅
> 項籍。作〈淮陰侯列傳〉第三十二。
> ……越之侵掠梁地以苦項羽。作……彭越列傳第三十。
> 以淮南叛楚歸漢，漢用得大司馬殷，卒破子羽于垓下。作〈黥布列
> 傳〉第三十一。

話語之中極爲肯定三人之功業。但班固改三人與吳芮合傳，並以強烈的語句說明撰述此傳之緣由，其言曰：

> 信惟餓隸，布實黥徒，越亦狗盜，芮尹江湖。雲起龍襄，化爲侯王，
> 割有齊、楚，跨制淮、梁……德薄位尊，非胙惟殃。吳克忠信，胤
> 嗣乃長。述〈韓彭英盧吳傳〉第四。

這段話雖亦記實，但已過分偏多的對信、布、越三人作「壞的論評」，並以吳芮之忠作爲對比，而嚴厲地痛判三人。且傳贊所云：

> 昔高祖定天下，功臣異姓而王者八國。張耳、吳芮、彭越、黥布、
> 臧荼、盧綰與兩韓信，皆徼一時之權變，以詐力成功，咸得裂土，
> 南面稱孤。見疑彊大，懷不自安，事窮勢迫，卒謀叛逆終，於滅亡。
> 張耳以智全，至子亦失國。唯吳芮之起，不失正道，故能傳號五世，
> 以無嗣絕，慶流支庶。有以矣夫，著于甲令而稱忠也。

亦一竿子打番了一船人，把一部分人的行軍布陣之才，策劃謀略之能，一概說成「皆一時權變，以詐力成功」。在司馬遷筆下的開國元勳，馳騁亂世的大英雄，一變皆爲叛國反虜，有者狗盜惡隸黔徒之出身與本質。雖然大多數人都是先讀《史記》，後讀《漢書》，不免有先入爲主之情結，但吾人反思，設使先後倒反，或未曾讀過《史記》，仍可聞出班氏立場漢家之傾向以及「以成敗論英雄」之色彩。但這其中實有一大轉關，不可不察。蓋漢初之剪除諸侯王，乃不得不爲之勢，在這點上，班固實較史公猶爲能明歷史之艱難、能據歷史之現實。司馬遷不錄而班書特載之賈誼陳政事一疏云：

> 夫樹國固必相疑之勢，下數被其殃，上數爽其憂，甚非所以安而上

全下也。今或親弟謀爲東帝，親兄之子西鄉而擊，今吳又見告矣。

天子春秋鼎盛，行義未過，德澤有加焉，猶尚如是，況莫大諸侯，
權力且十此者虖？

漢興至於孝文帝，才多少年？孝文帝的哥哥淮南王劉長就舉兵於東方，哥哥悼惠王的兒子濟北王劉興居也揮兵西向，擊取滎陽，吳王劉濞也不行漢法。這些人對漢王朝幾可謂無大功勞，而封國千里，卻根本不把漢廷放在眼裡，那些與高祖打天下，舉手投足，就能動搖漢家王朝，封國萬里的諸侯王，對漢室的存在有多危險，國家多容易又陷入割據而再度的烽火連天，可想而知。所以賈誼又說：

假設天下如曩時，淮陰侯尚王楚，黥布王淮南，彭越王梁，韓信王
韓，張敖王趙，貫高爲相，盧綰王燕，陳豨在代，令此六七公者皆
亡恙，當是時而陛下即天子位，能自安乎？

賈誼此問，讀來眞令人心驚肉跳。他接者指出此數人既非漢文重其才而親自任用，又非漢文帝封以爲王，連高皇帝都不能以是一歲爲安，漢文帝如何駕馭他們。這就透出劉邦在爲鞏固劉氏政權及避免天下再度陷入戰爭方面，都要有所遠慮。這就是劉邦的可尊可敬處。劉邦在與項王的戰爭中受了傷，一直都未得到根治，這使得他必須與時間賽跑，或許也因此，使他在處理異姓諸侯王之手法上顯得拙劣。但班固似乎頗能體會劉邦之苦衷。史遷從道德判斷出發，對漢初異姓諸侯王之勳業與結局發出不平之鳴，而自身之含冤負屈，亦易使他有同悲天涯淪落之感性。班固從歷史判斷出發，冷眼旁對漢初局勢，而多理性之觀點，故對漢高之誅除元勳，並無多大異見。

何況班固這篇〈韓彭英盧吳傳〉除以上之序言與贊語之外，就史實而言，卻未曾顚倒是非，亦未曾因諸人反叛漢政權，而刪改醜化各人之行跡，范尉宗稱其「不激詭，不抑抗，贍而不穢，詳而有體」，可謂千載之公評了。

二、從「理想」與「現實」考察

史公既立場於全史，故每就「理想」著眼，而班固卻常就「現實」立論，而顯其立場漢代的色彩，而實則此種情形未必就不客觀。如史公序〈儒林傳〉云：

自孔子卒，京師莫崇庠序，唯建元、元狩之閒，文辭粲如也。

班固改爲：

獷獷亡秦，滅我聖文，漢存其業，六學析分。是綜是理，是綱是紀，

　　　師徒彌散,著其終始。

司馬之說,認爲漢代「只有這樣」,或「只做到這樣」,言下有「應該如何會更好」之意。班氏之說,申明漢代「之所爲」,或「之所難能」,言下有「已經不錯了」之意。對於儒學發展與利祿之關連,史公劈頭以嘆發端,其言曰:

　　　余讀功令,至於廣厲學官之祿,未嘗不廢書而歎也。

班固則於傳贊結言:

　　　自武帝立五經博士,⋯⋯訖於元始,百有餘年,傳業者寖盛,支葉

　　　蕃滋,一經說至百餘萬言,大師眾至千餘人,蓋祿利之路然也。

史公之嘆,乃嘆廣厲學官手段之不合理。班固之言則隱然承認了目的之合理。此顯示史公較感性,而班固較理性;史公多理想,班固多現實。史公多理想,故要求手段與目的均須合理,班固多現實,故只要目的合理,手段可再考量。當然,這與當時的社會風氣也有所關連。蓋西漢社會自武帝崇儒,公孫弘開「布衣卿相」之局而一變。讀書人自此多奔競於利祿之途。《漢書‧夏侯勝傳》載:

　　　勝每講授,常謂諸生曰:「士病不明經術;經術苟明,其取青紫如俛

　　　拾地芥耳。經學不明,不如歸耕。」

此見夏侯勝常將利祿掛在口邊而不諱,亦見爲利祿而經術之風。〈揚雄傳〉亦載,劉歆嘗觀《太玄》而謂雄曰:「空自苦!今學者有祿利,然尚不能明《易》,又如《玄》何?吾恐後人用覆醬瓿也。」足見西京之末,利祿已成學者向學之一大誘因了。《後漢書‧桓榮傳》亦載,光武帝建武二十八年(52 年),大會百官,「詔問誰可傅太子者?」「群臣承望上意」,都說太子舅陰識可,博士張佚正色力爭,以爲立太子是爲天下,不是爲陰氏,「固宜用天下之賢才。」光武稱善,以爲博士敢於正朕,何況太子?於是即拜張佚爲太傅。然張佚反對他人爲太傅,自己從博士超拔爲此職,卻未見謙讓之辭,故范曄論曰:

　　　張佚訐切陰侯,以取高位,危言犯眾,義動明后,知其直有餘也。

　　　若夫一言納賞,志士爲之懷恥;受爵不讓,風人所以興歌。而佚廷

　　　議戚援,自居全德,意者以廉不足乎?

清廉之不足,說明了張佚不能抗拒利祿之誘惑。實則時代經生儒者並不諱言利祿。如桓榮被拜爲少傅,受賜輜車、乘馬之後,他便「大會諸生,陳其車馬、印綬」,說:「今日所蒙,稽古之力也,可不勉哉!」桓榮是章帝的老師,

但利祿到來之時,卻是這幅德性,他人可想而知。桓榮的族人桓元卿嘗與榮同饑厄,而桓榮講誦不息。桓元卿笑嘲桓榮說:「但自苦力氣,何時復施用乎?」桓榮笑而不答。建武三十年(54 年),桓元卿拜爲太常後,他嘆氣說:「我農家子,豈意學之爲利乃若是乎?」以明經居高位是當代之極高榮崇,明帝對他的老師桓榮更是敬重有加。至於作爲一個儒者,而把名利如此的看重,乃時代之風尚如此,班固自亦不免。故他對當代儒林人士的道德要求較史公爲低。〈儒林傳〉贊中他雖一則曰「勸以官祿」,再則曰「蓋利祿之路然也」,但語氣中正平和,對學者追求利祿之現實亦有著同情之寬諒胸懷,不像史公一本理想,見儒者之墮落,即發出千古的浩嘆悲鳴。

史公不爲董仲舒立專傳,也是從較高的標準來看。董仲舒雖爲自己的老師,且獨尊儒術,罷絀百家,然內包災異,外據公羊,因此只列他於〈儒林列傳〉,並有「於是董仲舒不敢復言災異」之言,又說:「漢興至於五世之間,唯董仲舒名爲明於《春秋》,其傳公羊也」,可見他不認爲董仲舒眞正的明於《春秋》,並有鄙視以災異說經之公羊學的味道。而班固則對董仲舒無所苛責,並承認他承秦滅學之後,推明孔氏,令後學者有所一統之功。蓋史公「年十歲,讀古文」,而《史記》〈年表〉、〈世家〉等史料頗或取材《左傳》,且當時儒學雖已逐漸復興,然尚純而不雜,而仲舒以陰陽災異附會《春秋》,史公自是不滿。而班固在古文學初興,今文經學盛行,陰陽五行讖緯籠罩之時代,董氏既爲西漢陰陽五行學說牽合《春秋》之奠基者,又是致使武帝「獨尊儒術、罷黜百家」最爲關鍵之人物,其影響力絕不可忽視,故待以專傳,推爲「純儒」。就此而論,馬遷可謂儒學的理想主義者;而班固則可謂儒學的現實主義者。

又如〈循吏傳〉,史公以「奉職循理,亦可爲治」之寬鬆條件,卻不數漢臣,言下有漢無循吏之意;班固以「所居民富,所去見思,生有榮號,死見奉祀」之嚴苛條件,而漢不乏其人。這顯出班固之立場漢代,及欲與史公立異,與漢平反之心態,然依〈循吏傳〉所載史實觀之,班固的寫法卻比史公來得公正客觀。換言之即使表面觀之,班固有尊漢之傾向,也是尊所當尊,斷無「刻意」尊漢之意。

三、從「集體」與「個體」考察

司馬遷在〈劉敬叔孫通列傳〉後說:

語曰:「千金之裘,非一狐之腋也;檯榭之榱,非一木之枝也;三代

之際，非一士之智也。」信哉！夫高祖起微細，定海內，謀略用兵
可謂盡之矣。然而劉敬脫輓輅一說，建萬世之安，智豈可專邪！

其意在說，沒有一個人有整全的智慧，如劉邦有張良、陳平之謀計，有韓信、
彭越之用兵，以助取天下，但仍有不足之處，因而有劉敬之一說。此見劉敬
之歷史價值所在，亦見慧眼英雄之歷史舞臺。史遷此論，雖亦環繞政權中心
之人物立說，雖亦建集體共成天功之意，但此集體是針對漢家言，意謂非劉
氏一人可成天下，須多人共輔始克有成，個人在此是「凸顯」的。其筆下三
教九流，升斗小之生命，亦自見其英姿，不待為漢服務；為漢建制而展現生
命之涓涓細流，此見史遷有個人英雄主義之色彩。而班固敘事多以漢政權為
主軸，而展現一種圍繞統治中心，共成天功的集體意識。此集體意識是針對
個人言，謂個人無單獨表現之可能。故其逆反於統治中心秩序之外的將軍、
游俠，貨殖諸人，固不獲好評；就是英雄人物，離開此統治中心，也一似已
無揮灑之空間。〈酈陸朱劉叔孫傳〉贊云：

> 高祖以征伐定天下，而縉紳之徒騁其知辯，並成大業。語曰：「廊廟
> 之材非一木之枝，帝王之功非一士之略」，信哉！劉敬脫輓輅而建金
> 城之安，叔孫通舍枹鼓而立一王之儀，遇其時也。酈生自匿監門，
> 待主然後出，猶不免鼎鑊。朱建始名廉直，既距辟陽，不終其節，
> 亦以喪身。陸賈位止大夫，致仕諸呂，不受憂責，從容平、勃之間，
> 附會將、相以彊社稷，其最優乎！

一切的價值只在附會政權中心的比較中，以取榮名，其立場漢家固明，集體
服務政權中心尤顯，個人的色彩因此減弱。

又如〈公孫弘卜式兒寬傳〉云：

> 漢之得人，於茲（武帝時）為盛，儒雅則公孫弘、董仲舒、兒寬，
> 篤行則石建、石慶，質直則汲黯、卜式，推賢則韓安國、鄭當時，
> 定令則趙禹、張湯，文章則司馬遷、相如，滑稽則東方朔、枚皋，
> 應對則嚴助、朱買臣，曆數則唐都、洛下閎，協律則李延年，運籌
> 則桑弘羊，奉使則張騫、蘇武，將帥則衛青、霍去病，受遺則霍光、
> 金日磾，其餘不可勝記。是以興造功業，制度遺文，後世莫及。孝
> 宣承統，纂修洪業，亦講論六藝，招選茂異，而蕭望之、梁丘賀、
> 夏侯勝、韋玄成、嚴彭祖、尹更始以儒術進，劉向、王褒以文章顯，
> 將相則張安世、趙充國、魏相、丙吉、于定國、杜延年，治民則黃

> 霸、王成、龔遂、鄭弘、召信臣、韓延壽、尹翁歸、趙廣漢、嚴延
> 年、張敞之屬，皆有功跡見述於世。參其名臣，亦其次也。

這無一不是圍繞漢政權中心而論述事功。對班固而言，亦可以說，離開了漢政權中心，一切即成水月鏡花，故一切功業、一切令名，均必須建築在漢政權的基石上始有可言。而在帝權專制之時代，這確也是大部分人成就功名的主要途徑。換言之，班固的說法雖有立場漢家的「味道」，實則亦是事實的陳述。

四、從體用關係考察

　　既然斷代為史與對漢代的欣賞之情，使班固撰述《漢書》時立場漢代，因此他自也期盼漢代的「受命之王，務在創業垂統，傳之無窮。」〔註39〕緣此，他不僅推崇劉邦「雖日不暇給，而規摹弘遠」；推崇漢武「號令文章，煥焉可述」，更推崇為漢建制的叔孫先生。本來司馬遷評論叔孫通：

> 希世度務，制禮進退，與時變化，卒為漢家儒宗。「大直若詘，道固委蛇」，蓋謂是乎？

是從屈伸成事的觀點以論事的。其中「『道固委蛇』，蓋謂是乎」，還帶有幾分揶揄的意味。而班固則從為漢代建制的觀點出發，故他序〈叔孫通傳〉：

> 食其監門……賈作行人……敬釋役夫……叔孫奉常，與時抑揚，稅介免冑，禮義是創。或哲或謀，觀國之光。

就頗致讚美之辭。《史、漢》〈外戚傳〉最大不同之處，也是在班固強調後宮之建制下加以突顯：

> 漢興，因秦之稱號，帝母稱皇太后，祖母稱太皇太后，適稱皇后，妾皆稱夫人。又有美人、良人、八子、七子、長使、少使之號焉。至武帝制倢伃、娙、娥、充依，各有爵位，而元帝加昭儀之號，凡十四等云。昭儀位視丞相，爵比諸侯王。倢伃視上卿，比列侯……上家人子、中家人子視有秩斗食云。五官以下，葬司馬門外。

又〈百官公卿表〉表前有序，先敘官爵名號來源，而後說明位次、印綬、職掌、爵祿、屬官、變革等，最後始如《史記》的〈漢興以來名臣將相年表〉表列其人。這些都說明了班固欲漢家帝王以德治民，以禮輔民，國家隆崇禮樂，一切儀文可觀，制度儀法可遠可久，百姓家給戶足，而達到長治久安之

太平盛世。〈禮樂志〉云：「六經之道同歸，而禮樂之用爲急」，又云：「治身者斯須忘禮，則暴嫚入之矣；爲國者一朝失禮，則荒亂及之矣。」這是希望百姓或是君王，從個人身修做起，而後下不暴嫚，國不荒亂。國家大治，這自是極高的理想。故《漢書‧景帝紀贊》曰：

> 漢興掃除煩苛，與民休息。至于孝文，加之以恭儉，孝景遵業，五
> 六十載之間，至於移風易俗，黎民醇厚。周云成康，漢言文景，美
> 矣！

孔子也說過「如有王者，必世而後仁」〔註40〕的話。班固稱美文帝，贊曰：「嗚呼，仁哉」，對於班固而言，天下「治」是他的終極的理想，而漢則是他心目中能達到此種境地之可能政府。故「治」與「漢」是一種體用的關係。治是體，是治道之極，代表一種終極之價值與努力之基調；漢是用，是正當的統治政府，代表一種工具理性與努力之形勢。就歷史的發展言，班固當然知道時代有變遷，王朝有更迭，但如何使變遷與更迭的結果乃至過程，都是安定有序的，這是終極問題。這也是何以古今人表所列上上等之人，多治世聖王之原因。就此價值，雖與漢室的利益衝突，班固仍不惜稱美之。前面提到的，蓋寬饒引韓氏易傳云：

> 五帝官天下，三王家天下，家以傳子，官以傳賢，若四時之運，功
> 成者去，不得其人則不居位。

居位與得人顯示一種體用與條件的關連。這種關連指出，漢朝帝王如非其人，則亦不得居位。而家天下與嫡子繼統之局，邏輯上與事實上皆無法保證繼位者必是適當人選，劉氏居位也就失去其必然之正當性。此種說法自然違背漢代「帝室」之利益，但班固仍對蓋寬饒大加讚賞，此見班氏終極價值之所在，仍在於全體之百姓，故不可狹隘的說，班固是站在漢代「帝室」的立場看歷史。

然則，衡諸歷史，朝代之更替，也未必就能解決社會動盪、政治不安、民生凋敝的問題。且王莽篡位不數年，即告殄滅，原有的政權，又回到劉氏的手中，而劉氏歷光武、明、章三帝，又皆勤政愛民之君，這多少使得班固相信，劉漢的政權可長可久。故要求或希冀漢國帝君，普施仁義，創造垂諸萬世之制，建立長治久安之局，自亦有其理具。

當然，由已上的敘述觀之，吾人亦不可武斷的說，班固「絕無」尊漢之

〔註40〕 見《論語‧子路》。

心，但如果說，在班固的心目中，歷史終須依據事實，而他的《漢書》在「尊其可尊（不是所尊）」的情況下，不失其公正客觀的意識與撰述立場，應該算是較持平的看法。

　　至於班固眞正應該擔上「尊漢」之名的，則表見於他的應酬文章，蓋歷史固需依據史實，而文學則可恣意發揮個人之情志，此可以文心說之。至於班固文心與史筆的判分，將在第八章再做較詳細的說明，茲暫不贅。

第五章 《漢書》之歷史選擇與歷史解釋

第一節 《漢書》史料之來源與考證

班固作《漢書》，其史料或資料之來源有三，茲分述如下：

一、漢王朝之內外藏書與諸續《太史公》之作

秦統宇內，規範文書，以利天下，以愚黔首，於是民不敢偶語《詩》、《書》，士不敢非今以古。高祖平天下，廢秦苛法，與民更始，然後諸儒始得修其經藝，政府亦「大收篇籍，廣開獻書之路」。然「迄孝武世，書缺簡脫，禮壞樂崩，聖上喟然而稱曰：『朕甚閔焉！』乃建藏書之策，置書寫之官，下及諸子傳說，皆充祕府」，這是《漢書‧藝文志》所載武帝時蒐集圖書的情形。〈太史公自序〉也說：

> 漢興，蕭何次律令，韓信申軍法，張蒼爲章程，叔孫通定禮儀，則文學彬彬稍進，《詩》、《書》往往閒出矣。自曹參薦蓋公言黃老，而賈生、鼂錯明申、商，公孫弘以儒顯，百年之間，天下遺文古事靡不畢集太史公。太史公仍父子相續纂其職。

這段話說明了當時所有先秦與漢初的文獻及當代的典籍皆及集中於太史的事實。而這期間，司馬談似乎以已對典籍舊聞動手做過初步的整理[註1]，以爲

著史之準備。

　　及司馬遷爲太史之官，就開始整理父親所編次的舊聞及金匱石室之書。
這些書的份量相當可觀，司馬談論六家要旨時即說：

　　　　〈六藝〉經傳以千萬數，累世不能通其學，當年不能究其禮。

這是武帝時的情況，當時對圖書之整理還不是大規模的進行。成帝時則另有
一次大規模的徵求圖書。這些圖書分別藏於石渠閣、天祿閣、麒麟閣、蘭臺、
石室、延閣、廣內等處，稱爲「秘書」或「中書」、「內書」。此外太常、太史、
博士等處也有藏書，稱爲「外書」。圖書蒐羅既多，於是「書積如丘山」〔註2〕。
而徵求來之圖書，年荒代遠，零散殘缺，錯誤訛亂，在所不免。成帝遂命劉
向、劉歆父子領導，做了一次史無前例的圖書之整理、校讎。於是而有《別
錄》、《七略》之作。到了班彪之時，他也有《別錄》之作〔註3〕，可見他對圖
書亦嘗留心注意。班固作〈藝文志〉，更曾核對圖書，「出入」〈七略〉之類別
〔註4〕。而〈藝文志〉所錄既是政府所藏之書，班固著史蘭臺，則所有這些圖
書自是班氏史料之重要來源之一。當然，擁有典籍之多寡是一回事，班固取
材了多少又是一回事。《漢書·司馬遷傳》說：

　　　　司馬遷據《左氏》、《國語》采《世本》、《戰國策》，述《楚漢春秋》、

　　　　接其後事，訖於天漢，其言秦、漢，詳矣。

這只是指出司馬遷著史最主要的參考資料而已。同樣地班固撰《漢書》，亦有
其主要之參考書，楊樹達先生〈漢書所據史料考〉，詳著《漢書》之源流，略
謂《漢書》之取材，除《史記》人人所知之外，又本之父業、本之向、歆父
子、本之褚少孫、本之馮商、本之揚雄、本之馮衍、本之韋融、本之班昭、
馬續等。並引晉傅玄〈書事篇〉：

　　　　觀孟堅《漢書》，實命世奇作，及與陳宗、尹敏、杜撫、馬嚴撰〈中

　　　　興紀傳〉，其文曾不足觀，豈拘於時乎？何不類之甚也！

而謂：

　　　　今觀《東觀漢紀》諸紀傳，爲文不類，皭如傅子所言，蓋前書所據，

　　　　先人所次舊聞，弗敢闕。」可見史公對乃父之所欲論著者知之甚明，亦顯示
　　　　司馬談已對史料做過初步之整理。
〔註2〕　《太平御覽》，卷二三三〈職官部〉三十一。
〔註3〕　《漢書·藝文志》注引韋昭曰：「馮商受詔續《太史公》十餘篇，在班彪《別
　　　　錄》」。
〔註4〕　見《漢書·藝文志》班固自注部分。

材料豐盈，猶之漁人入海，薪者登山，可以恣其采擇。而中興以後
事則大不然，此二者優列所由分也。蓋因人易美，創業難工，古今
同然，非獨一人一事矣。

不過，史料畢竟只是史料，猶如廚師，面對眾多可烹之物，如何料理，則是
庖者之技藝、識見。用心與否，則見庖者之道德；可達何種境界，則是庖者
之學，史業亦然。因人易美，誠固然矣，但決非拼湊材料即可，其間出入進
退、遮章鋪排、取舍抑揚，巨細曲直，自有不可同日而語者在。而諸續太史
公之作，雖鄙俗難以繼踵《史記》，但作為史料則猶有其價值。至於〈藝文志〉
所載，列於馮商《續太史公七篇》之後的《太古以來年紀》二篇、《漢著紀》
百九十卷、《漢大年紀》五篇，恐怕固取於此者尤不少〔註5〕。至於不入〈藝
文志〉的，如「臣瓚」注《漢書》時，所引之《漢帝年紀》、茂陵中書（亦稱
茂陵書）等西京之典，則取材應該就比較少了〔註6〕。此外，尚須一提者，班
固雖本史公成篇，亦不僅於字句作改動；於篇章書疏上補闕漏，其取於古文
遺事以添之者亦多見之。如〈高帝紀〉載：

十二年……十一月，行自淮南還。過魯，以大牢祠孔子。

〈惠帝紀〉載：

三年春，發長安六百里內男女十四萬六千人城長安，三十日罷……

五年冬十月，雷；桃李華，棗實。

〈高后紀〉載：

三年夏，江水、漢水溢，流民四千餘家。秋，星晝見……七年冬十
二月，匈奴寇狄道，略二千餘人。

〈文帝紀〉載：

潤月己酉，入代邸……十二月，立趙幽王子遂為趙王，徙瑯琊王澤
為燕王。呂氏所奪齊楚地皆歸之……四月，齊楚地震，二十九山同
日崩，大水潰出。

又如〈項羽本紀〉載：

項羽乃立章邯為雍王，置楚軍中。使長史欣為上將軍，將秦軍為前
行，到新安。

〔註5〕尤其《漢著記》一九〇卷，師古曰：「若今之起居注」，應是《漢書》史料來
源之大宗。

〔註6〕臣瓚注漢書，所引《漢帝年紀》五處，皆天漢以前之事；而茂陵中書自是武
帝陵墓中之陪葬品。（顏師古《漢書敘例》所云臣瓚「喜引竹書」即謂此乎！）

而班書〈項羽傳〉改寫爲：

> 羽乃立章邯爲雍王，置軍中。使長史欣爲上將，將秦軍行前。漢元
> 年，羽將諸侯兵三十餘萬，行略地至河南，遂西到新安。

又如〈夏侯嬰傳〉後，班固補敍云：

> 初嬰爲滕令奉車，故號公。及曾孫頗尚主，主隨外家姓，號孫公主，
> 故滕公子孫更爲孫氏。

又如《漢書・蕭何傳》云：

> 羽……與范增謀曰：「巴蜀道險，秦之遷民皆居蜀。」乃曰：「蜀漢
> 亦關中也。」故立沛公爲漢王，而三分關中地，王秦降將以距漢王。
> 漢王怒，欲謀攻項羽。周勃、灌嬰、樊噲皆勸之，何諫之曰：「雖王
> 漢中之惡，不猶愈於死乎？」漢王曰：「何爲乃死也？」何曰：「今
> 衆弗如，百戰百敗，不死何爲？《周書》曰『天予不取，後受其咎』。
> 語曰『天漢』，其稱甚美。夫能詘於一人之下，而信于萬乘之上者，
> 湯武是也。臣願大王王漢中，養其民以致賢人，收用巴蜀，還定三
> 秦，天下可圖也。」漢王曰：「善。」乃遂就國，以何爲丞相。

案收秦圖書律令、諫漢王暫王蜀漢及進薦韓信乃蕭何之三大識見。而史公於
何勸漢王王漢中失載，此史公之失。而班固補缺，且引《周書》，又釋「天漢」，
觀其所載，或是《漢著記》一類之史料。亦可證固雖本史遷，其於史實仍有
所考補，非一味之轉襲而已。

二、漢王朝保存之檔案資料

除前述之蘭臺遺文古事與諸家著作之外，漢王朝保存之檔案，也是《漢
書》史料的重要來源之一。試觀《史記・高祖功臣侯者年表》載酇侯蕭何之
續封至「元封四年（前 107 年），壽成爲太常，犧牲不如令，國除」止。〈建
元以來侯者年表〉末，褚先生補云：

> 酇：地節三年，天子下詔書曰：「朕聞漢之興，相國蕭何功第一，今
> 絕無後，朕甚憐之，其以邑三千戶封蕭何玄孫建世爲酇侯。

而《漢書・蕭何傳》則歷載呂后、文帝之封及景帝二年（前 155 年）、武帝元
狩（前 122～117 年）之詔，更載：

> 宣帝時，詔丞相御史求問蕭相國後在者，得玄孫建世等十二人，復下
> 詔以酇戶二千封建世爲酇侯。傳子至孫獲，坐使奴殺人減死論。成帝
> 時，復封何玄孫之子南繹長喜爲酇侯。傳子至曾孫，王莽敗乃絕。

此若非據漢王朝的檔案恐不能爲。亦可見固非僅本之少孫，更多的是他自己下功夫對蕭何後世的考補。又如〈韋賢傳〉載：

> 凡祖宗廟在郡國六十八，合百六十七所。而京師自高祖下至宣帝，與太上皇、悼皇考各自居陵旁立廟，并爲百七十六。又園中各有寢、便殿。日祭於寢，月祭於廟，時祭於便殿。寢，日四食上；廟，歲二十五祠；便殿，歲四祠。又月一游衣冠。而昭靈后……昭哀后……戾后各有寢園，與諸帝合，凡三十所。一歲祠，上食二萬四千四百五十五，用衛士四萬五千一百二十九人，祝宰樂人萬二千一百四十七人，養犧牲卒不在數中。

這些如非取於檔案焉能知而計之。

又如《漢書》所補諸帝策問；賈誼、晁錯、公孫弘、董仲舒、魏相、谷永等人的對策，這些大抵都是存諸漢王朝的檔案，班固始克援引入史。班固又頗引錄書疏入史，如賈山《至言》、〈諫除鑄錢令〉；鄒陽〈諫吳王書〉、〈獄中上書〉；枚乘〈諫吳王書〉、〈諫吳王罷兵書〉；路溫舒〈諫尚德緩刑書〉，淮陽王劉欽之舅張博予劉欽之書；元帝賜懷陽王劉欽之璽書等。這些書、疏、信函、賜書，或存於中央，或因重大刑案之調查，而以證物或證據之方式，被以檔案的方式而保存下來，卻都成了固書的史料。

其實漢廷自有一套嚴整的紀錄。如〈高惠高后文功臣表〉載：

> 漢興……訖十二年，侯者百四十有三人……訖於孝武後元之年，靡有孑遺，耗矣。罔亦稍密焉。故孝宣皇帝愍而錄之，乃開廟藏，覽舊籍，詔令有司求其子孫，咸出庸保之中。

這「開廟藏，覽舊籍」，就表示漢家有一套保存重要文物檔案之方法與處所。又如〈何武王嘉師丹傳〉載：王嘉因推薦被東平王獄牽引免職之梁相、鞫譚、宗伯鳳等三人，又以封還益封董賢的詔書，致使成帝責王嘉以迷國罔上無道之罪，嘉不自引決而自詣吏，吏詰問，嘉對以「案事者思得實……臣竊爲國惜賢，不私此三人」，並喟然仰天長嘆：「不能進賢退不肖」，吏問賢不肖主名，王嘉曰「賢，故丞相孔光、故大司空何武」云云，嘉爲相三年誅，國除，死後上覽其對而思嘉言，復以孔光代嘉爲丞相，徵用何武爲御史大夫。由「上覽其對」一語可知，王嘉對獄之辭，曾作成紀錄存檔。宋洪邁亦云：

> 京房與漢元帝論幽、厲事，至於十問十答。西漢所載君臣之語，未有如是之詳盡委曲者。蓋漢法露泄省中語爲大罪，如夏侯勝出道上

> 語，宣帝責之，故退不敢言，人亦莫能知者。房初見帝時，出爲御
> 史大夫鄭君言之，又爲張博道其語，博密記之，後竟以此下獄棄市，
> 今史所載，豈非獄辭乎？〔註7〕

又如「臣瓚」注《漢書》所引之〈漢秩祿令〉，則是漢王朝對官名、爵位、奉祿等之規定，班固〈百官公卿表〉之官秩焉有不取參之理。而由漢代張掖郡居延、肩水兩都尉烽燧遺址，出土之漢簡，更有漢宣帝甘露二年（前 52 年）的「丞相御史律令」，這是宣帝追察廣陵王劉胥謀反活動，通緝叛黨逃犯而發佈到全國各地的文書〔註8〕，這些丞相御史律令既頒行全國，則丞相府與御史府必有存底之檔案。又勞幹先生依萬餘枚出土之居延漢簡作《居延漢簡考證序目》，其內容分：（一）文書（包含書檄、封檢、符券、刑訟四種）；（二）簿冊（含烽燧、戍役、疾病死亡、錢穀、名籍、資績、器物、車馬、酒食、計簿、雜簿十一種）；（三）信札；（四）經籍（含歷譜、小學、六經諸子、律令、醫方術數六種）；（五）雜類。共五大類，其中以簿籍類最多。吳昌廉先生之〈居延漢簡所見之簿籍略述〉〔註9〕分析「簿」類爲：（一）食簿；（二）四時簿及四時雜簿；（三）日跡簿；（四）兵簿；（五）穀出入簿及茭出入簿；（六）錢出入簿及財物出入簿；（七）戍卒被簿；（八）省卒簿；（九）其他簿名等九種。分析「籍」類爲：（一）奉賦名籍；（二）吏卒名籍；（三）食名籍；（四）廩名籍與家屬名籍；（五）賜勞名籍；（六）吏民出入籍；（七）車馬名籍；（八）貰賣名籍；（九）射爰書名籍、告劾副名籍等九種。由簿籍之內容可知郡國每年派往京師的上計吏，他們所報告內容之依據。

又如〈陳平傳〉載高帝過曲逆，上城見屋室甚大，顧問御史：「曲逆戶口幾何？」對曰：「始秦時三萬餘戶，間者兵數起，多亡匿，今見五千餘戶。」於是詔御史，更封平爲曲逆侯。此可見御史對故事之熟悉，而其跟隨帝王身邊，隨時掌文書佈命令，有關的詔令奏議、與郡國之上計就這樣集於二府了。

又如〈霍光傳〉載光與群臣連名奏昌邑王劉賀不可承宗廟狀時，尙書令所讀奏中，連昌邑王「自之取符節十六次」、「受璽以來二十七日，使者旁午，

〔註7〕 見宋・洪邁，《容齋隨筆》，卷第二〈漏泄禁中語〉條（上海：古籍出板設社，1998 年），頁 21。

〔註8〕 見《文史集林》，第一輯〈居延考古新史料〉（臺北：木鐸出版社，民國 59 年）。

〔註9〕 簡牘學報第七期。

持節詔諸官署徵發，凡一千一百二十七事」及爲書：「皇帝問侍中君卿：使中御府令高昌奉黃金千金，賜君卿取十妻」，這種細節與這類書函都被一五一十記下。至於宣帝即位，益封霍光，班固載：「與故所食凡二萬戶。賞賜前後黃金七千斤，錢六千萬，雜贈繒三萬疋，奴婢百七十人，馬二千疋，甲第一區」還算是餘事而已。當然如谷永、杜業等一切上書與夫大臣議政之言亦皆取自王朝檔案，應無庸論。又如〈魏相傳〉載元康（前 65～62 年）中相上書諫伐匈奴，中有言曰：

> 案今年計，子弟殺父兄，妻殺夫者，凡二百二十二人，臣愚以爲此
> 非小變也。

魏相所說，必是統計各郡國及諸侯王所報，有案可稽，絕非信口開河之言，而此亦非檔案不爲功。《史通・煩省》曰：

> 漢氏之有天下也，普天率土，無思不服。會計之吏，歲奏於闕廷；
> 輶軒之史，月馳於郡國。作者居府於京兆，徵事於四方，用使夷夏
> 必聞，遠進無隔。故漢氏之史，所以倍增於《春秋》也。

所說雖是史筆之煩省，卻也指出班史史料之一大來源。《史通・忤時》亦云：

> 前漢郡國計書，先上太史，副上丞相。後漢公卿所撰，始集公府，
> 乃上蘭臺。由是史官所修，載事爲博。

是東漢公卿所撰，其言事或涉前朝者，固亦得以取資也。

三、班固接聞或親見之當代史事

班固《漢書》亦有取材自第一、二手史料者，如〈佞幸傳〉載董賢死，賢所厚吏朱詡自劾去大司馬府，買棺衣收藏董賢事，其子朱浮建武（25～55 年）中貴顯，至大司馬、司空，封侯。案《後漢書・朱浮傳》載，「永平中（58～75 年），有人單辭告（朱）浮事者，顯宗大怒，賜浮死。」永平中班固已著手寫《漢書》，朱浮之死，固必知之，其父事或傳於此時。

同傳又載，王閎任中常侍時，成帝嘗從容視董賢笑，曰：「吾欲效堯禪舜，何如？」王閎進言切諫，而「上默然不悅，左右皆恐，於是閎遣出，後不得侍宴」。王莽時王閎爲牧守，「所居見紀，莽敗乃去官」。世祖下詔以閎子補吏，「至墨綬卒官」。班固特筆記載：「蕭咸外孫云。」案蕭咸乃蕭望之之子，王閎乃蕭咸之女婿，則蕭咸之外孫，實即王閎之子。也就是說，有關王閎、蕭咸、蕭望之等人之事蹟可能部分即來自王閎之子的口述。又如〈揚雄傳〉雖大體來自雄之〈自序〉，但贊語所補事蹟：

> 諸儒或譏以爲雄非聖人而作經，猶春秋吳楚之君僭號稱王，蓋誅絕
> 之罪也。自雄之沒至今四十餘年，其《法言》大行，而《玄》終不
> 顯，然篇籍具存。

則是班固所躬逢之事實。又如揚雄曾奉詔在未央宮牆上趙充國畫像旁寫了一
篇〈趙充國頌〉。未央宮在長安，班固未得親見，但，當時，班固「家有賜書，
內足於財，好古之士自遠方至，父黨揚子雲以下莫不造門」，而班固年九歲，
能屬文誦詩賦，則揚雄茲篇充國之頌，班固必曾拜讀，甚至充國事蹟亦有所
聞。何況乃弟遠征萬里，事類充國，班固於其人必有匪淺之留心，故充國之
傳，亦神采飛揚。又如〈鮑宣傳〉末云：

> 世祖即位，徵薛方，道病卒。兩龔、鮑宣子孫皆見襃表，至大官。

而《後史》載鮑宣子鮑永之事蹟云：

> 建武十一年，徵爲司隸校尉。帝叔父趙王良尊戚貴重，永以事劾良
> 大不敬，由是朝廷肅然，莫不戒愼。乃辟扶風鮑恢爲都官從事，恢
> 亦抗直不避彊禦。帝常曰：「貴戚且宜斂手，以避二鮑。」其見憚如
> 此。

可見鮑永名重當代，而其子鮑昱中元元年（56 年），亦拜司隸校尉，光武帝曾
說：「吾故欲令天下知忠臣之子復爲司隸也。」永平五年（62 年）免，後拜汝
南太守，十七年（74 年）代王敏爲司徒。而此期間固正撰史蘭臺，故班固說
「鮑宣子、孫皆見襃表，至大官」。鮑宣所上書及施政紀錄資料，固本之王朝
檔案，然其平居瑣事或亦得之鮑昱或同僚相傳鮑昱父、祖之事蹟。

又〈梅福傳〉云：

> 元始中，王莽顓政，福一朝棄妻子，去九江，至今傳以爲仙。其後，
> 人有見福於會稽者，變名姓，爲吳市門卒云。

此亦得之傳聞者。又如杜周有子曰杜延年，杜延年乃杜篤之高祖。《後漢書·
文苑·杜篤傳》載：

> 篤之外高祖破羌將軍辛武賢，以武略稱。篤常嘆曰：「杜氏文明善政，
> 而篤不任爲吏；辛氏秉義經武，而篤又怯於事。內外五世，至篤衰
> 矣！」

由杜篤之言，可知篤深知其內外父祖之行，而深以爲榮。且杜篤以關中表裏
山河，先帝舊京，不宜改營洛邑，曾上奏〈論都賦〉，而班固「自爲郎後，遂
見親近。時京師脩起宮室，濬繕城隍，而關中耆老猶望朝廷西顧」，班固乃上

〈兩都賦〉,「盛稱洛邑制度之美,以折西賓淫侈之論」。〈兩都賦〉乃班固力作,故其下筆之前必讀過杜篤之〈論都賦〉,對其人亦可能有所認識,乃至熟知。又如〈張湯傳〉云:

> 放子純嗣侯,恭儉自修,明習漢家制度故事,有敬侯(張安世)遺
> 風。王莽時不失爵,建武中歷位至大司空,更封富平侯。

案本傳雖本之馮商,但馮商病死於劉歆之前,不得論建武中事,且班彪死於建武三十一年(55 年),其敘事亦不得稱「建武中」,是知此乃班固接聞或親見之史實。又如前章提到的劉龔,其祖父劉歆死於王莽時,則劉龔有可能與班固同時。而以班固對向、歆之尊崇,班氏所錄劉龔對董仲舒之評,應為固所親聞或得自間接之傳聞者。又如〈孫寶傳〉載,寶於孔光、馬宮等咸稱頌王莽功德比於周公,宜告祠宗廟時,獨持異議云:

> 周公上聖,召公大賢。尚猶有不相說,著於經典,兩不相損。今風
> 雨未時,百姓不足,每有一事,群臣同聲,得無非其美者。

班固說:(當時聞聽此事之)「大臣皆失色,奉車都尉承制罷議者」。可知此事必盛傳於當時。而此事稍後孫寶遣吏迎母,結果母「道病卒,留弟家」,只接回妻子。於是司直劾奏孫寶,三公即訊,孫寶索性回答:

> 年七十誖眊,恩衰供養,營妻子,如章。

於是「寶坐免,終於家。建武中(25~55 年),錄舊德臣,以寶孫伉為諸長。」案班固於王莽傳極用力,許多事在兵慌馬亂中,無從記載,一些對話亦未見得有所記錄,此時只有靠長老耆舊傳下來一些軼事趣聞,而建武中既錄舊德臣,則類似孫寶之事蹟,就會被重新提起,也給班固一次採集史料之機會。如《後漢書·馬援傳》即載:

> 援閑於應對,尤善述前世行事,每言及三輔長者,下至閭里少年,
> 皆可觀聽。自皇太子,諸王侍聞者,莫不屬耳忘倦。

可見東漢初葉之故舊耆老,猶能詳述前史遺事,而有可能為班固所接聞。

　　以上所舉之事證,雖不可謂夥,然於班書史料之取源,亦可窺其一斑了。班書史料之來源既明,乃可進而言渠對史料之考證。

四、班固對史料之考證

　　班固對史料真偽之判別基本上可稱認真,即使是小事亦不放過。茲分述如下:

（一）依比對史料而補改原作

如《史記‧項羽本紀》載羽懷思欲東歸，曰：「富貴不歸故鄉，如衣繡夜行，誰知之者！」說者曰：「人言楚人沐猴而冠耳，果然」。顏師古指出《楚漢春秋》、揚雄《法言》云說者是蔡生，而《漢書》云是韓生。《史記‧樊噲列傳》載噲破李由軍，斬首十一級，《漢書》改爲十六級；擊破趙賁軍，捕虜二十七人，而《漢書》改爲二十六人；至酈，斬首二十四級，而《漢書》作十四級。總言軍功，得將軍十二人，《漢書》作十三人；二千石以下至三百石十二人。《史記‧灌嬰列傳》載，嬰攻下嬴、博，破齊將軍田吸於千乘，所將卒斬之，而《漢書》省「所將卒」三字，以正軍功之歸屬。又如《史記‧靳歙列傳》載，歙破邢說軍，得降吏卒四千一百八十人，而《漢書》作四千六百八十人；總其功虜百三十二人，而《漢書》作百四十二人。又如《史記‧匈奴列傳》載，漢使驃騎將軍去病將萬騎出隴西，擊匈奴，得胡首虜萬八千餘級。而《漢書‧匈奴傳》則作八千餘級。案《史記‧驃騎列傳》及《漢書‧武帝紀》皆作八千餘級，且《漢書‧霍去病傳》亦云，票騎將軍……捷首虜八千九百六十級，足徵《漢書》所載爲確。又如《史記‧荊燕世家》云，荊王劉賈者，諸劉，不知其何屬，《漢書》則云，高帝從父兄也。又《史記》云，燕王劉澤者，諸劉遠屬也。而《漢書》詳之曰，燕王劉澤，高祖從祖昆弟也。這些如非比對史料，恐難據以補改。又如《史記‧項羽本紀》載：

> 秦二世元年……九月，會稽守通謂梁曰：「江西皆反，此亦天亡秦之時也。吾聞先即制人，後則爲人所制。吾欲發兵，使公及桓楚將。」
> 是時桓楚亡在澤中。梁曰：「桓楚亡，人莫知其處，獨籍知之耳。」

而《漢書‧項籍傳》改寫爲：

> 秦二世元年，陳勝起。九月，會稽假守通素賢梁，乃召與計事。梁曰：「方今江西皆反秦，此亦天亡秦時也。先發制人，後發制於人。」
> 守嘆曰：「聞夫子楚將世家，唯足下耳！」梁曰：「吳有奇士桓楚，亡在澤中，人莫知其處，獨籍知之。」

依其後所載之項籍殺通，及班固以通爲會稽假守等觀之，敘述上皆較《羽紀》更爲周密合理。故班固之改必定別有所據。又如〈樊噲列傳〉載鴻門宴「明日」，項羽入屠咸陽，立沛公爲漢王，而《漢書》改作「後數日」；案〈項羽本紀〉載鴻門宴後，「居數日」，項羽引兵西屠咸陽。班固或依此改之。又如對於郊祀之所起，〈封禪書〉云：

> 周公既相成王，郊祀后稷以配天，宗祀文王於明堂以配上帝。自禹
> 興而修社祀，后稷稼穡，故有稷祠，郊社所從來尚矣。

〈郊祀志〉則說：

> 自共工氏霸九州，其子曰句龍，能平水土，死為社祠。有烈山氏王
> 天下，其子曰柱，能殖百穀，死為稷祠。故郊祀社稷，所從來上矣。

此或是二人所據古書傳說不同之故。

（二）依事理而改正原作或刪汰史料

《史》、《漢》賈誼之傳，並載賈生以為漢興至孝文二十餘年，天下和洽，固當易服色，改正朔，法制度，定官名，興禮樂，乃悉草具其事儀法，孝文帝初即位，謙讓未遑。然《史記‧禮書》云：

> 孝文即位，有司議欲定儀禮，孝文好道家之學，以為繁禮飾貌，無
> 益於治，躬化謂何耳，故罷去之。

而班固則於〈禮樂志〉說：

> （誼）乃草具其儀，天子悅焉。而大臣絳灌之屬害之，故其議遂寢。

案漢初的功臣集團蒙矢石，浴血汗，打下漢家的江山，孝文更因這批人的擁護議立，乃得尊登九五，而賈誼年少，以每詔令議下，諸老先生不能言，而賈誼能「人人各如其意」的盡為之對，孝文因此喜歡賈生，「超遷，一歲中至太中大夫」，這對一干老功臣而言，早已不是滋味。這些功臣又多是質樸無文的軍人，自然不喜繁文縟節這一套。而孝文雖行垂拱之治，但那也只是不擾民之作為，對於能加強統治、章顯德業之事當不會反對。何況如果孝文真好道家言，就不會「諸律令所更定，及列侯悉就國，其說皆自賈生發之。於是天子議以為賈生任公卿。」由此可見，班固改正司馬遷之說應為有理。又如《史記‧周緤列傳》載：

> 上欲自擊陳豨，蒯成侯泣曰：「始秦攻破天下，未嘗自行。今上常自
> 行，是為無人可使者乎？」上以為「愛我」，賜入殿門不趨，殺人不
> 死。

班固刪去「殺人不死」。案漢功臣，勳過蒯成者多矣，但未見有殺人不死之禮遇，乃宗室、諸侯王亦未有此比，且劉邦入咸陽，約法三章，曰殺人者死，蒯成一泣，安能使劉邦亂此成法？是知班固刪之有理。又如《史記‧汲黯列傳》載：

> 黯姑姊子司馬安亦少與黯為太子洗馬。

班固刪一「姑」字。蓋姑之姊亦姑也,是知史遷有誤。又文云司馬安少與黯同官,則安之年紀小於黯可知,安既年少,則安為姊子,於義為長,故班固刪「姑」字而留「姊」字,是有道理的,何況史遷於姑子皆稱從兄弟,卻未見稱姑子為侄(姪)者。又如《史記・汲鄭列傳》載,鄭當時「以武安侯魏其時議,貶秩為詹事,遷為大農令」,《漢書》作「遷為大司農」。案〈百官公卿表〉,武帝太初元年(前 104 年),改大農令為大司農。班固之改當。又《史記》載:

> 鄭莊(即鄭當時)……陷罪,贖為庶人。頃之,守長史。上以為老,
> 以莊為汝南太守。數歲,以官卒。

《漢書》刪去「上以為老」四字。案〈百官公卿表〉,丞相長史秩千石,而太守秩二千石,且郡務繁重,以莊「代理」長史尚嫌其老,如何反以居重負厚爵之位,故班書之改為是。又如〈楊胡朱梅云傳贊〉云:

> 世稱朱雲多過其實,故曰「蓋有不知而作之者,我亡是也。」

何焯說得好:

> 當建武之後,追思元始之代群公頌莽功德,天下風靡,思一見朱雲,
> 何可復得?此天下傳述雲名,如雷如霆,且過其實。〔註10〕

此見班固對史料揀別之用心,以及對歷史負責的態度。又如《史記・魏其武安侯列傳》載武安侯田蚡之驕橫云:

> 嘗召客飲,坐其兄蓋侯南鄉,自坐東鄉,以為漢相尊,不可以私故
> 橈。

案西漢座位以東向為尊,南鄉次之,北向又次,西向最卑。此可由《史記・項羽本紀》鴻門宴中項王東向,項伯南向,劉邦北向、張良西向及〈南越列傳〉所載南越王款待漢使者之國宴中,漢使皆東向,太后南向,王北向,丞相、大臣皆西向侍可知。田蚡既以「漢相尊,不可以私故橈」,所以此宴是依官階、爵位坐,班固將「南鄉」改為「北鄉」,如此兄弟二人位次尊卑差距益大,田蚡之為弟不恭益明。本段既在突顯田蚡之無禮驕橫,以今日不知當時之實際座次狀況論之,自以班固之改較有深意。

(三)以民間傳說補文字記錄之不足

〈趙尹韓張兩王傳〉贊指出自從孝武帝設置左馮翊、右扶風、京兆尹以

〔註10〕劉咸炘,《四史知意・漢書知意》(臺北:鼎文書局,民國 65 年),頁 48,總頁 557。

來，民間就流傳「前有趙、張，後有三王（趙廣漢、張敞、王尊、王章、王駿）」的說法，然而劉向、馮商、揚雄等人傳述的卻是趙廣漢、尹翁歸、韓延壽及王尊等四人。於是班固乃綜合可述之人，一一皆爲立傳，故增爲七人。

同傳又載趙廣漢爲京兆尹，「京兆政清，吏民稱之不容口。長老傳以爲自漢興以來治京兆者末能及。」這些都是班固採自民間傳聞，以補充文字史料之不足者。

又如〈梅福傳〉載梅福於成帝時「居家，常以讀書養性爲事」。然傳末云：

> 至始元中，王莽顓政，福一朝棄妻子，去九江，至今傳以爲仙。其
> 後，人有見福於會稽者，變名姓，爲吳市門卒云。

則顯示此傳有部份爲民間傳說的性質。可惜班固一生多在長安與洛陽度過，未能廣遊天下，故以田野史料印證文字史料這方面就比較欠缺了。

（四）多聞闕疑與疑以傳疑

〈張湯傳贊〉曰：

> 馮商稱張湯之先與留侯同祖，而司馬遷不言，故闕焉。

在考證上，馮商如果有足夠之史料證明張湯之先與留侯同祖，其說自能成立。惟依班說之意，馮商續史，恐只提二人同祖之說，而未列序其傳世。在這種情況下，班固的作法自然是對的。我們從他對劉邦世系之敘述〔註11〕，便可知曉，班固對史料處理之眼光。又如〈韋賢傳〉載錄韋孟之「在鄒〈詩〉」，但班固卻說：「孟卒于鄒。或曰其子孫好事，述先人之志而作是詩也」。這是因史料缺乏，無從考證，班固只好疑以傳疑了。做爲一個史家，班固從歷史中發現以道術行世之人，如果強不知以爲知，恐怕有嚴重的後果，小則因失誤而後悔不已，大則身家性命不保。五行災異的預測，就是最鮮明的例子。李尋、京房莫不因此而喪命。故〈敘傳〉在說明撰述〈眭兩夏侯京翼李傳〉之原由時，即頗用示戒之語。又〈地理志〉云：

〔註11〕〈高祖紀〉贊說：《春秋》晉史蔡墨有言，陶唐氏既衰，其有劉累，學擾龍，事恐甲，范氏其後也。而大夫范宣子亦曰：「祖自虞以上爲陶唐氏，在夏爲御龍氏，在商爲豕韋氏，在周爲唐杜氏，晉主夏盟爲范氏。」范氏爲晉世士師，魯文工世奔秦。後歸于晉，其處者爲劉氏。劉向云戰國時劉氏自秦穫於魏。秦滅魏，遷大梁，都于豐，故周市說雍齒曰「豐，故梁徙也」。是以頌高祖云：「漢帝本系，出自唐帝。降及于周，在秦作劉。涉魏而東，遂爲豐公。」豐公蓋太上皇父。其遷日淺，墳墓在豐鮮焉。

> 漢興以來，魯東海多至卿相。東平、須昌、壽良，皆在濟東，屬魯，
> 非宋地也，當考。

顏師古注云：「當考者，言當更考覈之，其事未審」。班固在這等細節上，都不輕易推翻前人陳說，其於史料之考證，應可算是小心謹慎的了。又如〈郊祀志〉云：

> 或曰：「自古以雍州積高，神明之隩，故立時郊上帝，諸神祠皆聚云。
> 蓋黃帝時嘗用事，雖晚周亦郊焉。」其語不經見，縉紳者弗道。

又云：

> 或八神將自古而有之，或曰太公以來作之。齊所以為齊，以天齊也。
> 其祀絕，莫知起時。

〈韓彭英盧吳傳〉亦云：

> 豨者，宛句人也，不知始所以得從。

〈荊燕吳傳〉亦云：

> 荊王劉賈，高帝從父兄也，不知其初起時。

〈劉屈氂傳〉亦云：

> 劉屈氂，武帝庶兄中山靖王子也，不知其始所以進。

〈循吏傳〉云：

> 王成不知何郡人也。為膠東相，治甚有聲。

〈匈奴傳〉云：

> 自淳維以至頭曼千有餘歲，時大時小，別離分散，尚矣，其世傳不
> 可得而次。

因敘述之需，要對史事有所交代，卻無史料可據時，班固表明自己「不知」，「不可得而次」，此舉至少有三層意義：一是顯見班固即使在無關緊要的事上，亦不願隨意憑空造事。二是顯是班固於該交代處，亦不願因無所據，而輕易放過。三是班固誠實的說出他無力說明此一史實。而由小見大，吾人如說，班固對史實的態度大體是嚴謹的，應無大誤。

（五）班氏史料考證之缺失

班固對史料之考證雖大體可謂嚴謹，然亦不能無失。茲舉數例以明之。〈宣帝紀〉元康四年（前62年）載：「比年豐，穀石五錢。」〈食貨志〉亦載：「昭帝時，流民稍還，田野益闢，頗有畜積。宣帝即位，用吏多選賢良，百姓安土，歲數豐穰，穀至石五錢，農人少利。」案〈宣帝紀〉與〈食貨志〉

同時記載此事，當非筆誤。然果真穀賤至此，則農民恐不聊生。王夫之《讀通鑑論‧宣帝》條說：

> 史稱宣帝元康之世，比年豐稔，穀石五錢，而記以爲瑞，蓋史氏之
> 溢辭，抑或偶一郡縣粟滯不行，守令不節宣而使爾也。一夫之耕，
> 上農夫之穫，得五十石足矣。終歲勤勞而僅獲二百五十錢之賞，商
> 賈居贏，月獲五萬錢，而即致一萬石之儲，安得有農人擧擧於南畝
> 乎？金粟之死生，民之大命也。假令農人有婚喪之事，稍費百錢，
> 已空二十石之困積，一遇凶歲，其不餒死者幾何邪？

不要說一般百姓，就是百石的吏卒，一年辛苦而得錢不過五百，又何能生存？二千石大臣，得錢不過一萬，又如何支應開銷？蓋西漢官俸雖以多少石分秩級，但非發給糧食，所謂若干石者，實乃以錢代替。至於官吏食糧乃取之於公倉，所謂「廩食太官」，說的就是這回事〔註12〕。故王夫之之疑，恐非虛發。

又如〈陳勝傳〉載：「勝雖已死，其所置侯王將相竟亡秦。高祖時爲勝置守冢於碭，至今血食。王莽敗，乃絕。」顏師古指出：

> 至今血食者，司馬遷作《史記》本語也。莽敗乃絕者，班固之詞也。
> 於文爲衍，蓋失不刪耳。

所謂於文爲衍，指的是班固既稱高祖爲勝置守冢於碭，「王莽敗乃絕」，則史遷「至今血食」之語應刪，以免時間上自行矛盾。又如〈張良傳〉原本〈留侯世家〉，而班固敘鴻門之事云：

> 良因要項伯見沛公。沛公與伯飲，爲壽，結婚，令伯具言沛公不敢
> 背項王，所以距關者，備它盜也。項羽後解，語在〈羽傳〉。

案鴻門之宴，《史記》在〈項羽本紀〉中詳述，故〈留侯世家〉可以說「語在項羽事中」。而《漢書》既將鴻門事挪移至〈高祖紀〉，而〈項羽傳〉該事從略，便當言「語在高紀」，而不當再從《史記》所言：「語在羽傳」，此亦不愼之一端。又如〈周勃傳〉載，孝景三年（前154年），吳楚反，周亞夫東擊吳楚，因「自請上」曰：「楚兵剽輕，難與爭鋒，願以梁委之，絕其食道，乃可制也。」顏師古注云：

> 〈吳王傳〉云亞夫至淮陽，問鄧都尉，爲畫此計，亞夫乃從之。今
> 此云自請而後行。二傳不同，不知孰是。

〔註12〕見陳茂同，《歷代職官延革史》（上海：華東師範大學，1988年），頁120。

又如〈東方朔傳〉載隆慮公主病困，為兒子昭平君豫贖死罪，後昭平君醉殺主傅，獄繫內官，廷尉請論，武帝云：「吾弟老有是一子，死以屬我」，於是為之垂涕歎息。此見隆慮公主是武帝的妹妹。但〈景十三王傳〉卻說，隆慮公主是武帝的姊姊。這些都是敘事自相矛盾的情形。而誤謬最多者，則為〈五行志〉一篇，劉知幾《史通》〈五行志錯誤〉與〈五行志雜駁〉二篇言之已詳，且極見功力，這裡就不再置喙了。

第二節　《漢書》之歷史選擇

當一堆經過考證之歷史文獻或史料擺在史家的眼前時，如果不加以選擇，以寫成「歷史」，終究不可言成功，倘使全部加以收錄或保存，此乃資料之彙編與管理，終不可言「歷史」，亦不勞史家之費神。是故歷史有賴於選擇。而選擇之標準何在，即成為重要的問題。又因各個史家歷史環境背景與理念之不同，故選擇的標準亦見差異。幸虧寫史之史家有共同關注之領域——歷史，有大部分相同的依據——史料，而大大的減少了其中選擇之歧異。班固自亦有其選擇之標準，但他並未明顯的自言其全部的標準或原則，而有待吾人之分析或歸納。以下即根據前人所建立的一般性歷史選擇之標準〔註13〕，以及個人的一些心得，為《漢書》之歷史選擇做一標舉，以呈現其歷史哲學之一端。

一、價值之取向

歷史學家努力的決定者過去發生了何事？如何發生？以及為什麼會發生這樣的事？他以獨特的方式，藉由連結、統合，構成一定的歷史情境，但他總得有些依據，有個標準。「價值」，無論如何都是其中最重要的一個。此處所謂價值，不只限於道德，更多的是指「對歷史走向的影響力」而言。也就是說，一個歷史事件或歷史人物，在歷史發展過程中的重要性。班固採史公〈留侯世家〉之言曰：

> 良從上擊代，出奇計馬邑下，及立蕭相國，所與從容言天下事甚眾，
> 非天下所以存亡，故不著。

換言之，史公與班固所錄張良事，皆事涉國之存亡，其他一切細節小操，皆在摒棄之列，這就叫「價值取向」。史公躋項籍於本紀，班固降之於列傳，歷

〔註13〕見杜維運，《史學方法論》（臺北：三民書局，民國78年），頁25～31。

史的評價是一回事，其曾經所起之影響又是一回事。所以不論班固對項羽之觀感如何，他仍肯定的說：

> 羽非有尺寸，乘勢拔起隴畝之中，三年，遂將五諸侯兵滅秦，分裂天下而威海內，封立王侯，政繇羽出，號爲「伯王」，位雖不終，近古以來未嘗有也。

又如〈溝洫志〉云：

> 古人有言：「微禹之功，吾其魚乎！」中國川源以百數，莫著於四瀆，而河爲宗。……國之利害，故備論其事。

更是明白的指出河川水利工程，牽涉到百姓萬民的身家性命與財產，所以詳加記述。又如班固於〈匈奴傳〉備論漢匈關係及匈奴之興滅，對於針對匈奴之對策更是詳爲鈔錄，這也是之因爲「國之利害」之故。而漢開國諸勳，如蕭何、張良、陳平、韓信、彭越、英布、盧綰、張耳等，以其對漢取天下有一定之影響，雖其中不乏班固認定之反者，但班氏仍爲之立傳。至如〈張周趙任申屠傳〉，則云：

> 自嘉死後，開封侯陶青、桃侯劉舍及武帝時柏至侯許昌、平棘侯薛澤、武彊侯莊青翟、商陵侯趙周，皆以列侯繼踵，齪齪廉謹，爲丞相備員而已，無所能發明功名著於世者（當然，這原是司馬遷之見，但班固亦如此說，則亦有此見，只是創發之功，當歸馬遷而已。後文如有類似情形，同此不贅）。

於此，我們知道位列三公，爲外朝揆首的陶青、劉舍、許昌、薛澤、莊青翟、趙周等何以沒有專傳，因爲在如此的高位上，他們沒有大建樹，而庸庸碌碌的過了一生，他們在歷史之進程中沒有什麼影響力，既未激起任何之漣漪，亦未綻放多少的光芒。

又如〈董仲舒傳〉云：

> 仲舒所著，皆明經術之意，及上疏條教，凡百二十三篇。而說《春秋》事得失，〈聞舉〉、〈玉杯〉、〈蕃露〉、〈清明〉、〈竹林〉之屬，復數十篇，十餘萬言，皆傳於後世。掇其切於當世施朝廷者著于篇。

〈司馬相如傳〉云：

> 相如他所著，若〈遺平陵侯書〉、〈與五公子相難〉、〈艸木書篇〉，不采，采其尤著公卿者云。

〈賈誼傳〉云：

> 凡所著述五十八篇，掇其切於世事者著于傳云。

則指出所選都是事涉當朝且切中利害之歷史人物或事件，要不就是享盛名於一代之翰苑文章。而這一切也都是一種價值之取向。

二、美善之標準

這個標準應該也是一般性的，蓋中外歷史著作所表見之人物事蹟，例多「善多於惡」，班固所取歷史人物，亦多爲「有可取法者」。雖然在歷史之長河中，亦偶有醜惡之人，然整體言之，主要的敘述仍爲正面、記善的居多。畢竟歷史對人生的價值之一，即在於歷史上充滿了美善的事情。須知在一切制度規定皆有其合理存在的理由下，百姓遵循此一制度規定，即非爲惡，然亦非就是爲善。所有一切的美善，皆須讓他人有溫暖舒適的感覺，而其終極的要求，則須攤在人生之艱難處，乃至死生存亡之際而檢驗之，而生出一種令人欽敬之感，此難能而可貴之美、之善、之眞，史家筆之於書，亦顯示其爲人類共通共尊之價值。如或不然，一切唯醜惡是書，則歷史更有何趣？人類更向何趨？故美與善就成爲歷史選擇所不免之標準之一。當然美善的判斷也形成於一種觀念體制之中，而此觀念體制之本身也是歷史之產物。《漢書》或顯或隱因人事的美善而被擇之歷史人事，所在多有。如〈季布欒布田叔傳贊〉云：

> 欒布哭彭越，田叔隨張敖，赴死如歸，彼誠知所處，雖古烈士何以加哉！

〈萬石衛直周張傳贊〉云：

> 仲尼有言「君子欲訥於言而敏於行」，其萬石君、建陵侯、塞侯、張叔之謂與？是以其教不肅而成，不嚴而治。

〈敘傳〉〈賈鄒枚路傳〉小序云：

> 榮如辱如，有機有樞，自下摩上，惟德之隅。賴依忠正，君子采諸。述〈賈鄒枚路傳〉第二十一。

〈袁盎晁錯傳〉贊云：

> 錯雖不終，世哀其忠。故論其施行之語著於篇。

又如〈李廣傳贊〉云：

> 李將軍恂恂如鄙人，口不能出辭，及死之日，天下知與不知皆爲流涕，彼其中心誠信於士大夫也。諺曰：「桃李不言，下自成蹊。」此言雖小，可以喻大。

又贊蘇武云：

> 孔子稱「志士仁人，有殺身以成仁，無求生以害仁」，「使於四方，
> 不辱君命」，蘇武有之矣。

又〈楊胡朱梅云傳贊〉云：

> 云敞之義，著於吳章，爲仁由己，再入大府，清則濯纓，何遠之有？

又〈王貢兩龔鮑傳贊〉云：

> 守死善道，勝實蹈焉。貞而不諒，薛方近之。

〈王商史丹傅喜傳〉：

> 丹之輔道副主，掩惡揚美，傅會善意，雖宿儒達士無以加焉。及其
> 歷房闥，入臥內，推至誠，犯顏色，動寤萬乘，轉移大謀，卒成太
> 子，安母后之位。「無言不讎」，終獲忠貞之報，傅喜守節不傾，亦
> 蒙後凋之賞。

這些都是對於傳主的讚賞，也是所以傳之之一大原因。而這一類的例子甚多，茲不贅舉。

三、鑑戒之標準

　　「申以勸戒，樹之風聲」，這是歷史的教化功用。因爲一味的歌功頌德，專述美善，歷史將變得乏味，但寫盡世間醜惡的歷史，更不是健康的歷史，在這種情況下，爲了與美善的標準相配合，鑑戒的標準就被採用了，而連帶的，醜惡的事實也被保留了下來。人類記錄歷史，顯示人類期望著記取教訓，走向眞、善、美、聖的境界。雖然所有的史家也自覺，那是不可能之事。雖不能至，但卻心嚮往之。而此不可能，雖亦突顯了世間邪惡姦軌的存在，然歷史所表現的卻是，姦惡之人大多皆無好之下場與結果。即或不然，亦對此種非預期之結果感到奇怪與疑惑，而非理所當然的予以承認，這是鑑戒標準所以存在的普遍依據。無疑的，班固也有這個選擇的標準。〈諸侯王表〉序，略述諸侯王之興滅存亡後，即開宗明義的說：

> 是以究其終始彊弱之變，明監戒焉。

這已顯然標舉歷史著作的鑑戒作用或是目的。〈敘傳〉云：

> 亡德不報，爰存二代，宰相外戚，昭韙見戒，述〈外戚恩澤侯表〉
> 第六。

昭是「章明」，韙是「對」的意思。班固章明對的事情，指的是贊同「德無不報」之意。至於「見戒」，就是「示戒」之意。亦即戒其非者，指的是「無功

而侯」者。〈古今人表〉亦云：

> 自書契之作，先民可得而聞者，經傳所稱，唐虞以上，帝王有號諡。
> 輔佐不可得而稱矣，而諸子頗言之，雖不考摩孔氏，然猶著在篇籍，
> 歸乎顯善昭惡，勸戒後人，故博采焉。

班氏在此不僅指出「歷史」之功用，也指出其歷史選擇之一個指標。又如〈敘傳〉云：

> 彼何人斯，竊此富貴！營損高明，作戒後世。述〈佞幸傳〉第六十
> 三。

傳贊亦云：

> 故……王者不私人以官，殆為此也。

以不正當手段獲取高位，倒也罷了，又居不由仁，行不由義，倒行逆施，殘賊忠良，此不獨為佞者戒，實亦戒君王。又如〈宣元六王傳贊〉：

> 《詩》云：「貪人敗類，古今一也。」

〈蒯伍江息夫傳贊〉云：

> 仲尼「惡利口之覆邦家」，蒯通一說而喪三俊，其得不亨者，幸也。
> 伍被安於危國，身為謀主，忠不終而詐儸，誅夷不亦宜乎……江充
> 造蠱，太子殺；息夫作姦，東平誅：皆自小覆大，緣疏陷親，可不
> 懼哉！可不懼哉！

本段班固譏評蒯通而將之與伍被、江充等小人同觀，有失精準。然如江充之類的歷史小人總是藏身於歷史之暗角，伺機而作，顛覆正直，故記取歷史之教訓，避免小人之陷害，亦明哲保身之一端。培根曾云：「真理易從錯誤中浮現，而很難從混亂中獲得」，所有的鑑戒，都是前車之覆轍，昭昭史戒，能無懼乎？

四、新異之標準

　　新異指的是事情的新穎性與特殊性而言。前者包含了權勢之不尋常移轉、制度之變革、社會之變遷；後者則指人事之異乎常行。一般而言，新異的標準使得史書增加了許多的可讀性。但由於班固撰史斷限上，與前史有重疊的地方，如事事照搬，則少有趣味。《左傳》所述有關秦晉殽之戰，司馬遷於《史記》中雖亦有記載，但自文嬴請三帥以下，至秦穆公素服郊次一段，〈秦本紀〉及〈晉世家〉皆不如《左傳》來得詳盡。而史公於〈項羽本紀〉的鴻門宴中，卻詳述諸人的座次說：

項王、項伯東嚮坐，亞父南嚮坐……沛公北嚮坐，張良西嚮侍。

這表示這個座次有政治意義（項王東嚮最尊，亞父南嚮次之，沛公北嚮又次，張良西嚮最卑），亦有歷史意義，其後項莊之舞劍，項伯之遮擋，一切之敘述皆為之鮮活了，因為史公連他們的座次都知道，似乎親眼目睹當日緊張之一幕。然而班固如果也這麼照搬，就沒啥意思了。蓋史家唯能「詳人之所略，異人之所同，重人之所輕，而忽人之所謹」〔註14〕，才能不使歷史乏味，才能避免陳腔爛調，而成生動之新史。此即所以班固於鴻門之宴、垓下之戰等比史公簡略得多之故。而徐復觀先生完全以尊漢釋之，誤矣。然則班固於「詳」的一面表現何在？此可由霍光傳見之。案昌邑王立二十七日，以淫亂廢，群臣在霍光主導下，議立皇曾孫，是為宣帝。此事煩述可，簡述亦非不可。但班固於傳中歷載光之憂懣；如何尋求廢立故事與支持；群臣如何震驚，田延年如何一劍定議；霍光如何以退為進終得群臣同議；如何隔離昌邑群臣；太后受理此案之排場；聯名諸臣與進奏詳細內容；太后責問王狀；尚書令復讀群臣所奏；如何詔可；王之應對；如何去王權徵；光如何謝王；如何處王；如何處昌邑群臣。使人如親見其事，膽顫心驚，而知歷史之艱難。在此廢立不但是漢史大事，更是絕不尋常之事，〈文帝紀〉載文帝自代入繼大統、〈王莽傳〉載莽之沉潛、復出、攝政，即真、篡奪，亦是如此。

班固於行政機制之創例亦必加表出，如〈外戚恩澤侯表〉載公孫弘自海瀕而登宰相，並寵以列侯之爵，此後成為慣例，其言曰：「自是之後，宰相畢侯矣。」〈食貨志〉云：「入物者補官，出貨者除罪，選舉陵夷，廉恥相冒，武力進用，法嚴令具。興利之臣自此而始。」又載：「湯奏當異九卿見令不便，不入言而腹非，論死。自是之後有腹非之法比，而公卿大夫多諂諛取容。」又云：「入財者得補郎，郎選衰矣。」又如〈高五王傳〉贊云：「自吳楚誅後，稍奪諸侯權，左官附益阿黨之法設。其後諸侯唯得衣食租稅，貧者或乘牛車。」〈韋賢傳〉載，「丞相致仕自賢始」等皆其顯例。至於一些特別突顯或可供人作為茶餘飯後談資者，班氏亦舉而出之。如〈王吉傳〉云：

> 自吉至崇，世名清廉，然材器名稱稍不能及乃父，而祿位彌隆。衒好車馬衣服，其自奉養及為鮮明，而亡金銀錦繡之物。及遷徙去處，所載不過囊衣，不畜積餘財。去位家居，亦不衣疏食。天下服其廉而怪其奢，故俗傳「王陽能作黃金」。

〔註14〕見章學誠，《文史通義》，〈答客問上〉。

對於大家咸感奇怪之世事，班氏附筆予以記錄，此即因事之新異而入史之明例。

　　不過，整體而言，以新異爲歷史選擇之標準，所造成對「歷史內容」的影響不是很大，否則歷史豈不成了「非狂即怪」之紀錄。這是此種標準所以可能之依據。例如〈高祖紀〉載劉邦歌大風一事、疾甚拒醫一事、呂后問高祖國輔，終如所言事；〈平帝紀〉載黃支國獻犀牛事；〈刑法志〉載緹縈上書事；〈郊祀志〉所記張敞議鼎事；〈五行志〉所載諸事；〈陳勝傳〉載勝輟耕壟上之嘆及勝故人見之一事、〈項羽傳〉載項王與虞姬之事；〈張耳陳餘傳〉載廝養卒說燕歸趙王武臣一事；〈楊王孫傳〉載楊王孫裸葬事；〈于定國傳〉載太守論殺孝婦事及其父于公令人稍高大閭門事；〈董賢傳〉載成帝爲董賢斷袖事；〈張敞傳〉載張敞畫眉事；〈循吏傳〉載黃霸與善相人見婦人相大好，霸即娶以爲妻事；又朱邑且死，屬其子葬桐鄉事；〈酷吏傳〉載武帝封圍小吏爲關內侯，食遺鄉六百戶事；〈外戚傳〉載李夫人卒，武帝請少翁致其神之事；又載趙飛燕爲后時童謠事等等。以上事例，多少都有「新異性」這一標準存在，但這並不是說，「新異性」是這些事件被擇入歷史的唯一標準，不過可以斷言的是，有了這些特殊、新穎而有趣的事物加入歷史，既不失歷史的眞實，又使歷史變得有味多了。此外尚須一提者，新異作爲選擇歷史事實之指標，此乃從積極面言之。消極而言之，其實此亦一種省史之法。〈西域傳〉云：

> 鄯善當漢道衝，西通且末七百二十里。自且末以往皆種五穀，土地
> 草木，畜產作兵，略與漢同，有異乃記云。

便是最好的說明。

五、眞理之標準

　　《漢書》的特色之一，是收錄許多有用的文章，而多錄「有用之文」，自亦一選擇。然此選擇有者多方面的意義。茲分述如下：

（一）補現歷史真實

　　吾人讀史，有極欲知其進一步之內容者，班固或錄而顯之。如《史記・儒林列傳》載，漢武帝建元六年（前 135 年），遼東高廟、長陵高園災，董仲舒居家推說，爲《災異記》⋯⋯結果主父偃竊其書告之，下吏當死，雖逢詔赦，然自是之後，董仲舒不敢復言災異。吾人竊疑，董仲舒到底說了些什麼？

而班固於〈五行志〉抄錄其文，吾人始知仲舒言乃：

> 天災若語陛下，「非以太平至公，不能治也。視親戚貴屬在諸侯遠正
> 最甚者，忍而誅之，如吾焚遼東高廟乃可……」。

也才知道，一代大儒的仲舒先生，竟也會說出這樣的話來。又如《史記・匈
奴列傳》不載單于致呂后書之內容，只以「妄言」兩字交代，班固則載錄冒
頓之來書曰：

> 孤僨之君，生於沮澤之中，長於平野牛馬之域，數至邊境，願遊中
> 國。陛下獨立，孤僨獨居。兩主不樂，願以所有，易其所無。

凡此都能讓我們得知更多的歷史眞實。又如〈東方朔傳贊〉云：

> 朔之詼諧，逢占射覆，其事浮淺，行於眾庶，童兒牧豎莫不炫耀。
>
> 而後世好事者因取奇言怪語附著之朔，故詳錄焉。

這是班固爲了裁汰那些附益的，所以把眞正有關東方朔的事都記載了下來。
當然歷史眞實未被選入「編纂歷史」的很多，但值得補敘者卻有限。而補現
歷史眞實，亦未必就是補現眞理，但在史家看來，這麼一補，畢竟也能解決
人們一部分的疑問。

（二）展示抉擇過程

　　歷史之記錄，自然在展示歷史的過程，《漢書》記載一些廷議大事時，班
固亦常詳載兩造辯論的過程，但其中尤有深意。如〈韋賢傳〉所載之廟議，
先載貢禹奏言如何如何，又載丞相玄成、御史大夫鄭弘、太子太傅嚴彭祖、
少府歐陽地餘、諫大夫伊更始等七十人皆曰如何如何。元帝下詔復議，先載
玄成等四十四人奏議，又載大司馬車騎將軍許嘉等二十九人議，又載廷尉忠
之議，又載諫大夫尹更始之議，其後又載玄成二奏議。凡此不但展現國政的
討論過程，也可深化歷史或史學的思考，既顯兩造觀念識見之高下，亦公平
的讓未被採納的一方有所表達（蓋未被採用並不代表一定是錯的）。最後班固
也說明帝王的決策，以及施行此一決策之成果與影響。

（三）章顯歷史責任

　　班固撰史，除了互載兩造之辭，又多突顯諸言者與不言者之官爵姓名。
除前舉之例子之外，如〈馮奉世傳〉載，隴西羌姐旁種反，詔昭丞相韋玄成、
御史大夫鄭弘、大司馬車騎將軍王接、左將軍許嘉、右將軍奉世入議。結果
「玄成等漠然莫有對者」，獨馮奉世對「願帥師討之」，並表示要兵員四萬人，

時間約需一月始可解決。班固又載丞相、御史、兩將軍反對，以為「萬人屯守之且足」，奉世力爭未果，終於兵破於羌虜，死兩校尉。於是朝廷只好增兵，數量反超過馮奉世所要求的。班固這種寫法，首要之意就在彰顯那些人該負責解決問題，其次是誰提出了解決的方案，誰又庸庸祿祿，尸位素餐，默然無聲，誰又在掣肘拉後腿。最後是「誰的意見是對的」以及誰做出了貢獻。趙充國等傳也多類似的例子，而其中不只明示政策抉擇之過程，更展示了歷史事件成敗之機轉、關鍵與歷史人物的責任。

（四）填補正義的缺口

有些人在當時的政治舞台或權勢之場失勢，專制政府沒有給他一個公平的待遇，班固亦舉而出之。如〈傅常鄭甘陳段傳〉贊云：

> 自元狩之際，張騫始通西域，至于地節，鄭吉建都護之號，訖王莽世，凡十八人，皆以勇略選，然其有功跡者具此……其餘無稱，陳湯儻蕩，不自收斂，卒用窮困，議者閔之，故備列云。

這說明了陳湯之傳何以特別詳盡。那是因為在班固看來，陳湯遠使異域，功高敢為，可是到頭來，卻因私人行為之不檢，崎嶇封賞之路，遠徙邊塞異鄉，最後雖還長安，然未幾而死。所以他才一五一十的記述陳湯事跡。雖然這其中也有鑒戒之意，但彰顯陳湯之冤（如此大功卻因行為失檢而免為庶人徙邊）更是他主要的考量，而他詳載議郎耿育訟陳湯之冤這一疏奏的用心，也不言而喻了。又如〈馮奉世傳〉贊云：

> 《詩》稱「抑抑威儀，惟德之隅」。宜鄉侯參鞠躬履方，擇地而行，可謂淑人君子，然卒死於非罪，不能自免，哀哉……伯奇放流，孟子宮刑，申生雉經，屈原赴湘，〈小弁〉之詩作，〈離騷〉之辭興。經曰：「心之憂矣，涕既隕之。」馮參姐弟亦云悲矣！

馮昭儀在一次大熊逃出獸圈的危機中，勇敢的挺身保護元帝，後徙為中山王太后，也沒犯什麼過錯，最後卻被妒嫉的傅太后害死。其父野王為大鴻臚，在二千石中，行能第一，元帝也承認野王「剛強堅固，確然無欲」，但卻迂腐的說：「吾用野王為三公，後世必謂我私後宮親屬」。結果野王不得遷，最後為王鳳所免。而馮參貴為昭儀少弟，「性好禮義」，「行又敕備」，卻因傅太后之怨，受誣陷而自殺。雖然有人說：「歷史很忍耐地，等待著受屈辱者的勝利」，但人生苦短，受屈辱者卻等不到勝利的果實。即使施辱者最後得到了應有的懲罰，但傷害已經造成，甚至已經萬劫不復。在此，唯有史家以正義的如椽

大筆，指陳其冤，爲之平反，以塡補人間社會正義的缺口，給受傷害屈辱者一個永恆的救贖。

六、《漢書》歷史選擇之缺失

班固選擇史料有時固添《史記》之所無，有時卻又故刪《史記》之所有，而其中增刪並無特別之意義者。如《史記・武安列傳》載：

> 武安侯病，專呼服謝罪。使巫視鬼者視之，見魏其、灌夫共守，欲殺之。竟死。子恬嗣。元朔三年，武安侯坐衣襜褕入宮，不敬（表云國除）。

班固於武安疾病下加「一身盡痛，若有擊者」數字，而刪去所以除國之罪，僅說：「元朔中有罪免」。

又如《史記・張蒼列傳》載：「任敖……封爲廣阿侯，食八千戶。高后時爲御史大夫，三歲免。」而《漢書》則於「三歲免」下，增其事曰：

> 孝文元年薨，諡曰懿侯。傳子至曾孫越人，坐爲太常廟酒酸不敬，國除。

又如《史記》載景帝封酈商他子爲繆侯，續商後，傳至其玄孫終根，武帝時「爲太常，坐法，國除。」而班固明其所坐法云：「坐巫蠱誅，國除。」但《史記・張蒼傳》載張蒼卒後子康侯代，康侯卒，子類代爲侯，「八年，坐臨諸侯喪後就位不敬，國除。」班固卻刻意的刪除國除原因，只說：「傳子至孫類，有罪，國除。」而〈申屠嘉列傳〉載申屠嘉後代申屠與代侯，「六歲，坐爲九江太守受故官送有罪，國除。」班固卻刻意的刪除除國原因，只說：「傳子至孫與，有罪，國除。」又如〈酈生列傳〉載，「元狩元年（前122年）中，武遂侯平，坐詐詔衡山王取百斤金，當棄市，病死，國除也。」而班固只說：「子遂嗣，三世，侯平有罪，國除。」

以上幾個事例，說明了班固的去取，有時也見全無章法之處，所幸這些作爲只一二見，而未影響到歷史的眞實與撰述的主要內容。

第三節　《漢書》之歷史解釋

歷史之眞實透過史家之選擇而成爲歷史事實，但這些事實都是片段的，要使之成爲史著，仍需透過歷史解釋這一程序。否則，最多只是檔案之編纂或流水帳之記錄而已。即便是孔子的《春秋》，其所書皆有義例，或是微言大

義存乎其中，但若無三傳為之解釋，則其義例終將不顯，左丘明就害怕其弟子「人人異端，各安其意」〔註15〕，此《春秋左氏》之所以作。如以《漢書》之〈武帝紀〉為例，紀云：

> 太初元年冬十月，行幸泰山。
>
> 十一月甲子朔旦，冬至，祀上帝于明堂。乙酉，柏梁臺災。
>
> 十二月，禪高里，祠后土。東臨勃海，望祠蓬萊。
>
> 春還，受計於于甘泉。
>
> 二月，起建章宮。
>
> 夏五月，正曆，以正月為歲首。色上黃，數用五，定官名，協音律。
>
> 遣因杅將軍公孫敖築塞外受降城。
>
> 秋八月，行幸安定。遣貳師將軍李廣利發天下謫民西征大宛。

這些「根本的記載」，如無列傳人物事跡與之配合解說，就好像報紙只有標題而無報導一般。錢鍾書先生說：

> 苟不見報導，則祇睹標題造語之繁簡、選字之難易，充量更可睹詞氣之為「懲」、「勸」，如是而已；至記事之「盡」與「晦」，「微」與「婉」，豈能得之文外乎？〔註16〕

不過，因歷史的本質篇重於敘事性或故事性，故歷史解釋常隱而不顯，遂至有誤會歷史只是在說故事而已，根本無須加以解釋。事實上，良好的敘述之本身，即是解釋。觀文帝從代王入繼大統一段，則知朝廷深宮之難測，與此事之艱難；觀淮陰侯之攻戰佈陣、危疑之際與死時無一人為之緩解，則知其「用兵如神」而「處世無方。」觀魏其、武安、灌夫之相處，則知權勢盛衰之影響與情緒管理之重要等，這些都是明顯的例子。尤其《漢書》的諸帝紀，有無形中已具斷案說明者，儼然春秋筆法〔註17〕。如吳王濞約六國舉兵，其後齊王反悔，背約城守；濟北王為其郎中令所劫，亦不得發兵，吳王濞兵敗，齊與濟北遂得不誅。班固書曰：「皆舉兵反」，因為他們當初都有反意。又如戾太子斬江充矯制發兵，武帝詔丞相捕斬反者。班固書曰：「太子以節發兵與

〔註15〕 《史記‧十二諸侯年表序》。

〔註16〕 見錢鍾書，《管錐篇》，〈左傳正義‧一杜預條〉，第一冊，頁162。

〔註17〕 劉咸炘，《漢書知意》，〈本紀條〉引劉子肇《漢書雜論》云：「班固作《漢書》惟紀最為嚴密，事皆詳在於〈傳〉，而攝其要於〈紀〉，固自名之曰〈春秋考紀〉，其言有深意焉」。文中事例並劉子肇所舉（臺北：鼎文書局，1976年），總頁476。

丞相劉屈氂大戰長安」，為何不書反，因為太子最初並無反意。又如張湯凌折三長史，長史舉發張湯陰事，張湯說謀陷他的是三長史，然後自殺。班固書曰：「張湯有罪自殺」，為何不書「陷湯」，因為張湯實在「有罪」。這一類的例子不少，但歷史之人、事、時、地、物、勢等，皆適然湊泊之複雜產物，終究不能全由表面的敘述與簡單的斷案，明白的表達一切，故解釋絕對有其存在的價值，史家亦無時無刻不涉及解釋。

「解釋」二字在西方有著不同的意思：一個史家如果就某一特定的時空區間，將其中所發生的孤立的歷史事實，找出其相互間的關係，而使歷史事實成為可理解者；或者可以指出某種現象或意義，這種歷史解釋可稱為解說或說明（explanation）。如韋賢，宣帝時為丞相，其子元成，元帝時亦至丞相，班固載鄒、魯諺云：「黃金滿籯，不如教子一經」；又如平當為丞相，其子晏為大司徒（時丞相已改為大司徒）。班固於〈平當傳〉稱：「漢興，唯韋、平父子至宰相」，雖是敘事，已指出再世宰相之不易及時人之稱羨與榮寵。而如果係透過長時段及大空間之宏觀巨視，而從歷史之長河中，闡明歷史發展的軌跡或指出其意義之所在，這種通觀性的歷史解釋，我們稱之為解釋（interpretation）。如《史記·平準書》太史公曰，「是以物盛而衰，時極而轉，一質一文，終始之變也」，就是最鮮明的例子。本章將以前者為重點，加以論述，而下章將側重於後一種意義下之論述。

班固解釋或說明歷史之方式，可大別為五，茲分述如下：

一、因果解釋與發生解釋

前已言之，良好敘事之本身，即是一種解釋，甚或歷史選擇的本身，就是一種解釋，此固不待言。而班氏於敘事中明確的有解釋、說明之意味者，厥為直接對史事作發生、因果之解釋。如〈溝洫志〉云：

> 嚴熊言「臨晉民願穿洛以溉重泉以東萬餘頃故惡地。誠即得水，可令畝十石。」於是為發卒萬人穿渠，自徵引洛水至商顏下。岸善崩，乃鑿井，深者四十餘丈。往往為井，井下相通行水……井渠之生自此始。

這一段話，雖是敘事，也是說明，其內容則包括了井渠產生之背景、原因、機緣與歷程。又如〈汲黯傳〉載：

> 漢方征匈奴，招懷四夷。黯務少事，間常言與胡和親……上既數征匈奴有功，黯言益不用。

又如〈賈捐之傳〉載：

> 捐之數召見，言多納用。時中書令石顯用事，捐之數短顯，以故不
> 得官，後稀復見。

〈游俠傳〉云：

> 或譏涉曰：「子本吏二千石之世，結髮自修，以行喪推財禮讓爲名，
> 正復讎取仇，猶不失仁義，何故遂自放縱，爲輕俠之徒乎？」涉應
> 曰：「子獨不見家人寡婦邪？始自約敕之時，意乃慕宋伯姬及陳孝
> 婦，不幸壹爲盜賊所汙，遂行淫失，知其非禮，然不能自還。吾猶
> 此矣！」

〈匈奴傳〉云：

> 壺衍鞮單于既立，風謂漢使者，欲言和親。左賢王、右谷蠡王以不
> 得立怨望，率其眾欲南歸漢。恐不能自致，即脅盧屠王，欲與西降
> 烏孫，謀擊匈奴。

這數例的解釋或說明較爲直截了當，使人一看便知史家所言。另一種較爲隱
晦，看似純爲敘事，實已蘊涵說明或斷案在其中者。如〈張釋之傳〉載文帝
問禽獸簿，上林尉不能對，獨虎圈嗇夫對甚詳盡，文帝欲拜嗇夫爲上林令，
張釋之以爲如以嗇夫之口辯而超遷，恐天下風靡於口辯而不講求實際，勸文
帝舉錯不可不察，文帝乃不拜嗇夫。班固雖只記敘二人的對話與不拜嗇夫之
經過，但此段記敘同時已「說明」了所以不拜嗇夫之事理、文帝一時興起之
小失與釋之之持平。班固接者又載：

> 就車，召釋之驂乘，徐行，行問釋之秦之敝。具以質言。至宮，上
> 拜釋之爲公車令。

同樣地，釋之也是以說秦之敝，而得拜爲公車令，但因文中多了「具以質言」
四字，就說明了張釋之言說之誠與虎圈嗇夫「從旁代對」上所問禽獸簿，「欲
以觀其能口對嚮應無窮者」，是截然不同的。又如〈汲黯傳〉載：

> 上方招文學儒者，上曰吾欲云云，黯對曰：「陛下內多欲而外施仁義，
> 奈何欲效唐虞之治乎！」上怒，變色而罷朝。

又載：

> 上（問嚴助）曰：「汲黯何如人也？」曰：「使黯任職居官，亡以瘉
> 人，然至其輔少主守成，雖自謂賁、育弗能奪也。」上曰：「然。古
> 有社稷之臣，至如汲黯，近之矣。」

武帝之怒形於色卻不辯駁及其讚美汲黯的話，說明汲黯確實說中了武帝之缺點，以及汲黯的切諫與敢犯主顏色的性格。而綜觀全書之後，吾人亦得知，以武帝之性格，他沒有怕過任何人，雄才大略，剛毅能斷，操縱群臣，易如反掌拾遺。但他對汲黯卻是極為敬重，雖未列之三公，汲黯亦稍怨望武帝用人如積薪，後來者居上，但以汲黯之質木少文，而竟得善終，武帝之善處汲黯，亦可見一斑。

以上略舉兩例以說明《漢書》在敘述中有說明、選擇中有解釋。而這種較為隱晦的說明或解釋，頗類顧炎武所稱的「於敘事中寓論斷」，只是顧炎武所指稱的對象是《史記》而已〔註18〕。且顧氏所言，都指篇末為說，又說「唯班氏能一為之」。實則班書各篇所在多有，亦並非只在篇末而已。如〈田千秋傳〉載車千秋上急變訟戾太子之冤，武帝立拜為大鴻臚，數月為丞相，其後漢使者至匈奴，單于問，新相何用得之？使者答曰：「以上書言事故。」班固載單于之言曰：

苟如是，漢置丞相，非用賢也，妄一男子上書即得矣。

這是班固對武帝以一言封車丞相之不當，做了斷案與說明。又如〈公孫賀傳〉載武帝欲拜賀為丞相，賀以自公孫弘後，丞相頻坐事死，故不受印綬，頓首涕泣悲哀，伏地不肯起，左右問其故，公孫賀說：

主上賢明，臣不足以稱，恐負重責，從是殆矣。

這是藉公孫賀之口說明當時丞相之難為，為何特挑公孫賀呢？因為公孫賀夫人君孺是衛皇后（子夫）之姊。賀於武帝為聯襟，都害怕被殺，何況他人乎？又如〈霍光傳〉載：

禹為大司馬，稱病。禹故長史任宣候問……宣見禹恨望深，乃謂曰：「大將軍時何可復行！持國柄權，殺生在手中。廷尉李种、王平、左馮翊賈勝胡及車丞相女婿少府徐仁皆坐逆將軍意下獄死，使樂成小家子得幸將軍，至九卿封侯。百官以下但事馮子都、王子方等，視丞相亡如也。各自有時，今許、史自天子骨肉，貴正宜耳。大司馬欲用是怨恨，愚以為不可。」禹默然。數日，起視事。

〔註18〕顧炎武，《日知錄》，卷二十六〈史記於敘事中寓論斷〉條：「古人作史，有不待論斷而於敘事之中即見其指者，惟太史公能之。〈平準書〉末載卜式語，〈王翦傳〉末載客語，〈荊軻傳〉末載魯勾踐語，〈晁錯傳〉末載鄧公與景帝語。後人知此法找鮮矣，唯班孟堅一有之。」雖就《史記》發論，然亦兼及《漢書》，而其理一也。

霍禹從稱病到復起視事，本無可記，當中插入這段對話做爲斷案，蓋任宣乃霍氏之外孫女婿〔註19〕，其言足明霍光之多作威福。

不過須要注意的是，班固引用他人之言，有些說明、解釋、論斷易爲人誤解。如〈霍光傳〉謂：

> 先是，後元年，侍中僕射莽何羅與弟重合侯通謀爲逆，時光與金日磾、上官桀等共誅之，功未錄。武帝病，封璽書曰：「帝崩發書以從事。」遺詔封金日磾爲秺侯，上官桀爲安陽侯，光爲博陸侯，皆以前捕反者功封。時衛尉王莽子男忽侍中，揚語曰：「帝崩，忽常在左右，安得遺詔封三子事！群兒自相貴耳。」光聞之，切讓王莽，莽酖殺忽。

徐復觀先生指出：

> 班氏若不以王忽之言爲可信，傳中絕不暇記及此。且殺莽何羅的只是金日磾，與霍光、上官桀並無關係。若因此事封侯，豈會事隔一年，始見之遺詔？且又將並無關係之人並封在一起？〔註20〕

沈欽韓亦云：

> 武帝以後元二年二月崩，光等以昭帝始元二年封，果有遺詔，何至自逾兩年，遺詔信妄也。蓋上官氏銳欲自侯託之。〔註21〕

案班固於〈霍光傳〉載此之重點，絕非在王忽之言之可信，而在突顯霍光小事厚責於人，至莽不得不殺子以塞責之過。此由班固明言之「先是後元年，侍中僕射莽何羅，與弟重合侯通，謀爲逆。時光與金日磾上官桀等共誅之，功未錄。」見之。且班固於〈敘傳〉小序及〈霍光傳〉贊中，極揚霍光之忠，蓋霍光對昭、宣二帝絕無不忠，此由光妻毒害許皇后，此等大事，亦不讓光知之可證。及其事敗露，光猶欲自舉發，此其忠固不待言，至於舞弄權勢於僚屬之間則或不免。楊樹達先生析言：

> 今案沈說非也。以〈日磾傳〉參之，可知當時情事。蓋日磾以帝少不肯受封，桀光未能獨封，故遺詔擱置未行。及始元元年時，日磾病困，光白封日磾，日磾旋薨。日磾既封，則光、桀以遺詔故，亦不得不受封矣。此當時情事顯然可知者，不得以遲封爲疑，沈說殊

〔註19〕〈儒林・梁丘賀傳〉謂任宣乃霍光之外孫，不確。見楊樹達，《漢書窺管》，頁539。

〔註20〕見徐復觀，《兩漢思想史》，〈史漢比較研究之一例〉，頁532～533。

〔註21〕見楊樹達，《漢書窺管》，〈霍光金日磾傳第三十八〉，頁413引。

未審考。

亦可爲此事之證。讀史者於此等細微處不可不察。

二、融通解釋〔註22〕

一般而言，史家解釋歷史的最好方式便是此種方式，此種方式看似只將歷史事實說出，而解釋自在其中。這是一種寓說明因果關係於發生歷程的一種解釋。亦即融「爲何發生」於展示「如何發生」之解釋。如〈游俠傳〉序云：

> 周室既微，禮樂征伐自諸侯出。桓文之後，大夫世權，陪臣執命。陵夷至於戰國，合從連衡，力政爭彊。繇是列國公子，魏有信陵，趙有平原，齊有孟嘗，楚有春申，皆藉王公之勢，競爲游俠，雞鳴狗盜，無不賓禮。而趙相虞卿棄國捐君，以周窮交魏齊之厄；信陵無忌竊符矯命，戮將專師以赴平原之急：皆以取重諸侯，顯名天下。搤腕而游談者，以四豪爲稱首。於是背公死黨之議成，守職奉上之義廢矣。
>
> 及至漢興，禁網疏闊，未之匡改也。是故代相陳豨從車千乘，而吳濞、淮南皆招賓客以千數。外戚大臣魏其、武安之屬競逐於京師，布衣游俠劇孟、郭解之徒馳騖於閭閻，權行州域，力折公侯。眾庶容其名跡，覬而慕之。雖其陷於刑辟，自與殺身成名，若季路、仇牧，死而不悔也。……自魏其、武安、淮南之後，天子切齒，衛、霍改節。然郡國豪桀處處各有，京師親戚冠概相望，亦古今常道，莫足言者。

不但敘述了游俠之產生、演變，也說明時代與游俠之關係，更指出游俠存在的根底原因。而此種一方面既能展示史實，說明如何發生、演變，一方面又能說明因何發生、演變之融通解釋，實乃敘事與解釋之最佳結合，此種敘述方式，最爲困難，亦最能顯現史家之功力。又如〈儒林傳〉序云：

> 仲尼既沒，七十子之徒散遊諸侯，大者爲卿相師傅，小者友教士大夫，或隱而不見。故子張居陳，澹臺子羽居楚，子夏居西河，子貢終於齊。如田子方、段干木、吳起、禽滑釐之屬，皆受業子夏之倫，爲王者師。是時，獨魏文侯好學。天下並爭於戰國，儒術既黜焉，

〔註22〕以下有關各種解釋之名稱，請參閱許冠三著，《大（活）史學問答》第八章（臺北：桂冠圖書股份有限公司，1996年），頁269～276。

然齊魯之間學者猶弗廢，至咸、宣之際，孟子、孫卿之列咸遵夫子之業而潤色之，以學顯於當世。

及至秦始皇兼天下，燔《詩》、《書》，殺術士，六學從此缺矣。陳涉之王也，魯諸儒持孔氏禮器往歸之，於是孔甲為涉博士，卒與俱死。陳涉起匹夫，敺適戍以立號，不滿歲而滅亡，其事至微淺，然而搢紳先生負禮器往委質為臣者何也？以秦禁其業，積怨而發憤於陳王也。及高皇帝誅項籍，引兵圍魯，魯中諸儒尚講誦習禮，弦歌之音不絕，豈非聖人遺化好學之國哉？於是諸儒始得修其經學，講習大射鄉飲之禮。叔孫通作漢禮儀，因為奉常，諸弟子共定者，咸為選首，然後喟然興隆於學。然尚有干戈，平定四海，亦未皇庠序之事也。孝惠、高后時，公卿皆武力功臣。孝文時頗登用，然孝文本好刑名之言。及至孝景，不任儒，竇太后又好黃老術，故諸博士具官待問，未有進者。漢興，言《易》自淄川田生；言《書》自濟南伏生；言《詩》，於魯則申培公，於齊則轅固生，燕則韓太傅；言《禮》，則魯高堂生；言《春秋》，於齊則胡毋生，於趙則董仲舒。及竇太后崩，武安君田蚡為丞相，黜黃老、刑名百家之言，延文學儒者以百數，而公孫弘以治《春秋》為丞相封侯，天下學士靡然鄉風矣。

班氏此序頗採《史記》，史家杜維運曾指出：

作者在為治儒學的各家寫傳之前，先將儒學的出現及其發展，作了一個概括性的敘述，從表面上看，是事實的陳述，而儒學興起之故，傳遞之跡，以及盛衰的關鍵，皆寓於其中。敘事與解釋的融合，至此已到天衣無縫的境界。〔註23〕

近世知識暴發，專題式的歷史興起，而紀傳體之歷史漸趨式微，然能融敘事與解釋為一體，寓為何發生於如何發生，仍不失為最高明之解釋或說明。

三、定性解釋與歸總解釋

（一）定性解釋

一般而言，對史事較易出現見仁見智的看法時，史家如能對歷史事件加以解釋，多少可以澄清若干疑點。班固寫《漢書》亦嘗對爭議性人物事件做出定性解釋，除前章已提到，班固於〈嚴朱吾丘主父徐嚴終王賈傳〉贊說明：

〔註23〕見同註13，頁220。

公孫弘未排主父偃；張湯未陷嚴助以及石顯未譖賈捐之三事之外，茲再舉數例以說明之。

〈高后紀〉載，酈寄與呂祿相友善，及高后崩，大臣欲誅諸呂，時呂祿爲將軍，軍於北軍，太尉周勃因不得入北軍，於是使人劫酈商，令其子酈寄騙呂祿說：

> 呂氏所立三王，皆大臣之議。……諸侯王以爲宜。今太后崩，帝少，足下不急之國守蕃，乃爲上將將兵留此，爲大臣諸侯所疑。何不速歸將軍印，以兵屬太尉……與大臣盟而之國……足下高枕而王千里，此萬世之利也。

呂祿信酈寄，遂解印屬典客，以兵授太尉，而與之出游，於是周勃乃得入北軍，誅諸呂。班固於〈酈商傳〉贊說：

> 當孝文時，天下以酈寄爲賣友。夫賣友者，謂見利而忘義也。若寄父爲功臣而又勢劫，雖摧呂祿，以安社稷，誼存君親，可也。

班固以「誼存君親」與「見利忘義」爲判準，說明酈寄之權欺呂祿，是合理之行爲，蓋「賣」是爲了追求某種利益，酈寄至少不是爲了自己的利益才這麼做，何況爲人子者在救父情急之下，才說出「呂氏所立三王，皆大臣之議……諸侯王以爲宜，今……以兵屬太尉……與大臣盟而之國……足下高枕而王千里，此萬世之利也」及「急歸將軍印辭去，不然，禍且起」這一套說詞。所以唐庚《眉山唐先生文集》，卷七〈正友論〉云：

> 酈況之說其友也，其言甚甘，而君子不以爲險。〔註24〕

黃庭堅〈豫章黃先生文集〉卷二十五〈跋陷蕃王太尉家書〉亦謂：

> 物固不一能，士固不一節，酈寄賣友而存君親，君子以爲可。〔註25〕

蓋歷史之艱難，乃在於面對人生最兩難之「結」局中，做出萬不得已之選擇。而由此亦可知，如果是班固面對此一情境，他處理與選擇之方式。又如〈異姓諸侯王〉表序云：

> 昔《詩》、《書》述虞夏之際，舜禹受禪，積得累功，洽於百姓，攝位行政，考之于天，經數十年，然後在位。殷周之王，……修仁行義，歷十餘世，至于湯武，然後放殺。秦起襄公，章文，穆、獻，

〔註24〕轉引自錢鍾書，《管錐篇》，第一冊〈史記會注考證〉第三十六則，〈張耳陳餘列傳〉，頁334。

〔註25〕見同註24。

孝、昭、嚴，稍蠶食六國，百有餘載，至始皇，乃并天下。

這是司馬遷與班固對「取天下若斯之難」的敘述。但對於劉氏何以能暴興取天下，司馬遷帶著揶喻、嘲諷的口吻說：「此乃傳所謂大聖乎？豈非天哉，豈非天哉！非大聖孰能當此受命而帝者乎？」〔註26〕而暗暗指出了劉邦之僥倖得天下。但班固卻說：

秦既稱帝，患周之敗，以爲起於處士橫議，諸侯力爭，四夷交侵，以弱見奪。於是削去五等，墮城銷刃，菹語燒書，内鋤雄俊，外攘胡粵，用壹威權，爲萬世安。然十餘年間，猛敵橫發乎不虞，適戍彊於五伯……鄉秦之禁，適所以資豪桀而速自斃也。是以漢亡尺土之階，繇一劍之任，五載而成帝業。書傳所記，未嘗有焉。何則？……雟金石者難爲功，摧枯朽者易爲力，其勢然也。

班固透過一個「勢」字，推翻史公的冷嘲熱諷，而以「雟金石者難爲功，摧枯朽者易爲力」之原理，平正公允的說出劉漢就是趁者這個勢才能「摧枯拉朽」的結束秦帝國的壽命。換言之班氏指出秦是亡於自己粗暴與錯誤的統治政策，自己毀掉自己的生存與防衛系統，劉邦只是順勢而爲罷了。

班固所重新說明與解釋之歷史人物與歷史事件本身的定性解釋，乃第一層次之意義，亦即說明史事之眞象，或他認爲正確的看法；也說明了班固頭腦之清楚與內心對歷史之定見。而第二層次的意義則顯示，班固在歷史判斷上，不是一個輕易「人云亦云」的人。一般人對於倫理事件作判斷時，最容易陷於「這種事見仁見智」的迷思。像《論語・子路》所載：

葉公語孔子曰：「吾黨有直躬者。其父攘羊，而子證之。」孔子曰：「吾黨之直躬者異於是，父爲子隱，子爲父隱，直在其中矣！」

就是一個爭論的話題。這些倫理事件，如果一味以「見仁見智」來搪塞，就不免陷於倫理相對論的五里霧中去了。

（二）歸總解釋

歸總解釋其實也是一種定性解釋，但此種定性乃對一系列史事之特徵及其內在聯繫，作一隱括斷言，或將一連串之行爲、事件加以相提並論，予之以一種判斷或一種定位。例如《史記・魯周公世家》載：

魯公伯禽之初受封之魯，三年而後報政周公。周公曰：「何遲也？」

> 伯禽曰：「變其俗，革其禮，喪三年然後除之，故遲。」太公亦封於
> 齊，五月而報政周公，周公曰：「何疾也？」曰：「吾簡其君臣禮，
> 從其爲俗也。」及後聞禽報政遲，乃歎曰：「嗚呼，魯後世其北面事
> 齊矣！夫政不簡不意易，民不有近；平易近民，民必歸之。」

周公之歎，正是對這連串之史事之內在聯繫，做出一個斷言，一個歸總。史
公載此，也爲日後之魯弱齊彊做了一個說明。〈商君列傳〉亦載太史公曰：

> 商君，其天資刻薄人也。跡其欲干孝公以帝王術，挾持浮說，非其
> 質矣。且所因由嬖臣，及得用，刑公子虔，欺魏將印，不師趙良之
> 言，亦足發明商君之少恩矣。余嘗讀商君開塞耕戰書，與其人行事
> 相類。卒受惡名於秦，有以也夫！

這是司馬遷對商君的一生所有行事及其論著之性質，而對其人下了一個「刻
薄寡恩」歸總斷言。

班固《漢書》，亦對不少史事做了歸總與定性的說明。如〈惠帝紀〉贊所
云：

> 孝惠內修親親，外禮宰相，優寵齊悼、趙隱，恩敬篤矣。聞叔孫通
> 之諫則懼然，納曹相國之對而心說，可謂寬仁之主。遭呂太后虧損
> 至德，悲夫！

班固本於惠帝之諸多重要行徑，而總結的予以一個評斷，許之爲「寬仁之主」，
但對於「歸總解釋」而言，任何一面的過分強調與故意避而不言，都不符合
客觀之要求。故最後亦爲惠帝致深沉之感慨與嘆惜。又如〈宣帝紀贊〉云：

> 孝宣之治，信賞必罰，綜核名實，政事文學法理之士咸精其能，至
> 于技巧工匠器械，自元、成間鮮能及之，亦足以知吏稱其職，民安
> 其業也。遭值匈奴乖亂，推亡固存，信威北夷，單于慕義，稽首稱
> 藩，功光祖宗，業垂後世，可謂中興，侔德殷宗周宣矣。

這是對宣帝之事功做一歸總，並定位爲「中興」，而事功之位階則與殷高宗、
周宣王齊同。又如〈王莽傳〉記載王莽初起以至篡位、滅亡等諸多行事，吾
人不免對王莽前後作風之大異其趣，感到不解，而班固於該傳贊云：

> 王莽起始外戚，折節力行，以要名譽，宗族稱孝，師友歸仁。及其
> 居位輔政，成、哀之際，勤勞國家，直道而行，動見稱述。豈所謂
> 「在家必聞，在鄉必聞」，「色取仁而行違」者邪？

這是班固將王莽先前行事做一歸總之定性，以與其後：

> 乃始恣睢,奮其威詐,滔天虐民,窮凶極惡,毒流諸夏,亂延蠻貊……
> 害遍生民,辜及朽骨……。

等倒行逆施之行,做一連結,而使人知其然,且知其所以然。

　　總之班固面對歷史之時,他是勇於做出判斷與解釋的。換言之,如果面對歷史,他必也是勇於選擇的。而這與他的處世原則並不矛盾。蓋明哲保身,追求功利,也是一種態度,一種決定、一種方針與一種選擇。

四、演繹解釋與歸納解釋

(一)演繹解釋

　　所謂演繹解釋就是帶有推論或演繹性質的解釋。此種解釋與因果解釋頗為接近,唯因果解釋,多是一種縱或橫的歷史關連,較為直接明白。〈匈奴傳〉記載冒頓單于破滅東胡,「西擊走月氏,南并樓煩、白羊河南王,悉復收秦所使蒙恬所奪匈奴地者,與漢關故河塞,至朝那、膚施,遂侵燕、代」。然後接者說:

> 是時漢方與項羽相距,中國罷於兵革,以故冒頓得自強,控弦之士
> 三十餘萬。

如果只從冒頓一方做縱的觀察,僅能知道冒頓單于精明能幹,策略權謀皆有可觀,因此能使匈奴威震四鄰,斥地千里,而其興拔之理,似乎也已俱足。然而馬班尚能從橫的關連來看,使我們知道,匈奴能遂志北地,耀武南疆,原來還有「中國罷於兵革」這一層關係在。這就是一種清楚直接的因果說明。然推論之解釋,其史事間未必有「直接」之關聯,而是依歷史之公理、公例或是依某種模式、某種結構來說明因果現象。例如〈景十三王傳〉贊云:

> 昔魯哀公有言:「寡人生於深宮之中,長於婦人之手,未嘗知憂,未
> 嘗知懼。」信哉斯言也!雖欲不危亡,不可得已。是故古人以宴安
> 為鴆毒,亡德而富貴,謂之不幸。漢興,至于孝平,諸侯王以百數,
> 率多驕淫失道。何則?沉溺放恣之中,居勢使然也。自凡人猶繫于
> 習俗,而況哀公之倫乎!

這是以魯哀公所言,王侯生活情境之歷史公例,說明漢諸侯王所以多「驕淫失道」的原因。又如〈楚元王傳〉云:

> 仲尼稱「材難不其然與!」自孔子後,綴文之士眾矣,唯孟軻、孫
> 況、董仲舒、司馬遷、劉向、揚雄。此數公者……其言有補於世。

這是以孔子之言，說明真正人材之難得。又如〈樊酈滕灌傅靳周〉云贊：

> 語曰：「雖有茲基，不如逢時」，信矣！樊噲、夏侯嬰、灌嬰之徒，
> 方其鼓刀僕御販繒之時，豈自知附驥之尾，勒功帝籍，慶流子孫哉？

這是以當時之俗諺或俗語，說明諸人成功之緣由。當然，之所以成為歷史的公理、公例，自亦是歷史經驗之累積，所以班固有時又以歷史事件，反證歷史之公理、公例。然其意仍在以歷史之公理、公例做解釋，如〈荊燕吳傳〉贊云：

> 吳王擅山海之利，能薄斂以使其眾，逆亂之萌，自其子興。古者諸
> 侯不過百里，山海不以封，蓋防此矣。

又說：

> 朝錯為國遠慮，禍反及身。「毋為權首，將受其咎。」豈謂錯哉！

這些例子都是以後代之人事與歷史公理、公例，相互參證說明的情形。

（二）歸納解釋

歸納解釋就是整理歸結類同或相關之史事，而指出一種現象之解釋。又因歸納常有總結歷史經驗之意，因此這種解釋又常帶有歷史教訓意味。如〈蒯伍江息夫傳〉云：

> 《書》放四罪，《詩》歌青蠅，春秋以來，禍敗多矣。昔子鼂謀桓而
> 魯隱危，欒書搆郤而晉厲弒。豎牛奔仲，叔孫卒；邱伯毀季，昭公
> 逐；費忌納女，楚建走；宰嚭讒胥，夫差喪；李園進妹，春申斃；
> 上官訴屈，懷王執；趙高敗斯，二世縊；伊戾坎盟，宋痤死；江充
> 造蠱，太子殺；息夫作姦，東平誅：皆自小覆大，繇疏陷親，可不
> 懼哉！可不懼哉！

又如〈宣元六王傳〉云贊：

> 孝元之後，遍有天下，然而世絕於孫，豈非天哉！淮陽憲王於時諸
> 侯為聰察矣，張博誘之，幾陷無道。《詩》云：「貪人敗類」，古今一
> 也。

由以上的例子可知，演繹與歸納，二者的因果關係是反向的。前者由公理、公例證成史實；後者由諸多史實，導出公理、公例。唯班固常靈活的加以運用，故演繹與歸納常見互相滲透，而交互應運的例子。滲透之極致，就變成既有歸納，又有推論說明之解釋，例如〈趙充國辛慶忌傳〉贊云：

> 秦漢以來，山東出相，山西出將。秦將軍白起，郿人；王翦，頻陽

人：漢興，郁郅王圍、甘延壽，義渠公孫賀、傅介子，成紀李廣、李蔡，杜陵蘇建、蘇武，上邽上官桀、趙充國，襄武廉褒，狄道辛武賢、慶忌，皆以武勇顯聞。蘇、辛父子著節，此其可稱列者也，其餘不可勝數。何則？山西天水、隴西、安定、北地處勢迫近羌胡，民俗修習戰備，高上勇力鞍馬騎射。故〈秦詩〉曰：「王于興師，修我甲兵，與子皆行。」其風聲氣俗自古而然。

就是一個明顯的例子。

五、其他解釋

班固於史料選擇上，有時於敘事中突然插入一段看似不很相干之文字，而其實亦有其意義。例如〈朱博傳〉載，成帝時，何武建言宜建三公官，成帝從之，以御史大夫何武為大司空，以備三公官。議者以為古今異制，漢自天子之號下至佐吏皆不同於古，而獨改三公，職事難分明，無益於治亂。其下接云：

是時御史府吏舍百餘區井水皆竭；又其府中列柏樹，常有野烏數千棲宿其上，晨去暮來，號曰「朝夕烏」，烏去不來者數月，長老異之。後二歲餘，朱博為大司空。

當然，文章作法上有所謂插敘法，但「朝夕烏」一事，表面觀之似與傳文無關，插敘於此頗顯不類。而顏師古注云：「史言此者，著御史大夫之職當休廢也。」師古之注，頗為有見，蓋班固於此是本陰陽五行，天人感應，論史事幾微之意，故就歷史意義言，解釋之意味，大過文章之作法。天人感應等事，因後有專節說明茲不贅言。

至於一段有名之公案，班固卻舍而弗書，則其中尤蘊「解釋」深意。例如《昭明文選》所錄揚雄〈劇秦美新〉，如此名文，班固不收，李善以為：

王莽潛移龜鼎，子雲進不能辟戟丹墀，亢辭鯁議，退不能草玄虛室，頤性全真，而反露才以耽寵，詭情以懷祿，素餐所刺，何以加焉？抱朴方之仲尼，斯為過矣。〔註27〕

而李周翰曰：

王莽篡漢位，自立為皇帝，國號新室。是時雄仕莽朝，見莽數害正

〔註27〕見蕭統，《文選》，卷四十八，李善註（臺北：漢京文化事業公司，民國72年9月），頁678。

> 直之臣，恐己見害，故著此文，以秦酷暴之甚，以新室爲美，將悦
> 莽意，求免於禍，非本情也。〔註28〕

案〈王莽傳〉，王莽曾於始建國二年（10 年），收捕甄豐父子，連劉歆的兒子劉棻也被「投諸四裔」，而且，「辭所連及，便收不請」，故揚雄有投閣幾死之事。其後揚雄雖被赦免，但他懼禍的心理不難理解。而吾人雖不知揚雄上獻此文之切確情境，然其文中所美之新，並非與「漢」相提，而是與「秦」比論，這意思不是很明白嗎？至於序言所說什麼「配五帝，冠三王，開闢以來未曾聞」，恐怕只是在戲耍王莽罷了〔註 29〕。《春秋》雖責備賢者，然亦原心定罪。這應是班史不錄〈劇秦美新〉之文的原因吧！

第四節　《漢書》之歷史假設

一、歷史假設之可能依據

　　即使歷史的走向是一種不可逆的發展，歷史上總還有不少人，對歷史走向的條件提出反向的思考。《論語・憲問》即載孔子云：

> 管仲相桓公，霸諸侯，一匡天下，民到於今受其賜。微管仲，吾其
> 被髮左衽矣。

杜牧的〈阿房宮賦〉更是反向設想的名例。該賦的最後一段說：

> 嗚呼，滅六國者，六國也。族秦者，秦也，非天下也。嗟夫！使六
> 國各愛其人，則足以拒秦；秦復愛六國之人，則遞三世可至萬世而
> 爲君，誰得而族滅也？秦人不暇自哀，而後人哀之；後人哀之而不
> 鑑之，亦使後人而復哀後人也！

足見歷史假設性的思考由來已久。而大抵一個人在思考或面對抉擇時，他也要分析設想各種可能。尤其，做爲一個史家，總須承認歷史的鑑戒作用，否則研究歷史便失去一個巨大的價值。而「戒」之一字，便是要人不要順此路行，而要走到歷史的對岸，而此對岸必可行、能行。此爲歷史假設成立之第一個依據。吾人試想，讀完鴻門宴以迄項王的自刎烏江，有幾人不曾想到：如果當初項王把劉邦殺了，怎會有垓下的這種局面？於此「當下」吾人得到

〔註28〕見張震澤，《揚雄集校注》引（上海：古籍出版社，1993 年 10 月），頁 206。
〔註29〕見《容齋隨筆》，卷十三〈晏子揚雄〉條（上海：古籍出版社，1996 年），頁 168。

一個教訓：戰爭中不可有婦人之仁，一時手軟，遺禍千載（雖然歷史有時是
弔詭的，譬諸兵法云：「斬草除根」，這是歷史教訓；然兵法亦云：「窮寇莫追」，
這也是歷史教訓）。

而既然不想重蹈歷史之覆轍，則只好「反思」，既然歷史不可逆轉，只好
假設或設想。而史家的這種假設或設想，基於歷史同情之瞭解與須要，尤須
設身處地、虛擬當時，時時跳進歷史，變身主角，如是歷史才有真實感，才
像話。〔註30〕

雖然有人認為歷史既是一條不可逆的單行道，於是歷史假設便成為一種
無聊的行為。但歷史人物之判斷與思考必有其「歷史」意義。《國語・晉語》
〈秦侵晉止惠公於秦〉載：

> 穆公歸，至于王城，合大夫而謀曰：「殺晉君與逐出之，與以歸之，
> 與復之，孰利？」公子縶曰：「殺之利。逐之恐搆諸侯，以歸則國家
> 多慝，復之則君臣合作，恐為君憂，不若殺之。」公孫枝曰：「不可。
> 恥大國之士於中原，又殺其君以重之，子思報父之仇，臣思報君之
> 讎。雖微秦國，天下孰弗患？公子縶曰：「吾豈將徒殺之？吾將以公
> 子重耳代之……」公孫枝曰：「恥一國之士，又曰余納有道以臨女，
> 無乃不可乎？若不可必為諸侯笑」。戰而取笑諸侯，不可謂武。殺其
> 弟而立其兄，兄德我而忘其親，不可謂仁。若弗忘，再施不遂也，
> 不可謂智。」君曰：「然則若何？」公孫枝曰：「不若以歸，以要晉
> 國之成，復其君而質其適子，使子父代處秦，國可以無害。」是故
> 歸惠公而質子圉，秦始知河東之政。

不論最後秦穆公接受了誰的意見，我們不能說未被接受的意見，就沒有意義。
因為就是這些未被接受的意見，突顯或修正了被接受的意見之正確性或不正
確性。所以設想、判斷有其歷史意義。反向、逆向的設想、判斷既也是設想、
判斷，自也有其歷史意義，這是歷史假設成立的第二個依據，而歷史假設的
第三個依據，則是歷史事件之發展或歷史之走向本即具有開放性。因下節《漢
書》對歷史偶然之看法將有較詳細的論說，此暫不贅。

〔註30〕這在史家喜愛此人之時，無多大問題，如果史家極端厭惡此人，就比較困難
了。H. Butterfield 於〈The Whing Interpretation of History〉說：「寫希特勒傳，
必不能恨希特勒太深。深恨希特勒，便無法瞭解希特勒了。」轉引自杜維運
之《史學方法論》（臺北：三民書局，民國80年4月），頁202。

二、《漢書》歷史假設之三個層次

　　歷史假設雖有能成立依據，但然畢竟班固寫的是歷史，而不是專言歷史的鑑戒或設想。故其最後所呈現的也只是真實的結果。至於歷史人物之假設及判段過程的內心思考運作，也就無法多作交代。不過吾人若仔細翻檢《漢書》，仍可發現班固敘事牽設涉歷史假設之痕跡。而此假設或假設之跡有三個層次可言。

　　第一個層次是，「歷史人物」對「歷史事件」可能發展之研判，而《漢書》如實地記述之。例如陸賈與劉邦爭論治國之道，就是一個典型的例子。《漢書·陸賈傳》這樣記載他們的對話：

> 賈時時前說稱《詩書》。高帝罵之曰：「乃公居馬上得之，安事《詩書》？」賈曰：「馬上得之，寧可以馬上治乎？且湯武逆取而以順守之，文武並用，長久之術也。昔吳王夫差、智伯極武而亡；秦任刑法不變，卒滅趙氏。鄉使秦以并天下，行仁義，法先聖，陛下安得而有之？」

這是高帝得天下後，治國路線的問題，陸賈從反向思考：如果秦在統一天下後，倡行仁義，不純用武、用法，則歷史將是怎樣的一個局面？劉邦依者陸賈之反思，最後終於接受了他的意見。又如〈杜業傳〉載，翟方進薨，成帝欲厚葬之，杜業上書異議，其言曰：

> 案師丹行能無異，及光祿勳許商被病殘人，皆但以附從方進，嘗獲尊官。丹前親薦邑子丞相史能使巫下神，為國求福，幾獲大利。幸賴陛下至明，遣使者毛莫如先考驗，卒得其姦，皆坐死。假令丹知而白之，此誣罔罪也；不知而白之，是背經術惑左道也。

這是做兩面對反之設想，從而判定翟方進之居心，即使杜業不言，史家如於此做類似之假設，不是能使事理更加明白嗎？又如〈溝洫志〉載：

> （成帝時）河復決平原……遣王延世治之。杜欽說大將軍王鳳，以為「前河決，丞相史楊焉言延世受焉術以塞之，蔽不肯見。今獨任延世，延世見前塞之易，恐其慮害不深。又審如焉言，延世之巧，反不如焉。且水勢各異，不博議利害而任一人，如使不及今冬成，來春桃華水盛，必羨溢，有填淤反壞之害。如此數郡種不得下，民人流散，盜賊將生，雖重誅延世，無益於事。宜遣焉及將作大匠許商、諫大夫乘馬延年雜作。延世與焉必相破壞，深論便宜，以相難

> 極。商、延年皆明計算,能商功利,足以分別是非,擇其善而從之,
> 必有成功。」

更是連串之假想、判斷與分析。當然歷史所載的的人事愈夥,這類的例子也就愈多。如〈荊燕吳傳〉載,膠西王欲許吳王發謀行事,膠西群臣或聞王謀,諫曰:

> 諸侯地不能爲漢十二,爲叛逆以憂太后非計也。今承一帝,尚云不
> 易,假令事成,兩主分爭,患乃益生。

又如〈韓信傳〉載,信背水一戰成功,殺陳餘、虜趙王,生得廣武君而請益之,廣武君辭以「亡國之大夫不可以圖存,敗軍之將不可以言勇」。信曰:

> 向使成安君聽子之計,僕亦禽矣。僕委心歸計,願子勿辭。

又載,信欲自立爲齊王,漢王怒罵,張良、陳平躡漢王足,附王耳語曰:

> 漢方不利,寧能禁信之自王乎?不如因立,善遇之,使自爲守。不
> 然,變生。

又如〈欒布傳〉載布爲梁王說上曰:

> 當是之時,彭王壹顧,與楚則漢破,與漢則楚破。且垓下之會,微
> 彭王,項氏不亡。

又如司馬遷〈報任安書〉云:

> 假令僕伏法受誅,若九牛亡一毛,與螻蟻何異……人固有一死,死
> 有重於泰山,或輕於鴻毛,用之所趨異也。

又如揚雄〈解嘲〉云:

> 鄉使上世之士處虖今,策非甲科,行非孝廉,舉非方正,獨可抗疏,
> 時道是非,高得待詔,下觸聞罷,又安得青紫?

又如〈外戚傳〉載〈成帝報許皇后書〉云:

> 皇太后,皇后成法也。假使太后在彼時不如職,今見親厚,又惡可
> 以踰乎!

又如〈循吏傳〉載張敞奏黃霸云:

> 臣非敢毀丞相也,誠恐群臣莫白……假令京師先行讓畔異路,道不
> 拾遺,其實無益於治。

除了以上這些反向設想的例子外,班固更是常常並列歷史人物的辯論,如防羌的屯田之辯、對匈奴的政策之辯與張敞、蕭望之入穀贖罪之辯等。這些對反之見在班固看來絕對有其意義,否則他只要敘述最後所選定的事實就好

了，又何必大費周章呢？

至於第二個層次的的歷史假設，則是《漢書》引述前人的歷史假設。例如〈霍光傳〉載，起初霍氏奢侈，茂陵徐生上疏宣帝，以爲「宜以時抑制，無使至亡」，其後霍氏誅敗，而告霍氏者皆封，人爲徐生上書曰：

> 臣聞客有過主人者，見其竈直突，傍有積薪，客謂主人，更爲曲突，遠徙其薪，不者且有火患。主人嘿然不應。俄而家果失火，鄰里共救之，幸得而息。於是殺牛置酒，謝其鄰人，灼爛者在於上行，餘各以功次坐，而不錄言曲突者。人謂主人曰：「鄉使聽客之言，不費牛酒，終亡火患。今論功而請賓，曲突徙薪無恩澤，燋頭爛額爲上客耶？」主人乃寤而請之。今茂陵徐福數上書言霍氏且有變，宜防絕之。鄉使福說得行，則國無出爵裂土之費，臣無逆亂誅滅之敗。往事既已，而福獨不蒙其功，唯陛下察之，貴曲突徙薪之策，使居焦髮爛額之右。

於是宣帝乃賜徐福帛十疋，後以爲郎。又如〈溝洫志〉贊曰：

> 古人有言：「微禹之功，吾其魚乎！」

這些例子，班固既予援引，其對歷史反向思考之價值，自無否定之可能。

第三個層次，則是班固自身對歷史的假設。此可見者不過數例而已。例如〈武帝紀〉贊曰：

> 如武帝之雄才大略，不改文景之恭儉以濟斯民，雖《詩》、《書》所稱，何以加焉！

又如〈樊噲傳〉載劉邦鴻門宴已，班固云：

> 是日微樊噲奔入營譙讓項羽，沛公幾殆。〔註31〕

又如〈蕭望之傳〉曰：

> 蕭望之歷位將相，籍師傅之恩，可謂親暱亡間。及至謀泄隙開，讒邪搆之，卒爲便嬖宦豎所圖，哀哉！不然，望之堂堂，折而不撓橈，身爲儒宗，有輔佐之能，近古社稷臣也。

嚴格言之，這才是眞正的「歷史假設」，前二層次之例，只是在陳述或交代歷史人物所做之設想、預測、分析與研判而已。然所以舉三層次並言之者，是因爲此三層之例，各有其歷史意義。第一層次之意義，除在記敘歷史事實之外，也在說明歷史假設之背景與與歷史之已然與應然。第二層次之意義，在

〔註31〕《史記》作：「是日微樊噲入營譙讓項羽，沛公事幾殆。」

於一種歷史教訓之表達。蓋漢家除於漢初鑑於秦之亡滅，頗講歷教訓外，其後不很思考，如王恢馬邑之謀，即是舉朝不思之故。〈劉敬傳〉載，高祖七年（前 200 年），韓王信反，信與匈奴欲擊漢，高祖使人使匈奴，「匈奴匿其壯士肥牛馬，徒見其老弱及羸畜」，使者十輩來，皆言匈奴易擊。只有劉敬還報：

> 兩國相擊，此宜夸矜見所長，今臣往，徒見羸瘠老弱，此必欲見短，伏奇兵以爭利。愚以為匈奴不可擊也。

但劉邦不聽，卒有白登之圍。沒想到，數十年後，漢家也學匈奴那一套，結果無功而返，可是當時卻無一人舉白登之例以為說，這也夠奇怪的了。

第三層次，也是最後三個反事實的歷史假設，則突顯了兩個面向的意義。首先，是超乎歷史現實的理想願景，說明了班固對於政治烏托邦的憧憬，以及聖君賢相的大治圖像，他冀望著一個治平盛世或終極人間的到來，史家之用心於此可知。其次則是指出了歷史之危機。蓋一步之差，歷史就可能百八十度的逆向發展，不知伊於胡底。讀史至此，怎不教人捏把冷汗。而人生難得歷位將相，復為帝師，身為儒宗，而有輔弼之能，如果在堂堂正道，折而不撓之外，更能明哲保命，功成身完，亦人生用世之極致，而班氏之所欣羨，亦具此矣。

第五節　《漢書》對歷史偶然之看法

歷史之發展有其必然性，但偶然性亦充斥歷史之中，茲先舉鄭國渠一事以說明之。〈溝洫志〉載：

> 韓聞秦之好興事，欲罷之，無令東伐。乃使水工鄭國間說秦，令鑿涇水，自中山西邸瓠口為渠，並北山，東注洛，三百餘里，欲以溉田。中作而覺，秦欲殺鄭國。鄭國曰始臣為間，然渠成亦秦之利也。臣為韓延數歲之命，而為秦建萬世之功。（此二句《史記》無）秦以為然，卒使就渠。渠成而用注填閼之水，溉舄鹵之地四萬餘頃，皆收畝一鍾。於是關中為沃野，無凶年，秦以富彊，卒并諸侯，因名曰鄭國渠。

對於「關中為沃野，無凶年，秦以富彊，卒并諸侯，」馬、班二人無異詞，秦國也因此渠的重大影響而名之曰鄭國渠。可見馬、班二人皆以這個「偶然」為秦「富強，卒併諸侯」的要原因之一，即便是秦國也注意到這一個「偶然」

的功效。由此可知歷史的偶然事件，對歷史的催變作用。而且這段文字，班固不僅僅是單純地抄襲馬遷而已，他還為鄭國添加了「臣為韓延數歲之命，而為秦建萬世之功」這樣有力的兩句說辭，也由此可見班固對這個「偶然」曾加以認眞的思考，也足見班固對歷史偶然事件作用之注意。

又如楚漢相爭，圍項王於垓下而破之的是淮陰侯（是時為齊王）韓信，然〈韓信傳〉載：

> 漢王之入蜀，信亡楚歸漢，未得知名，為連敖。坐法當斬，其疇十三人皆已斬，至信，信乃仰視，適見滕公，曰：「上不欲就天下乎？而斬壯士！」滕公奇其言，壯其貌，釋弗斬。與語，大說之，言於漢王。

如果韓信不遇滕公，當時早被斬首，日後何能困項王於垓下？後來漢王雖任韓信為搜粟都尉，但韓信以為未受重用，到了南鄭之後便開始逃亡，幸賴蕭何追回，蕭何又建議劉邦拜韓信為大將，劉邦與語，「自以為得信晚，遂聽信計，部署諸將所擊」。如果當時蕭何不在，或在而不追，或追而不得，或得而不建議以為大將，或建議不為劉邦所採，則韓信終不得為大將，敗項王。在成為漢王大將的過程中，最後的選擇權固在韓信，但少了這些偶然的任一項作為催化劑，一切都有可能改觀。

〈蒯伍江息夫傳〉也記載，當劉邦遣張良立韓信為齊王之時，項羽也派武涉游說韓信，欲與之連和。蒯通知道天下之「權」，在於韓信，於是說韓信略以：

> 劉、項相爭，使人肝腦塗地，流離中野……漢王……敗滎陽、傷成皋，還走宛、葉之間，此所謂智勇俱困者也。……項羽……威震天下，然兵困京、索之間，迫西山不能進，三年於此矣。……今兩主懸命足下……方今為足下計，莫若兩利而俱存之，三分天下，鼎足而立。

在此，韓信有一次可以改變歷史的選擇。但他說：「漢遇我厚，吾豈可見利而背恩乎？」蒯通又舉陳餘、張耳之終相滅亡，以說明人心之多欲難測以及文種存亡越，霸勾踐，但終逃不過「野禽殫，走犬烹；敵國破，謀臣亡」之鐵則，也功名立而身滅亡，希望韓信能記取教訓。這次韓信稍顯動搖地說：「生且休矣，吾將念之」。於此，韓信又有一次可以改變歷史的選擇。過了幾天，蒯通又去游說韓信，韓信猶豫不忍背漢，又自以為對漢有大功，漢應該不會

奪我齊國，於是這才謝絕蒯通。

如果這兩次中的任何一次，韓信聽行了蒯通的建議，那麼歷史就要偏離原來的方向了。至少劉邦一統天下之時間會延後，甚或他不能統一天下，建立漢朝。由此可見歷史之走向是有開放性的，也就是說歷史的偶然事件對歷史之走向有其決定性的影響。

又如〈張耳陳餘傳〉載：

> 李良已定常山還報趙王，趙王復使良略太原，至石邑，秦兵塞井陘，未能前。秦將詐稱二世使使遺良書，不封，曰：「良嘗事我，得顯幸，誠能反趙爲秦，赦良罪，貴良。」良得書，疑不信。之邯鄲益請兵。未至，道逢趙王姊，從百餘騎。良望見，以爲王，伏謁道旁。王姊醉，不知其將，使騎謝良。良素貴，起，慚其從官。從官有一人曰：「天下叛秦，能者先立。且趙王素出將軍下，今女兒乃不爲將軍下車，請追殺之。」良以得秦書，欲反趙，未決，因此怒，使人殺王姊，遂襲邯鄲，邯鄲不知，竟殺武臣。趙人多爲耳、餘耳目者，故得脫出。

如果李良不曾爲秦將；道不逢趙王姊；趙王姊不醉；從官不進言，則武臣仍可安爲趙王，耳、餘輔之，趙國或能開出一番局面。趙既不易亡，項王無所救趙，鉅鹿之戰無所起，耳、餘也不會有日後之決裂，就因爲有這些偶然的事件，歷史的演出因此走樣。

又如〈匈奴傳〉載，漢朝派馬邑人聶翁壹，私出塞與匈奴交易，假裝出賣馬邑城，單于貪漢財物，以十萬騎入武州塞，漢朝伏兵三十萬馬邑旁，單于入塞離馬邑不到百里得雁門尉史，知道這是一個大陷井，於是乃引兵還。這是漢朝盛衰的一個大關鍵，但成敗的樞紐卻在於「得雁門尉史」，這樣的一個歷史的偶然。

以上舉影響歷史走向之大事件、大人物以說明歷史偶然之存在與作用。至於影響力稍小的偶然在歷史中亦比比皆是。如〈英布傳〉載：

> 十一年，高后誅淮陰侯，布因心恐。夏，漢誅梁王彭越，盛其醢以遍賜諸侯。至淮南，淮南王方獵，見醢，因大恐，陰令人部聚兵，候伺旁郡緊急。布有所幸姬病，就醫。醫家與中大夫賁赫對門……赫從姬飲醫家。姬侍王……譽赫長者，王疑與亂……欲捕赫。赫上變事，乘傳詣長安。布使人追，不及。赫至，上變，言布謀反有端……

蕭相國曰：「布不宜有此……」布見赫以罪亡上變，已疑其言國陰事，
漢使又來，頗有所驗，遂族赫家，發兵反。

漢誅除諸侯王乃必爲之舉，但其中亦多偶然事件，爲其終於發生之觸媒。本
傳之幸姬如果不病；賁赫如果不住在醫者之對門；如果不好色，姬如果不多
話，如果不是一連串的陰錯陽差，則英布不會公然造反，即使造反，時間上
亦將延後。又如〈酷吏傳〉載：

（嚴延年爲河南太守，常怨誹當局），府丞義年老頗悖，素畏延年，
恐見中傷。延年本嘗與義俱爲丞相吏，實親厚之，無意毀傷也，饋
遺之甚厚。義愈益恐，自筮得死卦，忽忽不樂，取告至長安，上書
言延年罪名十事。已拜奏，因飲藥自殺，以明不欺。事下御史丞按
驗，有此（怨誹）數事，以詰延年，坐怨望誹謗政治不道棄市。

這更是一筆糊塗爛帳，雖說人心難測，但誤會一至於此，亦云可悲可笑。而
班固原原本本寫來，豈不也以這樣的誤會爲偶然與天大的無奈！又如〈匈奴
傳〉載：

匈奴使其貴人至漢，病，服藥欲愈之，不幸而死。漢使路充國佩二
千石印綬，使送其喪，厚幣直數千金。單于以爲漢殺吾貴使者，乃
留路充國不歸。

匈奴貴人之死，實爲匈奴責漢的一個好藉口，而此事可大可小，路充國之被
留，匈奴已報漢相當。匈奴既始終在欺騙漢使王烏，毫無交好之誠意，其貴
人之死決非壞事之主因，班固卻也帶上一筆，顯示班固對歷史偶然頗有興
趣。

又如〈楚元王傳附劉向傳〉載略以：

（劉向懼弘恭、石顯等傾危，乃上封事）恭、顯見其書，愈與許、
史比而怨更生等……是歲夏寒，日青無光事，恭、顯及許、史皆言
堪、猛等用事之咎。上內重堪，又患眾口之寢潤，無所取信。時長
安令楊興以材能幸，常稱譽堪。上欲以爲助，乃見問興：「朝臣斷斷
不可光祿勳，何邪？」興者傾巧士，謂上疑堪，因順指曰：「堪非獨
不可於朝廷，自州里亦不可也……」上於是疑……（因）左遷堪爲
河東太守……後三歲餘，孝宣廟闕災，其晦，日有食之，於是上召
諸前言日變在堪、猛者責問，皆稽首謝。（於是上徵堪詣行所在）拜
爲光祿大夫，秩中二千石，領尚書事。

周堪本人並無專傳，亦無附傳，只些許小事附見於〈劉向傳〉，其去職、復官之事，實可簡要敘之曰：

> 弘恭、石顯、及許、史皆怨周堪，以歲夏寒，日青無光言周堪、張猛等用事之咎，上因左遷堪爲河東太守。後三歲孝宣廟闕災，其晦，日食。元帝責問前言日變在周堪者，皆稽首謝。於是上徵堪詣行所在，拜爲光祿大夫，秩中二千石，領尚書事。

換言之，其中一段涉及長安令楊興者，實可簡省而無礙周堪之行跡。班固不煩筆墨者，實有對此中一段因誤會而歧出的歷史感到興趣之故。

又如〈李廣傳〉載，天漢二年（前 99 年），貳師出酒泉，擊右賢王於天山，欲召李陵爲貳師將輜重。李陵婉拒，並向武帝表示，想自將步兵五千人涉單于庭，以少擊眾，武帝壯而許之，於是詔路博德半道迎李陵軍隊，路博德羞爲陵軍後距，奏言願留陵至春，俱將酒泉、張掖騎並擊，書奏，武帝大怒，懷疑陵悔不欲出而教路博德上書，於是詔陵以九月出。李陵的軍隊以九月出發，對戰爭的勝負有何影響，不得而知，但很可能的是，當李陵降敵之後，武帝想起此事，不免更堅定了他的恨意。甚至馬遷爲李陵說項惹惱武帝，也與此次之偶然（誤會）有關。歷史的關連、複雜、偶然、弔詭也如此。

又如〈蕭望之傳〉載：

> （弘）恭、（石）顯奏「望之、堪、更生朋黨相稱舉，數譖訴大臣，毀離親戚，欲以專擅權勢，爲臣不忠，誣上不道，請謁者召致廷尉。」
> 時上初即位，不省「謁者召致廷尉」爲下獄也，可其奏。

蕭望之就這樣入獄了。雖後來元帝知情，免了望之的罪，數月之後，還想拜望之爲丞相。但就在這時，望之的兒子上書爲望之的前事訟冤。事下有司，以爲望之所犯罪，十分清楚，卻叫兒子上書，稱引無罪的詩句，失大臣禮，不敬，請逮捕。弘恭、石顯知道望之向來高節不屈，故意建議元帝說：「望之……自以託師傅，懷終不坐。非頗詘望之於牢獄，塞怏怏之心，則聖朝無以施厚恩。」元帝懷疑：「蕭太傅素剛，安肯就吏？」石顯等說：「人命至重，望之所坐，語言薄罪，必無所憂。」於是元帝准了石顯的奏議。使者既到，望之想自裁，他的夫人勸阻他。望之問門生朱雲，朱雲卻勸他自盡，於是望之遂飲鴆自決。蕭望之就這樣糊里糊塗的死了。而如果望之兒子蕭伋不再上書；元帝稍有經驗；望之沒有朱雲這樣的門生，或許望之都可逃過一死，但望之卻死了。這豈不也是歷史的偶然，此事豈不也具有開放性？

以上事例，雖總屬偶然，但人爲之努力間出其中，從「歷史的必然」面來觀察，亦自有其具理可解之處。典型的偶然事件莫過於楚、漢的彭城之戰。〈高帝紀〉曰：

> （漢二年，四月）漢王遂入彭城，收羽美人貨賂，置酒高會。羽聞之，令其將擊齊，而自以精兵三萬人……晨擊漢軍，大戰彭城靈壁東睢水上，大破漢軍，多殺士卒，睢水爲之不流。圍漢王三匝。大風從西北起，折木發屋，揚砂石，晝晦，楚軍大亂，而漢王得與數十騎遁去。

此處雖亦言及大風之突起，但終不若馬遷〈項羽本紀〉所載：

> 於是大風從西北起，折木發屋，揚砂石，窈冥晝晦，逢迎楚軍。楚軍大亂，壞散，而漢王乃得與數十騎遁去。

來得傳神。因爲馬遷多了「於是（於時）」二字，說明時間之湊巧，簡直是偶然至極了，而多一「乃」字成爲詞組「乃得」，又強烈的說明了事件的因果關係。

不過吾人尚不可就因此判定，馬遷比班固更重視歷史的偶然。班固在《漢書》中常常有意無意的觸及歷史的偶然，並且不煩細筆勾勒，但對於睢水大風的反應卻出奇的冷感。因爲在班固看來，漢王能從睢水逃脫，實在是老天的「理性」相助。劉邦之出生是神奇的，於是容貌，行動、遭遇亦「自然」變得神奇，包括他的判斷也十分神奇，淮陰侯所謂：「陛下殆天授」，就是這個道理。項王謂：「此天之亡我，非戰之罪也」，事實上也是有幾分道理的。

考察《漢書》所有可歸諸偶然事件者，自然不止前述這些例子，但可以確定的是，班固跟馬遷一樣，沒有對歷史的偶然做下任何的評論，即使是睢水大風也是如此，唯一的一次還是延用馬遷的說法。那就是〈樊噲傳〉所劉邦鴻門宴之事，班固云：

> 是日微樊噲奔入營譙讓項羽，沛公幾殆。

樊噲本即劉邦之手下，其奔入營尚非十分偶然之事，但終究他也對鴻門宴起者一定之作用。因此可以說，班固對歷史偶然雖也注意，但他對歷史之必然發展更加重視；更進一步說，他對人事偶然，較之天地自然對人事影響之偶然更爲重視，應該是沒有大錯的。